首席专家：孙有中

外国语言文学学科知识体系创新研究

课题组 著

外语教学与研究出版社
北京

图书在版编目（CIP）数据

外国语言文学学科知识体系创新研究 / 课题组著. -- 北京：外语教学与研究出版社，2024.6
ISBN 978-7-5213-5229-0

Ⅰ. ①外… Ⅱ. ①课… Ⅲ. ①外语教学－教学研究－高等学校 Ⅳ. ①H09

中国国家版本馆 CIP 数据核字 (2024) 第 097162 号

外国语言文学学科知识体系创新研究
WAIGUO YUYAN WENXUE XUEKE ZHISHI TIXI CHUANGXIN YANJIU

出 版 人	王　芳
责任编辑	段长城
责任校对	陈　阳
封面设计	覃一彪
出版发行	外语教学与研究出版社
社　　址	北京市西三环北路 19 号（100089）
网　　址	https://www.fltrp.com
印　　刷	北京九州迅驰传媒文化有限公司
开　　本	650×980　1/16
印　　张	20.75
字　　数	297 千字
版　　次	2024 年 6 月第 1 版
印　　次	2024 年 6 月第 1 次印刷
书　　号	ISBN 978-7-5213-5229-0
定　　价	97.90 元

如有图书采购需求，图书内容或印刷装订等问题，侵权、盗版书籍等线索，请拨打以下电话或关注官方服务号。
客服电话：400 898 7008
官方服务号：微信搜索并关注公众号"外研社官方服务号"
外研社购书网址：https://fltrp.tmall.com

物料号：352290001

课题名称： 外国语言文学知识体系创新研究

课题负责人： 王定华　北京外国语大学

首席专家： 孙有中　北京外国语大学

课题组成员：

外国语言学研究子课题（理论语言学）：

何　伟　北京外国语大学

黄国文　华南农业大学

外国语言学研究子课题（应用语言学）：

张　莲　北京外国语大学

黄国文　华南农业大学

外国文学研究子课题：

彭青龙　上海交通大学

金　莉　北京外国语大学

翻译学研究子课题：

王克非　北京外国语大学

张　威　北京外国语大学

比较文学与跨文化研究子课题：

顾　钧　北京外国语大学

孙有中　北京外国语大学

国别与区域研究子课题：

王定华　北京外国语大学

谢　韬　北京外国语大学

前　言

新中国成立70多年特别是改革开放40多年来，经过几代人的接续奋斗，我国发生了翻天覆地的变化，经济实力、科技实力、综合国力显著增强，已迅速崛起为全球第二大经济体、第一大工业国、第一大货物贸易国、第一大外汇储备国。面对世界百年未有之大变局，中国从容开启全面建设社会主义现代化国家、向第二个百年奋斗目标进军新征程。

与此同时，我们必须看到，伴随着"硬实力"的稳步提升，我国在国际社会的"软实力"不足问题日益凸显。换句话说，我们成功实现了中华民族从站起来到富起来到强起来的伟大转变，但还没有能够很好地解决在国际舆论场"挨骂"的问题，具体表现为：有理说不出，说了传不开，传开叫不响。我国国际话语权亟待提高。

话语权在表面上看是一个国际传播问题，但在根本上却是一个国家哲学社会科学自主创新能力的问题，因为一个国家的话语生产能力最终取决于其哲学社会科学发展水平。若要为中国特色社会主义政治制度进行有力的辩护，需要政治学提供话语支持；若要为中国的和平崛起进行有力的辩护，需要政治学和历史学提供话语支持；若要为中国的南海权益进行有力的辩护，需要法学提供话语支持；若要为"一带一路"倡议、文明互鉴和人类命运共同体理念进行有力的辩护，需要经济学、哲学、文学等多学科提供话语支持；如此等等。可以说，没有发达的中国特色哲学社会科学，就不可能在根本上提高支撑中华民族伟大复兴的国际话语权和软实力。

遗憾的是，新中国成立以来，我国哲学社会科学虽然已建立基本完备的学科体系，在很多领域也取得了重要原创性研究成果，但总体情况依然不容乐观。郑永年对中国知识界的评论可能失之偏颇，但他提出的问题值得我们深思:"在很大程度上说,自'五四运动'以来,中国的知识分子扮演的只是一个西方'代理人'的角色,或者说,他们所作的和西方学者所作的并没有什么两样,都是把西方概念和理论传播和应用到中国。"[1] 更严重地说,当代中国知识界依然处于"'被殖民'的状态","学者所扮演的角色充其量也只是西方知识的'贩卖者'"。[2]

在此大背景下,我们不难理解习近平总书记关于"加快构建中国特色哲学社会科学"指示精神的深意。他指出:"哲学社会科学的特色、风格、气派,是发展到一定阶段的产物,是成熟的标志,是实力的象征,也是自信的体现。我国是哲学社会科学大国,研究队伍、论文数量、政府投入等在世界上都是排在前面的,但目前在学术命题、学术思想、学术观点、学术标准、学术话语上的能力和水平同我国综合国力和国际地位还不太相称。要按照立足中国、借鉴国外,挖掘历史、把握当代,关怀人类、面向未来的思路,着力构建中国特色哲学社会科学,在指导思想、学科体系、学术体系、话语体系等方面充分体现中国特色、中国风格、中国气派。"这是对于国家软实力建设登高望远、统揽全局的战略部署。

国家层面的重视将有力推动新时代我国哲学社会科学知识体系的创新发展。当前,和哲学社会科学其他学科一样,外国语言文学学科也开启了知识体系创新的全面探索。本书旨在系统梳理70年来我国外国语言文学界及相关学界在语言学、外国文学、翻译学、比较文学与跨文化研究、国别与区域研究[3] 等五大领域的代表性研究成果,展示新中国成立以来本

---

[1] 郑永年,2018,《中国的知识重建》,东方出版社,第23页。

[2] 郑永年,2018,中国近代以来的知识体系问题,《联合早报》,2018年7月17日。

[3] 本书定稿之时,国务院学位委员会尚未正式将"区域国别学"纳入交叉学科一级学科目录。就课题组所知,"国别与区域研究"这一名称仍常见于各类学术研究和权威表述中。因此,为保持本书正文的完整一致,并客观真实地呈现国别与区域研究子课题组在撰写过程中的思路和观点,经过认真讨论后,子课题组决定保留书中现有"国别与区域研究"这一提法。子课题组深知,从"国别与区域研究"到"区域国别学"的转变,不仅是概念本身的"名实之辩",更凝聚着包括本子课题组专家在内的国内学者为推动"区域国别学"成为一级学科的不断探索与不懈努力。特此说明。

学科标志性原创成果，反思存在的问题，探索进一步创新发展的路径，为最终建立具有中国特色的外国语言文学知识体系贡献力量。

一、建设成就

在我国哲学社会科学版图中，外国语言文学学科是一个典型的外来引进学科。伴随着近代以来外语教育的发展，本学科从外国文学研究、外国语言研究，逐步扩展到包括翻译学研究、比较文学与跨文化研究、国别与区域研究的五大领域，学科体系不断完善，研究队伍不断壮大，学术成果日益丰盛，学科建设迈上历史新台阶。

1. 理论语言学

我国外语界理论语言学研究总体上经历了从引进介绍到借鉴承继与应用结合，再到修正发展与本土创新并重的螺旋式上升过程。特别是改革开放以后，语音学、音系学、词汇学、句法学、语义学、语用学、转换生成语法、系统功能语言学、认知语言学、对比语言学、语言哲学等领域很快发展起来，学科体系建设逐渐完善。21世纪以来，理论语言学界更加注重将西方语言学理论和方法与我国的语言实际相结合，通过对理论的补充、质疑及修正，在自主创新方面迈出了实质性步伐。在研究对象上，外语界经历了从外语研究到汉语研究，再到汉外对比研究的过渡。在研究方法上，实现了从内省研究到定性研究与定量研究结合，再到运用实验和语料库等进行实证研究的拓展。在国际合作交流上，"请进来"和"走出去"的双向互动，加快了我国理论语言学研究的国际化进程。

2. 应用语言学

中国应用语言学伴随着新中国外语教育事业发展壮大，经历了起步期（1949—1978）、发展期（1979—1999）和繁荣期（2000—2020）三个阶段。起步期通过引进国外教学理念、课程、教材、著作，邀请外籍专家来华讲学、创办学术期刊、举办学术会议等，完成了中国应用语言学的学科奠基。这一时期的外语界学者聚焦外语教学，进行了大量卓有成效的经验性探索。在发展期，中国应用语言学逐步形成了外语教学、心理语言学、社会语言学、外语测试、外语写作、语料库语言学、语篇分析等分支领域。研究方法逐步达到国际标准，实证研究取代了经验性反思，量化研究、质性研究、混合研究、大数据分析等多种方法并行不悖。进入21世纪的繁荣期，研究领域进一步细分拓展，"产出导向法"、"续论"、整体外语教学、思辨英语教学等本土教育教学思想和方法陆续诞生，并开启了应用语言学走向世界的国际化进程。

3. 外国文学

外国文学研究在中国的发展经历了从"无形"到"有形"、从"变形"到"定形"的过程。改革开放之前的30年，尽管外国文学研究的发展步履较为缓慢，而且受到"文化大革命"的冲击，但仍为新时期外国文学研究的飞跃式发展奠定了基础。这一时期的研究重点随着我国外交工作重心变化而变化，从俄苏文学转移至英美文学。改革开放后，对西方文学作品和理论的大力引进为外国文学研究注入了新鲜血液。这一时期，不仅外国文学研究队伍得以扩大，研究范围和深度也得到进一步拓展。从初期的译介到后期的自主探索，文学研究、文化研究、文学史研究等领域均取得了丰硕成果。同时，多位优秀学者活跃在国际学界，以中国文化为本，与国际学界开展对话，致力于建设中国特色学术话语体系。

4. 翻译学

新中国成立以来，翻译学从无到有，逐步发展为外国语言文学一级学科下拥有自身知识体系的独立分支学科。翻译研究逐步超越本研究领域的微观本体现象，明确了应用型研究的价值，探索领域主要包括：翻译理论、翻译历史（特别是中国传统译论的现代阐释和国际传播）、翻译批评、翻译教学、现代技术与翻译（包括机器翻译和人工智能翻译）、翻译伦理、口译等。研究方法逐步摆脱了传统的经验性、个案反思路径，积极探索定性与定量结合的新方法，调查、实验、语料库、TAPs、眼动仪、ERP及fMRI等工具和方法的应用范围不断扩大，强调对翻译现象和事实的客观描述和深度阐释。翻译学科视野不断拓展，主动借鉴语言学、社会学、人类学、心理学、历史学等学科理论或范畴。翻译研究的理论意识逐步增强，中国特色的原创性研究成果逐步涌现。在关注翻译本体问题的同时，翻译研究日益重视学术研究与社会服务的有效对接。

5. 比较文学与跨文化研究

比较文学与跨文化研究的兴起始于改革开放，经历了初步发展阶段（1978—2006）和快速发展阶段（2007至今）。该领域研究成果不断涌现，研究范围不断拓展，主要包括中外文学文化关系、比较诗学、华人流散文学、文学人类学、形象学、中国典籍外译、国际汉学、跨文化交际学等。该领域的本土理论创新趋于活跃，一批学者有强烈的理论创新意识，相继提出基于本土资源的比较文学研究、跨文化阐释、跨文化交际、科际整合、比较文学形象学、比较文学译介学，等等。比较文学与跨文化研究作为外国语言文学学科的一个独立方向虽然起步较晚，但其发展速度与前景令人瞩目。

6. 国别与区域研究

国别与区域研究在外语学科中起步较晚，近年来渐成热点，研究主题日益丰富，通过外语占有对象国原始文献开展研究的优势开始显现。由于国别与区域研究直接服务于国家改革开放大局和对外战略需要，其传统研究对象大多集中在与中国的国家利益和对外政策密切相关的国家和区域，如俄罗斯、美国、英国、德国、法国、日本、韩国等国家以及东南亚、东北亚、西欧、非洲等区域，研究内容则聚焦于这些国家或地区与中国的双边外交和经贸关系上。随着中国实力和全球影响力的快速提升，其海外利益迅速增加并日趋多元化，因此现阶段国别与区域研究的对象进一步扩大到中东欧、拉丁美洲、大洋洲、南太平洋、北极地区、南极地区等区域。其研究方法也日趋多元，从传统的历史叙述、比较研究、档案研究、个案研究、实地调研，到政治学、社会学、新闻传播学、经济学等多学科理论、方法和视角的运用。近年来，外国语言文学学科下的国别与区域研究在资政建言、培养国际化人才和促进中外人文交流等方面发挥着日益重要的作用。

二、存在问题

新中国成立以来，经过几代学人的努力，外国语言文学学科五大方向均取得了显著成就，这一点毋庸置疑。但从构建中国特色外国语言文学学科知识体系的高度审视，本学科尚存在明显不足。

1. 理论语言学

理论语言学核心研究领域出现下滑趋势，其中语音学、音系学、形态学等领域的研究尤其薄弱。多数研究或套用国外语言学理论和方法，或通过英语或汉语的具体语言现象进行理论验证，尚未摆脱印欧语的研究框架，仍停留在为国外语言学理论或方法做"注解"的阶段；能挑战国外主流语言学理论的观点相对欠缺，原创性强的研究成果较少。研究队伍大而不强，学科知识比较单一，学术视野比较狭窄，汉语素养有待提高，学科创新意识和创新能力需要加强。研究成果尚缺乏与我国综合国力和国际地位相称的理论语言学学术思想和学术观点，缺乏具有普通语言学意义和国际影响力的创新性研究论著，缺乏具有中国标识性的理论语言学术语、概念、范畴等。

2. 应用语言学

应用语言学研究领域的发展不均衡，研究议题主要集中在英语作为二语习得与英语教育教学领域，其他语种的应用语言学研究较为零散。围绕基础学段的外语教育教学研究仍不足，尤其是聚焦中小学外语学习过程及规律的基础问题、关键问题和瓶颈问题的深度实证研究相当匮乏。与社会、文化发展和民生热点联系不够紧密，中观、宏观层面的外语教育政策和方向性问题研究尚显滞后，未能充分体现应用语言学关注现实问题的学科本质。应用语言学的科学性、跨学科性还不够凸显，与生命科学、计算机科学与技术、心理学、人工智能、脑科学、医学等学科的交叉融合不够。

研究主体创新意识不强，介绍、引用、阐释和运用西方理论仍是当前研究与实践的主流，用中国理论解释中国实践、解决中国问题的意识有待进一步加强，对本土理论和原创性实践的关注不够。

3. 外国文学

我国外语界的外国文学研究缺乏文化主体意识和理论自主创新意识，大量的研究成果不过是对西方理论的分析阐释，充斥着外来术语和理论话语，在运用外来理论进行文本分析时往往牵强附会，缺乏对西方理论和方法的批判性反思，模式化、刻板化研究成果比比皆是。研究队伍结构失衡，非通用语种文学研究人才青黄不接现象严重，周边国家以及"一带一路"共建国家和地区的文学、文化研究滞后。研究领域分布失衡，众多学者对近现代外国文学作品进行了扎堆式的研究，尤其对获得诺贝尔文学奖的作品进行低层次的重复性研究，但对基础性、理论性课题和中古时期经典文学作品研究关注和用力不够。

4. 翻译学

当前我国翻译研究的突出问题集中表现为社会服务意识比较淡薄，对接国家战略的能力不足，研究成果对经济社会发展和国家重大需求的贡献不够明显。主要原因有：翻译研究的取向有一定偏差，向来注重微观研究，不够重视宏观研究，未能充分认识翻译对民族和国家发展、对于文明互鉴和人类命运共同体建设的重大意义；成果评价体系不健全，过于重视学术性和专业性的论文、专著，忽视应用性成果的重要价值；省部级、国家级翻译研究课题服务国家经济社会发展和国家战略的导向不够鲜明。

5. 比较文学与跨文化研究

我国外国语言文学学科比较文学与跨文化研究方向近年来虽然发展较快，但尚未建立起完整的知识体系、研究团队和人才培养体系。首先，支撑学科发展的相关研究平台严重不足，与比较文学和跨文化研究相关的研究机构、硕士学位点和博士学位点在高校外语院系和科研院所明显缺席，导致研究力量薄弱，高层次人才培养能力不足，不利于学科自身的健康发展。其次，研究范围和重点研究对象不够清晰，研究聚焦不够，社会服务意识不强，导致该方向为"一带一路"建设、"中国文化走出去"和国家文化软实力建设等重大战略提供智力支持的能力严重不足。最后，比较文学与跨文化研究方向的学术创新能力不足，立足本土实践的开拓性研究数量有限，国际影响力尚未显现。

6. 国别与区域研究

国别与区域研究方向是一个典型的跨学科研究领域。就外国语言文学学科而言，国别与区域研究具有先天的不足。这主要表现在三个方面：其一，学科根基不厚。外国语言文学学科长期没有设立国别与区域研究方向，除极少数外语院系外，该领域的研究基本上是学者个人行为。该领域的研究学者可以说势单力薄，孤立无援，缺少专门的学术组织，也缺少专门的学术期刊。其二，研究的系统性和原创性有待加强。外语界的国别与区域研究目前更多停留在国情介绍层面，国别与区域的覆盖面也很不均衡，研究深度、广度和原创性十分欠缺。其三，人才培养体系尚未建立。在本科阶段，极少数高校的外语学科开设了国别与区域研究方向或课程；国别与区域研究的硕士点并不多见，相关博士点更是稀缺。上述三方面的问题严重制约了国别与区域研究方向的发展，也导致该研究方向服务国家战略需求的能力严重不足。

三、创新路径

纵观我国外国语言文学学科70年的发展历程，可以说是喜忧参半。可喜的是经过几代学人的努力，本学科奠定了比较宽广的发展基础，积蓄了巨大的发展能量，展现了美好的发展前景。但面向未来，本学科知识体系创新任务还十分艰巨。五大研究方向必须以时不待我的精神，承继传统，勇于开拓，努力构建有中国特色的外国语言文学学科知识体系。

1. 理论语言学

理论语言学应进一步明晰学科性质与内涵，夯实语言本体研究。以时代为背景，促进理论语言学与语言学以外的其他人文社科、自然科学和技术科学等学科之间的深度交叉融合，拓宽语言学研究的生态格局。创新人才培养模式，提高研究队伍的整体学术素养，打造人才、学术、学科一体的综合发展体系。坚持问题导向，把发现问题和解决问题作为语言研究的指导思想。对国外语言学理论先破而后立，建构符合本土语言事实的理论体系。在融合中西语言哲学思想的基础上，创立中国特色的语言哲学。增强本土意识，重视汉语研究。探索新的研究范式，尝试新的研究方法。打造多元和谐的学术共同体，造就理论语言学研究的中国学派。提出体现我国社会文化特点又可通行于国际学界的术语、概念、命题、范畴、表述等。多渠道开展国际学术交流对话，加快理论语言学研究的国际化进程。

2. 应用语言学

应用语言学必须主动回应国家、社会发展的重大关切，提升服务国家战略和社会发展需求的能力。当前尤应加强服务国家全球发展战略和新时代外语教育创新发展的外语政策与规划研究，重视应用性研究成果的产出。要扎根中国的语言应用实践，兼具国际视野，坚持"洋为中用、古为今用"的指导思想，实现基于本土实践的理论创新。重视研究方法的创新，深入开展实证研究，平衡定量研究与质性研究的关系，积极借鉴跨学科跨领域的研究方法与范式。充分发挥应用语言学学术团体的引领作用，积极开展有组织的集体科研攻关，办好应用语言学英文期刊，加强中外学术交流与合作。继续重点研究外语教育与教学，推动本土理论和实践创新，构建中国特色外语教育与教学知识体系。

3. 外国文学

多渠道鼓励和引导外国文学研究者致力于本土理论和话语体系的构建和创新。加强非通用语种，特别是周边国家、"一带一路"共建国家和地区的文学和文化研究，提升服务国家新时代改革开放事业的能力。加强外国文学跨学科理论研究，增强学术思想创新能力。通过多种形式积极参与国际学术对话，提高中国学者在国际上的影响力。加强人才培养，尽快化解外国文学研究领域存在的研究队伍结构性矛盾。

4. 翻译学

创新翻译理论，鼓励学派意识，推进中国翻译学派的共同体构建。将对中国传统译论的理性继承与对国外翻译理论的合理借鉴有机结合起来，促进基于中国语境与中国翻译实践的原创性翻译理论建构。服务国家战略，加强中外文化互译研究，扩大中译外及其相关研究。开发面向"一带一路"共建国家和地区的多类型、多语种服务资源库。开展基于语言文化战略的翻译政策研究。围绕中国文化"走出去"战略，对以翻译为媒介的文化对外传播工作进行系统而深入的调查与分析，提出符合国际话语体系的翻译策略与传播方式，为中国文化对外传播工程提供政策规划与咨询服务。加强边疆地区语言文化对外译介研究和对外话语译介与传播研究。开展中华学术外译项目延续性研究。加强现代信息技术背景下的翻译教学与评测研究及翻译人才培养。加强语料库、大数据及智能型翻译研究，力争取得国际领先地位。

5. 比较文学与跨文化研究

加大对东方文学的翻译和研究，包括东方文学之间的比较研究和东西方比较文学研究；全方位梳理东方文学的纵向发展脉络，特别是对一些还不完整、未形成体系甚至尚属空白的国别文学史加强整理和研究；全面梳理中国与东方各国文学文化之间的相互接触和影响研究。进一步深化富有中国特色的译介学理论构建和文学、文化翻译史研究。加强基于中国文化视角的跨文化理论建设，强化面向国家全球发展战略的基于实证的跨文化研究，努力搭建并拓展包括专业核心期刊在内的跨文化交际学术交流平台，努力推进国内研究与国际研究的学术对话与接轨。加强海外汉学研究，也就是中国文化对外译介与传播研究。创新人才培养模式，加强比较文学与跨文化研究人才培养：1）将比较文学与跨文化研究提升为正式的二级学科；2）在英语、德语、法语等外语院系已有的语言、文学、翻译方向之外，设置比较文学与跨文化研究硕士、博士方向，加快比较文学与跨文化研究在各个语种的发展；3）在外国语学院尝试设立独立的比较文学与跨文化研究系，先招收硕士、博士研究生，条件成熟后再招收本科学生；4）在外语类专业本科层次开设比较文学与跨文化研究系列课程。

6. 国别与区域研究

加强西方大国国内政治研究，包括政党、选举、选民、政治思潮、移民政策、族群关系、宗教、政治地理等，为国家重大外交决策提供基础数据。重视对发展中国家国内政治的研究，因为它们既是中国企业"走出去"的主要目的地，也是中国在国际社会的天然盟友。然而，很多发展中国家国内局势不稳定，我们需要未雨绸缪，提前为突发性政治事件或对华政策突变作准备。深入开展对象国国内经济研究，如产业布局、产业政策、财政和货币政策、私人企业和国有企业状况、外汇管制等，直接服务中外经济贸易合作。提倡实地调研，掌握第一手资料。加大力度建设外语学科国别与区域研究师资队伍，提高学科意识和跨学科研究能力。积极探索外语学科下国别与区域研究人才培养模式创新，大力培养"外语+学科"复合型人才，为国家参与全球治理提供人才支撑。积极创办多语种学术期刊，加强与对象国学者的合作研究与学术交流。加强对象国媒体和传播研究，为提高我国国际话语权和文化软实力建设贡献力量。

以上是我们对新中国成立以来外国语言文学学科走过的不平凡历程的一个简要总结和评价，很可能挂一漏万，有失公允。外国语言文学学科一路走来，峰回路转，波澜壮阔，读者可以从本书各章的详尽论述中去寻幽探胜，相信会有许多的惊喜和收获。

70年弹指一挥间，我国的外国语言文学学科建设在学科体系构建、知识引进、人才培养等方面取得了巨大成就，在具有中国特色的外国语言文学学科知识体系探索方面也取得了许多原创性成果，在部分领域甚至产生了一定的国际影响。面向未来，中国外国语言文学学科应积极践行立足中国、借鉴国外，挖掘历史、把握当代，关怀人类、面向未来的指导思想，坚持继承性、民族性、原创性、时代性、系统性、专业性的基本原则，结合中国独特的历史、文化、国情，不断推出无愧于时代的原创佳作。我们有理由相信，在外语界学者一代一代接续奋斗下，中国外国语言文学学科在不远的将来一定能成功构建富有中国特色的知识体系，为中国哲学社会科学走向世界作出自己的贡献。

本书是课题组全体专家殚精竭虑、精诚合作的结晶。在课题研究过程中，五大方向子课题组多次以不同形式在不同范围内征求了各自领域内全国高校和研究机构众多知名专家的意见和建议，相关领域的代表性学者甚至亲自撰写了成果介绍。在很大程度上，可以说本书是外语界学术共同体的一项集体成果，是我们合作书写的学术共同体自传。在此我们向所有参与本课题研究的全国外语界同仁致以崇高的敬意和诚挚的谢意。

本书内容纵向贯通半个多世纪，横向覆盖外国语言文学学科各知识领域，试图勾勒出该学科错综复杂、迭代更新的知识图谱，难免挂一漏万，对众多学者和学术成果的评价也很可能有失公允。敬请外语界广大同仁不吝指正。

课题组
2022 年秋于北京

目　录

前言 ··· i

第一章　中国外国语言文学学科研究 70 年：回顾与反思 ··· 1

1.1　中国语言学研究 70 年：回顾与反思 ·············· 1
1.1.1　中国理论语言学研究 70 年：回顾与反思 ·········· 1
1.1.2　中国应用语言学研究 70 年：回顾与反思 ········ 40

1.2　中国外国文学研究 70 年：回顾与反思 ············ 64
1.2.1　引言 ·· 64
1.2.2　中国外国文学研究 70 年回顾 ···················· 64
1.2.3　中国外国文学研究 70 年反思 ···················· 78

1.3　中国翻译学研究 70 年：回顾与反思 ·············· 80
1.3.1　引言 ·· 80
1.3.2　中国翻译学研究 70 年回顾 ···················· 81
1.3.3　中国翻译学研究 70 年反思 ···················· 87

1.4　中国比较文学与跨文化研究 70 年：回顾与反思 ······· 91
1.4.1　引言 ·· 91
1.4.2　中国比较文学与跨文化研究 70 年回顾 ·········· 92
1.4.3　中国比较文学与跨文化研究 70 年反思 ·········· 97

1.5　中国国别与区域研究 70 年：回顾与反思 ········· 108
1.5.1　引言 ·· 108

xiii

1.5.2　中国国别与区域研究 70 年回顾 ················ 109

1.5.3　中国国别与区域研究 70 年反思 ················ 115

第二章　中国外国语言文学学科研究 70 年：创新成果及贡献 ·· 122

2.1　中国语言学研究 70 年：创新成果及贡献 ················ 122

2.1.1　中国理论语言学研究 70 年：创新成果及贡献 ·· 122

2.1.2　中国应用语言学研究 70 年：创新成果及贡献 ·· 148

2.2　中国外国文学研究 70 年：创新成果及贡献 ············ 173

2.2.1　中国立场的英国文学研究倡导者（范存忠）···· 173

2.2.2　古希腊文学研究的开拓者（罗念生）········ 174

2.2.3　德国文学研究的奠基者（冯至）············ 174

2.2.4　法国文学研究的开创者（李健吾）·········· 175

2.2.5　中法文学交流的推动者（罗大冈）·········· 176

2.2.6　独树一帜的莎士比亚研究者（卞之琳）······ 176

2.2.7　中国比较文学研究的开拓者（钱锺书）······ 177

2.2.8　东方文学研究的引领者（季羡林）·········· 178

2.2.9　比较文学研究中国学派的推动者（杨周翰）··· 179

2.2.10　自成一体的英国文学史研究者（王佐良）······ 180

2.2.11　俄苏文学研究复兴的推动者（陈燊）············ 181

2.2.12　西方现代主义文学研究的推动者（袁可嘉）··· 181

2.2.13　当代俄苏文学研究的领军人物（吴元迈）······ 183

2.2.14　新时代法国文学研究的推动者（柳鸣九）······ 183

2.2.15　印度古代文学研究的引领者（黄宝生）········ 184

2.2.16　对西方现代主义文学再审视的倡导者（盛宁）·· 185

  2.2.17 文学伦理学研究的开创者（聂珍钊） ········· 186
  2.2.18 国际比较文学"新格局"和"世界诗学"的建构
      者（王宁） ·· 187
  2.2.19 西语文学和拉美文学研究的引领者（陈众议）
      ·· 187
  2.2.20 叙事学研究的创新者（申丹） ····················· 188

2.3 中国翻译学研究 70 年：创新成果及贡献 ············· 189
  2.3.1 阐译论（许国璋） ·· 191
  2.3.2 翻译文化史观（王克非） ······························ 191
  2.3.3 译介学（谢天振） ·· 192
  2.3.4 译者主体性系统（查明建） ··························· 192
  2.3.5 翻译文化观（许钧） ···································· 193
  2.3.6 语料库翻译学（王克非） ······························ 193
  2.3.7 翻译美学思想（刘宓庆） ······························ 194
  2.3.8 诗歌翻译研究新探（王东风） ······················· 194
  2.3.9 翻译与中国现代性的思考（罗选民） ············ 195

2.4 中国比较文学与跨文化研究 70 年：创新成果及贡献
·· 195
  2.4.1 寻求中西文学共通的"文心"与"诗心"
     （钱锺书） ··· 196
  2.4.2 创立东方比较文学（季羡林） ······················· 196
  2.4.3 中国文化"走出去"研究的典范（范存忠）··· 197
  2.4.4 为中俄文学关系研究奠基（戈宝权） ············ 197
  2.4.5 提出比较文学研究契合论（王佐良） ············ 198
  2.4.6 中西比较诗学的典范（杨周翰） ··················· 198
  2.4.7 开创中国跨文化交际学（胡文仲） ··············· 199
  2.4.8 提出文学的"发生学"和"变异体"理论
     （严绍璗） ··· 199

- 2.4.9 构建"日本汉籍文献学"（严绍璗）⋯⋯⋯⋯⋯ 200
- 2.4.10 创立比较文学译介学（谢天振）⋯⋯⋯⋯⋯⋯ 201

2.5 中国国别与区域研究70年：创新成果及贡献 ⋯⋯⋯ 202
- 2.5.1 伊斯兰文化研究（马坚）⋯⋯⋯⋯⋯⋯⋯⋯⋯ 204
- 2.5.2 欧盟研究（王明进）⋯⋯⋯⋯⋯⋯⋯⋯⋯⋯⋯ 204
- 2.5.3 美国教育研究（王定华）⋯⋯⋯⋯⋯⋯⋯⋯⋯ 205
- 2.5.4 中东研究（朱威烈）⋯⋯⋯⋯⋯⋯⋯⋯⋯⋯⋯ 205
- 2.5.5 美国思想文化研究（孙有中）⋯⋯⋯⋯⋯⋯⋯ 206
- 2.5.6 非洲研究（孙晓萌）⋯⋯⋯⋯⋯⋯⋯⋯⋯⋯⋯ 207
- 2.5.7 俄罗斯和欧亚地区研究（李永全）⋯⋯⋯⋯⋯ 207
- 2.5.8 非洲问题研究（李安山）⋯⋯⋯⋯⋯⋯⋯⋯⋯ 208
- 2.5.9 土耳其研究（杨兆钧）⋯⋯⋯⋯⋯⋯⋯⋯⋯⋯ 208
- 2.5.10 德国问题研究（连玉如）⋯⋯⋯⋯⋯⋯⋯⋯⋯ 209
- 2.5.11 中美文化关系研究（张涛）⋯⋯⋯⋯⋯⋯⋯⋯ 209
- 2.5.12 苏联问题研究（陆南泉）⋯⋯⋯⋯⋯⋯⋯⋯⋯ 210
- 2.5.13 欧洲问题研究（陈乐民）⋯⋯⋯⋯⋯⋯⋯⋯⋯ 211
- 2.5.14 阿拉伯历史文化研究（纳忠）⋯⋯⋯⋯⋯⋯⋯ 211
- 2.5.15 日本近现代政治史研究（武寅）⋯⋯⋯⋯⋯⋯ 212
- 2.5.16 南亚国际关系研究（林民旺）⋯⋯⋯⋯⋯⋯⋯ 212
- 2.5.17 南洋研究（姚楠）⋯⋯⋯⋯⋯⋯⋯⋯⋯⋯⋯⋯ 213
- 2.5.18 拉美政治研究（徐世澄）⋯⋯⋯⋯⋯⋯⋯⋯⋯ 214
- 2.5.19 日本思想史研究（郭连友）⋯⋯⋯⋯⋯⋯⋯⋯ 214
- 2.5.20 美国政治研究（谢韬）⋯⋯⋯⋯⋯⋯⋯⋯⋯⋯ 215

第三章 中国外国语言文学学科知识体系创新路径 ⋯⋯⋯ 216

3.1 中国语言学知识体系创新路径 ⋯⋯⋯⋯⋯⋯⋯⋯⋯⋯ 216
- 3.1.1 中国理论语言学知识体系创新路径 ⋯⋯⋯⋯⋯ 216
- 3.1.2 中国应用语言学知识体系创新路径 ⋯⋯⋯⋯⋯ 229

3.2 中国外国文学研究知识体系创新路径 ·················· 233
3.2.1 中国外国文学研究知识体系现状分析 ············ 233
3.2.2 中国外国文学研究知识体系创新基本原则 ······ 233
3.2.3 中国外国文学研究知识体系创新路径探索 ····· 234

3.3 中国翻译学知识体系创新路径 ······················ 235
3.3.1 中国翻译学知识体系现状分析 ················ 236
3.3.2 中国翻译学知识体系创新基本原则 ············ 237
3.3.3 中国翻译学知识体系创新路径探索 ············ 238

3.4 中国比较文学与跨文化研究知识体系创新路径 ······· 245
3.4.1 中国比较文学与跨文化研究知识体系现状分析
·· 245
3.4.2 中国比较文学与跨文化研究知识体系创新基本
原则 ·· 246
3.4.3 中国比较文学与跨文化研究知识体系创新路径
探索 ·· 246

3.5 中国国别与区域研究知识体系创新路径 ·············· 254
3.5.1 中国国别与区域研究知识体系现状分析 ········ 254
3.5.2 中国国别与区域研究知识体系创新基本原则
··· 255
3.5.3 中国国别与区域研究知识体系创新路径探索
··· 258

参考文献 ··· 264
致谢 ··· 304

第一章
中国外国语言文学学科研究 70 年：回顾与反思

1.1 中国语言学研究 70 年：回顾与反思

1.1.1 中国理论语言学研究 70 年：回顾与反思[1]

1.1.1.1 引言

语言学是一门以人类的自然语言为研究对象，系统研究语言的起源、演化、发展，以及语言的结构、功能、意义、类型、应用等问题的学科，其目标和任务是揭示语言的发展规律，探求人类语言的本质。语言学可以从不同的角度进行分类：从研究的目的看，可分为理论语言学和应用语言学；从所涉及的研究对象看，可分为普通语言学和个别语言学；从所涉及的时间跨度看，可分为历时语言学和共时语言学；从研究的范围看，可分为宏观语言学和微观语言学（黄国文 2007a：35）。其中，理论语言学作为语言学的主体和基础部分，以人类语言的形式、结构、功能、历史发展等为研究对象，着重"探讨人类语言的本质，考察人类语言的共同规律和普

---

[1] 本节内容以何伟、沈维（2021a）为主，不过在原文基础上有所调整。

遍特征，从具体的语言现象中总结、归纳出普遍规律，为语言学的各个分支学科建立共同的理论框架"（语言学名词审定委员会 2011：1）。理论语言学通常可分为一般理论语言学和具体理论语言学，前者主要关注人类语言的普遍共性，后者主要探讨某一具体语言的个性。本研究认为，"理论语言学"不仅关切语言本体的研究，如语音、音系、词汇、句法、语义和语用研究，还关注语言的系统描写、语言学理论的建构和语言之间的比较与对比。

梳理与分析我国外语界自新中国成立以来，特别是改革开放以来的理论语言学研究，大致可用 12 个字来概括，即"引创并举，成绩显著，问题不少"。说"引创并举"，指外语界的学者 70 年来在引介国外语言学理论方面作出了重要贡献，与此同时，不少学者在引介的基础上，立足本土，结合中国的语言事实，提出了不少创见。说"成绩显著"，指理论语言学的研究队伍和研究团体不断壮大，研究成果的数量和质量明显提高，研究方法和研究手段不断更新。说"问题不少"，指某些方面的语言本体研究尚未得到足够的重视；国内学者的理论意识和自主创新意识相对不足；研究者的学术素养整体上有待提高；我国理论语言学研究的国际影响力尚需提升。本节在此拟概述我国外语界理论语言学研究 70 年的发展历程，总结经验，反思问题，以期为新时代理论语言学知识体系创新提供参考。

1.1.1.2　中国理论语言学研究 70 年回顾

鉴于西方语言学理论在中国得到广泛关注是在改革开放后，因此，本研究以改革开放为分界线，把中国外语界理论语言学研究 70 年划分为改革开放前和改革开放后两个时期。另考虑到学科逻辑发展的完整性和各理论在中国发展的不均衡性等因素，本文拟对改革开放前这一时期进行整体回顾，对改革开放后这一时期则以各理论流派在中国发展的特点为主线，按照学科逻辑分别进行回顾。

1.1.1.2.1　改革开放前

从新中国成立到改革开放前夕，外语界理论语言学研究基本上处于起步时期。该时期又可划分为三个阶段：苏联语言学理论的引进阶段（1949年至1959年）、西方语言学理论的引进阶段（1960年至1965年）和理论语言学研究的中断阶段（1966年至1976年）。需指出的是，前两个阶段之间并非泾渭分明，两者之间存在彼此消长的态势：引进苏联语言学理论，经历了"热烈→冷落→继续引进"的阶段；引进西方语言学理论，经历了"冷落甚至拒绝→着手→继续少量引进"的阶段（盛林等 2005：65）。

新中国成立之初，受国际关系和社会政治的影响，全国范围内掀起了"向苏联学习"的热潮，语言学界也转向以苏联的语言学理论为指导（邵敬敏、方经民 1991：61）。这一阶段，马尔的"语言新学说"[1]和斯大林的语言学理论[2]等研究成果，以及苏联语言学教材相继被翻译和引介。例如，安德烈也夫的《马尔的语言学说》（1950，徐沫译）、谢徒琴柯的《马尔与唯物论的语言学之发展》（1950，秦佚译）、斯大林的《马克思主义与语言学问题》（1950，李立三等译）、契科巴瓦的《语言学概论（第一编上册）》（1954，周嘉桂译）和《语言学概论（第一编下册）》（1955，高名凯译）、布达哥夫的《语言学概论》（1956，吕同仑等译）等。其中，斯大林（1950）就语言与上层建筑之间的关系、语言的阶级性、语言的特征等进行的论述，对当时的语言学研究影响较大。此外，北京外国语学院（现北京外国语大学）1959年至1960年出版的《语言学译丛》、中国科学院语言研究所（现中国社会科学院语言研究所）1956年至1958年出版的《语言学论文选译》也刊登了大量有关苏联语言学研究成果的译文。这一阶段，西方语言学理论受到冷落。1960年以前，国内译成汉语的西方语言学著作有四本：梅耶的《历史语言学中的比较方法》（1957，岑麒祥译）、裴特生的《十九世纪欧洲语言学史》（1958，钱晋华译）、柯恩的《语言——语

---

1 马尔的"语言新学说"包括"语言具有阶级性""语言属于上层建筑，是阶级统治的工具""语言发展由于社会发展阶段的更迭而具有阶段性"等语言观。
2 斯大林的语言学理论主张用马克思主义看待语言学问题，按马克思主义的理论阐述语言的特征，驳斥马尔的"语言具有阶级性""语言是经济基础的上层建筑"等语言观。

言的结构和发展》(1959，双明译)、汤姆逊的《十九世纪末以前的语言学史》(1960，黄振华译)。

  1956年，在参考苏联的语言学教学大纲及教科书的基础上，教育部审订颁布了《语言学引论教学大纲》。在大纲的指导下，国内学者编写的语言学引论教材陆续出版。其中影响较大的是上海外国语学院（现上海外国语大学）和哈尔滨外国语学院（现黑龙江大学）1958年合编的《语言学引论》、北京外国语学院俄语系1959年编著的《语言学引论》。不过与这两本教材不同的是，桂灿昆于1957年编写了供英语专业使用的语言学教材《语言学概论》，该教材开创了内容和体例均以英语为主进行书写的先例。

  这一阶段，外语界理论语言学研究酝酿起步。语音方面的成果有郁洁（1955）的《俄语语音学概论》。词汇方面的成果主要是唐逸（1959）的《英语构词法》。该书介绍了转化法、合成法、缀合法、反成法、缩略法、混合法、拟声法等英语构词法，同时书中多处与汉语构词法进行了对比。语法方面的重要成果有张道真的《实用英语语法（上）》（1958）和《实用英语语法（下）》（1959）、陆贞明（1958）的《英语语法》、姚善友的《现代英语句型的混合与交替现象》（1958）和《英语虚拟语气》（1959）等。汉外语言对比也出现了为数不多的研究成果，如梁达、金有景（1955）的《中俄语音比较》，梁达（1957）的《俄汉语语法对比研究（构词构形·词序）》，陆殿扬（1958）的《汉英词序的比较研究》等。

  1960年至1965年，苏联语言学依然影响着我国外语界的理论语言学研究。与此同时，西方语言学理论如历史比较语言学、索绪尔的语言学理论、结构主义语言学以及乔姆斯基早期的生成语法等，相继被引介到国内。例如，在历史比较语言学方面，曹今予翻译了雅可布逊[1]的《类型学研究及其对历史比较语言学的贡献》（1962）一文。廖东平、马一（1966）简要介绍了语言地理学在历史比较语言学中的运用。在结构主义语言学研究方面，许国璋的《结构主义语言学评述》（1958）从结构主义的定义以及

---

[1] 和后文的"雅柯布森"为Roman Jakobson的不同译法，这里尽量和原文保持一致，不作统一处理。

结构学派的音位学、形态学、句法学等方面,中肯地介绍和评论了描写语言学。该文还被译成俄语,在苏联的《语言学问题》杂志上刊载。这一阶段,有关结构主义语言学的文章还有桂灿昆(1962),王宗炎(1965),郝根、左英(1963)等。在生成语法研究方面,张允文(1963)介绍了乔姆斯基《句法结构》(Syntactic Structures)中的转换分析法。此外,萨丕尔的《语言论:言语研究导论》(1964,陆卓元译),布洛赫、特雷杰的《语言分析纲要》(1965,赵世开译),索绪尔的《普通语言学教程》(1980,高名凯译)等是该阶段较具代表性的译著。中国科学院语言研究所(现中国社会科学院语言研究所)创办的《语言学资料》[1]在译介苏联语言学和西方语言学方面发挥了重要的作用。

这一阶段,国内外语界理论语言学研究发展迟缓,仍以引介为主。语音研究方面的成果有初大告(1963)对几种英语语音学专著的介绍。在词汇学研究方面,伍谦光(1960)对当时苏联最新出版的《现代英语词汇学》一书进行了介绍。在语义研究方面,李赋宁(1962)介绍了英语的同义现象;李锡胤(1963)介绍了乌尔曼的《语义学》。另有多部英语语法研究论著出版,其中在国内影响最大的是张道真(1963)的《实用英语语法》和薄冰等(1964)的《英语语法手册》。这两本语法著作的编写特点是以传统语法为框架。而后的特殊时期,理论语言学研究受到严重冲击,几乎处于停滞和中断状态。

总体而言,改革开放以前,外语界的理论语言学研究主要以翻译和评介为主,真正的研究性成果相对较少。此外,由于依附或受制于苏联语言学,此阶段对西方语言学理论的引介不多,研究相对滞后。

1.1.1.2.2 改革开放后

改革开放以后,中国开始加强与西方语言学界的联系,许多原先不受关注的语言学理论被引进、介绍到中国。外语界理论语言学研究也开始沿着健康、正常的轨道持续稳定发展。40多年来,外语界的理论语言学

---

[1] 《语言学资料》现名为《当代语言学》。该刊1961年创刊时名为《语言学资料》,1978年复刊时名为《语言学动态》,1980年更名为《国外语言学》,1998年更名为《当代语言学》。

研究在语音、音系、形态、词汇、句法、语义、语用、转换生成语法、系统功能语言学、认知语言学、对比语言学、语言哲学、语言学史等方面取得了巨大的成就。虽然这些层面的研究存在交叉，但为了便于讨论，下文仍按通常的分类对各个层面的研究进行勾勒和回顾。因涉及层面较广，加之成果丰富，我们在此难以尽述，难免会挂一漏万。

1）综合研究

进入20世纪80年代，国内高等学校陆续为英语专业本科生开设语言学课程。与此相随，一些普及语言学基本概念、基本知识和基础理论的教材和专著陆续出版，这些教材和专著都辟有专门的章节介绍理论语言学各重要分支。例如，王德春的《现代语言学研究》(1983b)、《语言学教程》(1987)、《语言学通论》(1990)和《语言学概论》(1997)，戴炜栋等的《简明英语语言学教程》(1984)和《简明英语语言学教程（修订版）》(1989)、戚雨村等(1985)的《语言学引论》、李延福等(1985)的《英语语言学基础读本》、胡壮麟等(1988)的《语言学教程》、黄次栋(1988)的《英语语言学》、刘润清等(1990)的《语言学入门》、张克定(1991)的《英语语言学导论》、徐烈炯(1993)的《当代国外语言学:学科综述》、李延福(1996)的《国外语言学通观》、戴炜栋等(1998)的《现代英语语言学概论》。值得一提的是，胡壮麟等主编的《语言学教程》，自1988出版以来，先后改版四次，发行数百万册，是国内众多高校英语专业本科生和研究生的教材。桂诗春、宁春岩(1997)的《语言学方法论》一书的上篇重点介绍了西方现代理论语言学的认识论基础、理论对象、理论目标、理论性质、理论方法和理论表述等。

20世纪80年代中后期，国内陆续出版了两套影响较大的丛书，在很大程度上起到了普及国外语言学理论、满足语言学爱好者和研究者之需的作用。一套是湖南教育出版社出版的"语言学系列教材"，其中包括王钢(1988)的《普通语言学基础》、伍谦光(1988)的《语义学导论》、何自然(1988)的《语用学概论》、黄国文(1988)的《语篇分析概要》、胡壮麟等(1989)的《系统功能语法概论》等。另一套是上海外语教育出版社策划出版的"现代语言学丛书",其中包括王宗炎(1985)的《语言问题探索》、徐烈炯(1988)的《生成语法理论》、赵世开(1989)的《美国语言学简史》、胡壮麟(1994a)的《语篇的衔接与连贯》、戚雨村(1997)的《现代语言学的特点和发展趋势》、程雨民(1997)的《语言系统及其运作》、伍铁平(1999)的《模糊语言学》等。

2000年教育部颁布的《高等学校英语专业英语教学大纲》把语言学课程列入英语专业高年级的必修课程。与此同时,语言学概论类的教材和专著也逐渐增多。例如,丁言仁、郝克(2001)的《英语语言学纲要》,胡壮麟、姜望琪(2002)的《语言学高级教程》,梅德明(2003)的《现代语言学简明教程》,熊学亮的《语言学新解》(2003)和《语言学导论》(2010),胡壮麟、李战子(2004)的《语言学简明教程》,杨信彰(2005)的《语言学概论》,刘润清、文旭(2006)的《新编语言学教程》,陈新仁(2007)的《英语语言学实用教程》,陈佑林、何举纯(2010)的《普通语言学概论》,王德春(2011)的《语言学新视角》,文秋芳、衡仁权(2011)的《新编语言学导论》,文旭(2013)的《语言学导论》等。

自改革开放以来,一大批国外语言学著作也陆续被翻译和引进到国内。例如,《普通语言学纲要》(1981,伍铁平等译)、《语言与语言学词典》(1981,黄长著等译)、《乔姆斯基评传》(1981,陆锦林、李谷城译)、《现代语言学(乔姆斯基革命的结果)》(1983,李谷城等译)、《语言学概论》(1983,李荣等译)、《普通语言学概论》(1986,李振麟、胡伟民译)、《描写语言学引论》(1986,金兆骧、陈秀珠译)、《结构语言学通论》(1986,朱一桂、周嘉桂译)、《现代语言学导论》(1986,方文惠、郭谷兮译)、《语言学简史》(1987,上海外国语学院外国语言文学研究所译)、《普通语言学纲要》(1988,罗慎仪等译)、《语言学和语音学基础词典》(1992,方立等译)、《现代语言学词典》(2000,沈家煊译)。进入21世纪后,无论是在引进的内容上,还是在引进的规模上,都发生了新的变化。其中,影响较大的是外语教学与研究出版社的"当代国外语言学与应用语言学文库"。该文库自2000年起已陆续引进出版了200多部语言学原版专著,涵盖了语言学各个分支学科及理论流派。

2）语音研究

音、形、义是语言研究的三大要素。语音作为语言学的重要研究对象，其研究可分为语音学研究和音系学研究两大部分。其中，语音学是研究人类语言发音的学问，主要研究语音的发音生理、物理和听觉机制。音系学是研究语言的语音系统的学问，主要探究语言的语音符号之间的功能关系，探索和揭示语音组合的结构规律和原则（马秋武2015：11）。

自20世纪70年代末以来，外语界在语音学和音系学研究方面取得了较大成绩。国内相继出版了一大批教材和专著，如劳允栋（1983）的《英语语音学纲要》，邹世诚（1983）的《实用英语语音》，周考成（1984）的《英语语音学引论》，桂灿昆（1985）的《美国英语应用语音学》，许天福等（1985）的《现代英语语音学》，何善芬（1985）的《实用英语语音学》，陈文达（1983）的《英语语调的结构与功能》，张彦昌等（1993）的《音位学导论》，王桂珍（1996）的《英语语音语调教程》，崔希智等（1999）的《英语语音学》，张冠林、孙静渊（2001）的《实用英语语音语调》，卜友红（2003）的《英语语调的结构、功能及应用》，赵忠德（2006）的《音系学》，许曦明[1]、杨成虎（2011）的《语音学与音系学导论》，马秋武（2015）的《什么是音系学》等。

在语音学研究方面，桂灿昆（1985）在介绍美音和英音的拼写和发音的基础上，探讨了发音语音学、声学语音学、感知语音学、音位和音位原理等，比较了汉英语音系统的特点。吴刚（2012）重点介绍了单元音、双元音、爆破音、摩擦音、鼻音、无擦通音、破擦音、音节、重音、节奏、语调、语流音变等内容。许希明（2019）基于音系类型学，以英语重音和汉语声调为主线，从重音属性、节奏类型、音步模式、语调特征、声学表现、音节结构以及元音实现七个方面对英汉语音系统的异同点进行了比较。

在结构主义音系学研究方面，曲长亮（2015）全面介绍了布拉格

---

[1] 许曦明为许希明的笔名，这里和原著作保持一致。

学派奠基人雅柯布森[1]的音系学理论。在生成音系学研究方面，徐烈炯（1979）和王嘉龄（1980）较早对生成音系学进行了介绍。在非线性音系学研究方面，颜宁（2009）系统地梳理、分析和研究了非线性音系学核心理论流派产生的背景、主要的理论主张、突出的研究优势及发展困境等。李兵（2013）在非线性音系理论的自主音段假设和其他有关的假设内，分析了阿尔泰语言元音和谐的形式和特点。王嘉龄（1987）较早介绍了词汇音系学理论。在优选论研究方面，马秋武运用优选论研究了汉语普通话音节组构（马秋武 2003），还对优选论进行了系统的介绍，并结合汉语普通话二合元音韵母组构、北京儿化、天津话连续变调等进行了研究（马秋武 2008）。此外，赵忠德、马秋武（2011）的《西方音系学理论与流派》全面梳理了西方音系学理论和流派。

3）形态学和词汇学研究

形态学主要探究词的内部结构及其各成分之间的关系，以及彼此相互制约的各种因素（王文斌 2014：166）。词汇学主要研究词的构造、意义、使用等（汪榕培、杨彬 2011：2）。虽然两者都聚焦于词，但彼此又有异。在此，本研究拟立足外语界对形态学和词汇学的研究进行总体回顾。需要指出的是，鉴于学界对词汇学研究在先，下文对相关教材或专著的梳理同样先回顾词汇学，然后再回顾形态学。

自20世纪80年代以来，一大批词汇学教材和专著相继问世。例如，陆国强（1983）的《现代英语词汇学》，汪榕培、李冬（1983）的《实用英语词汇学》，王德春（1983a）的《词汇学研究》，林福美（1985）的《现代英语词汇学》，张韵斐（1986）的《现代英语词汇学概论》，林承璋（1987）的《英语词汇学引论》，汪榕培、卢晓娟（1997）的《英语词汇学教程》，张维友（1999）的《英语词汇学》，王文斌的《英语词汇语义学》（2001）和《英语词法概论》（2005），汪榕培（2002）的《英语词汇学高级教程》，张维友（2004）的《英语词汇学教程》，汪榕培、王之江（2008）的《英语词汇学》等。

---

[1] 和前文的"雅可布逊"为 Roman Jakobson 的不同译法，这里尽量和原文保持一致，不作统一处理。

形态学方面的教材或专著主要有宋志勤（2010）的《英语形态学》、王文斌（2014）的《什么是形态学》。宋志勤（2010）从词的构法和变法入手，多角度地剖析了英语词汇特征与深层结构，揭示了形与义的内在联系。王文斌（2014）以探究词的内部构型以及构词的各种方式为核心，展开各相关方面的描述和论析，主要内容涉及四个方面：一是形态学的性质、目标、演变、范围和方法；二是形态学研究中的诸种基本概念；三是形态学的构词研究；四是形态学的学科交叉研究。

在英汉词汇对比研究方面，蔡基刚（2008）对英语和汉语的构词原理、内部结构、语义关系、词语理据等进行了共时和历时的对比，同时通过大量的言语实例，探讨了这两种语言在这些方面的差异和共性，并尝试解释了造成这些差异的原因。张维友（2010）对英汉语词汇形态结构和意义以及英汉语习语进行了对比研究。赵宏（2013）分别从英语和汉语共时词汇系统的内部和外部对比了两种语言在理据类型和理据程度上的异同。邵斌（2019）围绕英汉词汇在形态和语义方面的对比，提供了横向和纵向的系统性介绍。

在词汇学和其他学科交叉研究方面，陈建生（2008）重点研究了认知词汇学的哲学理论基础、心理学理论基础、语言观和方法论。陈建生等（2011）以洛克的认识论为哲学基础，采用马赫的折中主义方法论，对词汇的产生、变化、发展进行研究，重点论述了词汇的理据性、词汇组织、范畴化与非范畴化、语法化、词汇化、词汇与构式。卫乃兴（2011）阐释和讨论了语料库语言学方法论框架下的词汇研究视角、理念、内容、方法和技术手段。

4）句法研究

句法学是一门研究单词组成句子的方法以及支配句子结构的原则的学问（戴炜栋 2012：70）。改革开放以来，外语界的句法研究经历了从传统语法的句法研究，到结构主义的句法研究、形式句法、认知语法、功能句法研究的变化过程。

在句法理论研究方面，楚军（2007，2014）以乔姆斯基创立的转换生成句法为核心，以"传统句法→结构主义句法→转换生成句法→功能句法"为主线,以各句法流派之间的相互比较为纽带,以英语为主要阐释对象,对不同句法学流派的哲学基础、认识论根源、主要理论观点、发展脉络及重要的研究方法进行了全面梳理和深入探讨。

在传统语法研究方面,张道真(2002)以传统语法的规定主义为主要特征,介绍了英语的语法使用。章振邦、张月祥(2017)融合传统语法与现代语言学和语法学的某些研究成果,对英语语法进行了系统介绍。

在结构主义句法研究方面,伍铁平(1981/2005)追溯了直接成分分析法和索绪尔理论的渊源,并结合多种语言的实例从句子切分与词的切分两个方面对直接成分分析法进行了评论。熊兵(2007)在介绍美国结构主义的产生、发展、方法(替换法、分布分析法、直接成分分析法、变换分析法)及汉语语法研究中结构分析方法的萌芽(层次分析的观念、分布分析的观念、变换分析的观念)的基础上,详细探讨了美国结构主义语言学与现代汉语语法研究的关系。

在形式句法研究方面,石定栩(2002)介绍了乔姆斯基的句法理论,重点介绍了形式句法在20世纪80年代以后的发展,即原则与参数理论、管辖与约束理论以及最简方案理论。何晓炜(2011)在最简方案框架下,以汉语和英语的双及物结构为研究对象,重点研究了两种语言不同句式间的结构关系、语义表达、推导机制及两种语言间的结构差异等问题。刘小梅(2017)基于乔姆斯基的形式句法理论,探讨了英汉语中的短语、单句与复句、疑问句、移位、代名词、照应语、特殊句式等。花东帆(2018)从 wh- 量化切入,分析了人类语言如何在逻辑语义层面对不同性质的 wh- 词进行解读,提出 wh- 词解读的跨语言和语言内的差别由 wh- 词的性质、句法分布及解读机制决定。

在认知语法研究方面,高航(2009)评述了认知语法的核心思想,并在认知语法框架下考察了现代汉语中名词和动词相互转化的动因和机制。席留生(2014)在认知语法理论照观下描写和解释了"把"字句的语法知识,具体包含三个方面:"把"字句的语义形成机制、"把"字句的语法知识网络,以及"把"字句语法知识的应用。罗思明(2018)基于认知语法理论，历时对比了汉英"名形表量构式"的句法语义互动演变与异同。

在功能句法研究方面，何伟、高生文（2011）系统梳理了国内功能语言学界在广义上的功能句法领域所作的有益探讨。何伟等（2014）从系统功能语言学内部的加的夫模式出发，对英汉语功能句法展开了研究，其中英语功能句法专题主要介绍了加的夫语法的句法描述思想、功能句法分析的表示方式，以及加的夫语法视角下的名词词组、数量词组、介词词组、不连续现象等相关研究；汉语功能句法专题主要包括对现代汉语"是"字、"要"字、"把"字、动补结构、性质词组、介词词组、"有"字比较句的功能句法研究。何伟等（2015a，2015b）以系统功能语言学内部的加的夫模式为主要理论基础，并适当参照悉尼模式，分别对小句、词组、字符串的成分和句法功能作了详细描述。向大军（2018）在加的夫语法框架内，对英语 let 结构的经验意义、人际意义，以及句法体现形式进行了系统分析，以期揭示该结构的语义和句法特征。

5）语义学研究

顾名思义，语义学是研究语言意义的学问。现代意义上的 semantics（语义学）一词是由法国语言学家 Bréal（1883）提出的。1897 年，Bréal 的《语义学：意义科学的研究》(*Essai de Sémantique: Science de Significations*) 问世，对语义学的研究对象和方法作了系统的阐述，进一步确立了"语义学"作为一门独立学科的地位（戴炜栋 2012：73）。

改革开放以后，国内外语界的语义学研究获得迅速发展。自 20 世纪 80 年代以来，国内陆续出版了一批语义学教材和专著。例如，伍谦光（1988）的《语义学导论》，徐烈炯的《语义学》(1990) 和《语义学（修订版）》(1995)，王寅（1993）的《简明语义学辞典》，李福印、Kuiper（1999）的《语义学教程》，束定芳（2000a，2013b）的《现代语义学》，王寅的《语义理论与语言教学》(2001) 和《语义理论与语言教程（第二版）》(2014c)，王逢鑫（2003）的《英汉比较语义学》，李福印（2007）的《语义学概论（修订版）》，王寅（2011b）的《英语语义学教程》，束定芳

（2014）的《什么是语义学》，束定芳、田臻（2019）的《语义学十讲》等。其中，伍谦光（1988）介绍了语义学的研究对象与范畴、语义学的主要理论模式、传统的"符号学三角"理论、语义学理论（并置理论、结构语义学、语义成分分析、语义场理论）、语义特征、词汇的同义与反义等。徐烈炯（1990，1995）主要介绍了语义学理论（包括指称论、意念论、行为环境论、验证论、真值条件论、用法论、境况论等）和语义研究的一些重要课题（如词的意义、词组及句子的意义、语义与语法、先设、题元、照应、量词等）。束定芳（2000a，2013b）介绍了现代语义学的特点与发展趋势，现代语义学的研究对象、方法与目标，现代语义学中的一些基本概念，词汇意义分析，名词和动词的意义，语义与句法，真值与真值条件，普通量词理论，前指现象，限定摹状词理论等内容。

语义学研究可分为三个层面：词汇语义研究、句法语义研究和语篇语义研究（戴炜栋 2012：74）。在词汇语义研究方面，王文斌（2001）从英语词汇的历史演进、构词方法、词义研究、语义关系、语义分析、词义演变及词义类型、心理研究等方面，展开了较为翔实的追溯、梳理、分析和探讨。高彦梅（2004）依据系统功能语言学理论，对功能词的多元语义功能进行了研究。白解红（2010）从认知视角对英汉词汇，尤其是20世纪以来出现的英汉新词语的构成方式、语义认知发生机制等方面进行了跨语言的对比研究。林正军（2012）从认知角度对英语的五个感知动词的多义性进行了研究，着重探讨了英语感知动词的词义分类、多义化的认知过程、词义衍生的动因及感知词义的激活等。章彩云（2008）系统介绍了语用词汇语义学提出的背景与缘由、语用词汇语义学的性质与研究对象、语用语义的界定、语境与语义的推导、语用语义的形成机制，以及语用义位的动态表现等。在模糊语义学方面，张乔（1998）介绍和评述了模糊语义学的各种学派，讨论了模糊语义和适用性理论的问题，勾画了此学科发展的新动向。

在句子语义研究方面，司联合（2010）以句子作为研究单位，研究了句子层次的语义学表现。钱军（2001）以功能语言学为理论基础，探究了句法结构中成分之间的相互关系，以及句法结构和语义结构之间的关系。在形式语义学方面，蒋严、潘海华（1998）详细介绍了形式语义学的基本内容、主要研究技巧和方法。吴平（2007）运用形式语言学的理论，对汉语中的"NP1 + V1（NP2）+ V2"句式、量化句句式和"NP + 在 + NP_loc + Vt + NP"句式的事件语义类型进行了归纳，并在此基础上对这些语义类型的语义性质进行了分析。在逻辑语义学方面，方立（2000）介绍了逻辑语义学的议题、研究方法和最新发展，论述了建立自然语言语义理论的方法。在认知语义学方面，沈家煊（1985）的书评是国内最早涉及认知语义的文章。张辉（2003）从认知语义学角度考察了熟语的意义建构问题。潘艳艳（2003）介绍了框架语义学的相关理论和概念，以及框架语义学在编纂字典，分析句法、语义现象和创建语料库等方面的运用。束定芳（2008）结合认知语言学研究的相关成果，通过英汉例证对比的方式，探讨了范畴化、词汇化、概念化、隐喻和转喻以及语用推理等认知语义学重要话题。王寅（2007b）基于体验哲学和认知语言学，对中西语义理论进行了对比研究，其中包括中西学者对唯名论与唯实论、语言体验性、语义引申、隐喻理论的对比研究等。

在语篇语义研究方面，胡壮麟（1994a）融合系统功能语言学的及物性理论、主位—述位理论、信息理论、语境理论以及语用学的一些研究成果，探讨了语篇衔接、连贯的手段和原因。程晓堂（2005）在系统功能语言学理论框架下，从语言的三大元功能角度探讨了连贯的本质、表现及其实现手段，并提出了一个新的语篇连贯框架。姜望琪（2008）介绍了马丁（Martin）的语篇语义学思想。

6）语用学研究

语用学主要研究具体语境下的语言理解和语言使用。语用学这一概念最早由美国哲学家查尔斯·莫里斯（Charles Morris）于20世纪30年代后期提出。语用学作为一门独立的学科则诞生于20世纪70年代末80年代初，重要标志有三：一是1977年《语用学杂志》（*Journal of Pragmatics*）

创刊；二是第一本语用学教材《语用学》(*Pragmatics*, Levinson 1983) 问世；三是 1986 年国际语用学学会 (International Pragmatics Association) 成立 (沈家煊 1996：1)。

国内语用学的研究与国外的研究基本上同步，起始标志为许国璋 (1979) 对约翰·奥斯汀 (John Austin) 的《论言有所为》(*How to Do Things with Words*) 一书的摘译和胡壮麟 (1980) 的《语用学》一文的发表。此后的 40 余年，我国的语用学研究主要围绕三个方面展开：理论引介，理论应用，理论修正、补充与本土创新。当然，这三个方面的内容并非前后相继的，而是同时进行的，贯穿于整个研究过程之中 (束定芳等 2009：168)。

自 20 世纪 80 年代后期，国内相继出版了一大批语用学教材、专著和论文集。例如，何自然的《语用学概论》(1988)、《语用学与英语学习》(1997) 和《语用三论：关联论·顺应论·模因论》(2007)，何兆熊的《语用学概要》(1989)、《新编语用学概要》(2000) 和《语用学》(2011)，钱冠连的《汉语文化语用学》(1997) 和《汉语文化语用学——人文网络言语学 (第二版)》(2002a)，熊学亮的《认知语用学概论》(1999)、《语言使用中的推理》(2007)、《简明语用学教程》(2008) 和《句法语用研究》(2012)，熊学亮、曲卫国 (2007) 的《语用学采撷》，姜望琪的《语用学：理论及应用》(2000) 和《当代语用学》(2003)，束定芳 (2001) 的《中国语用学研究论文精选》，钱敏汝 (2001) 的《篇章语用学概论》，何自然、冉永平 (2002) 的《语用学概论 (修订本)》，何自然、陈新仁 (2004a) 的《当代语用学》，严辰松、高航 (2005) 的《语用学》，冉永平 (2006) 的《语用学：现象与分析》，冉永平等 (2006) 的《认知语用学——言语交际的认知研究》，曲卫国 (2012) 的《语用学的多层面研究》，张韧弦 (2008) 的《形式语用学导论》，陈新仁的《新编语用学教程》(2009) 和《汉语语用学教程》(2017)，苗兴伟、秦洪武 (2010) 的《英汉语篇语用学研究》，李捷等 (2011) 的《语用学十二讲》，何自然等 (2014) 的《语言模因理论与应用》，侯国金 (2015) 的《词汇—构式语用学》等。值得一提的是，何自然（1988）和何兆熊（1989）是国内较早系统介绍语用学的学者，为语用学研究在中国的普及与发展作出了重要贡献。钱冠连（1997）的《汉语文化语用学》是国内外第一部以汉语文化为背景的语用学专著。熊学亮（1999）在概述认知语用学理论的基础上，介绍了语言符号和语言使用与内容形式和内容实体的辩证关系、语言的外部语义和含义、新格莱斯语用学、关联理论、认知语境、语用推理、语用因素认知化等内容。姜望琪（2000）的《语用学：理论及应用》是国内第一部用英文介绍语用学理论的专著。

在具体理论的引介方面，沈家煊自1986年至1987年在《国外语言学》译介了语言学论题系列文章，包括预设、会话含义、言语行为、会话结构、指示现象。钱冠连（1991）引介了语言顺应论。张亚非（1992）评述了关联理论。何自然、何雪林（2003）和何自然（2005）较早引入了模因论。

在理论修正方面，一些研究者对礼貌原则、会话含义等语用学理论进行了修正、发展和补充。例如，顾曰国（1992）追溯了现代汉语中礼貌概念的历史渊源，归纳总结出了五条制约汉语交际的礼貌原则，即贬己尊人准则，称呼准则，文雅准则，求同准则和德、言、行准则，同时还对利奇礼貌原则中的策略准则和慷慨准则进行了修订。徐盛桓（1992）提出"注意自身、尊重对方、考虑第三方"礼貌原则新构想，对礼貌原则进行了修正。此外，徐盛桓（1995）还介绍了其对新格莱斯会话含义理论的选择、重构、阐释与发展。冉永平、赵林森（2018）和Ran & Zhao（2018）结合中国本土的人情、面子和情面等概念，提出了汉语文化交际语境下基于"人情原则"的人际关系管理模式，发展了面子理论。

在理论本土创新方面，钱冠连（1997）从汉语文化事实出发，抽象出真正符合汉语文化的语用原理，提出汉语的语用学"三带一理论"[1]。近年来，陈新仁（2018a，2018b）不仅从理论上积极探索中国语用学本土理

---

1 "三带一理论"是指由于附着符号束、语境和智力三个因素的分别或综合作用，某话语产生了一个多于话面或字面的意义（钱冠连1997：11）。

论的建设和中国语用学学科话语体系的构建，还注重立足本土语言使用实践，选择具有中国社会文化特点的语用话题开展研究。其专著《批评语用学视角下的社会用语研究》（2013）从批评语用学视角开展了中国语境下社会用语的批评语用分析；其专著《汉语语用学教程》（2017）结合汉语语料讲述了语用学的相关概念与理论，展示了汉语使用的一些特点，丰富了现有的语用学理论；其另一专著《语用身份论——如何用身份话语做事》（2018c）提出了语用身份论，呈现了语用身份作为施为资源、人际资源、阐释资源、解释资源和评价资源的核心作用。他（Chen 2017）主编的论文集对汉语不同体裁中的礼貌现象进行了研究。

在学术组织和学术会议方面，2003年中国语用学研究会成立（后改名为中国逻辑学会语用学专业委员会）；中国首届语用学研讨会于1989年召开，到2019年全国语用学研讨会已经连续召开16届；首届东亚语用学研讨会于2019年在中国召开；中国语用学学会会刊《语用学研究》截至2019年已经出版8辑。

7）转换生成语法研究

转换生成语法，亦称"生成语法"和"形式语言学"（宁春岩2011：i），是由乔姆斯基于20世纪50年代在批判美国结构主义语言学和行为主义心理学的基础上，创建并不断发展的一个语言学理论。60余年来，生成语法先后经历了标准理论、扩展标准理论、修正的扩展标准理论、管辖与约束理论（或原则参数理论）以及最简方案五个发展阶段（吴义诚、杨小龙2015：188）。

Ning（2017b：285）指出，国内首次提及乔姆斯基的理论的文献是1960年苏联语言学家批评乔姆斯基《句法结构》的一篇述评文章，该文发表在黑龙江大学主办的普及俄语的期刊《卫星》上。随后，张允文（1963）对《句法结构》中的转换分析法进行了介绍。然而，因受各种条件的影响，上述文章并未引起应有的重视。直至改革开放后，方立等（1978）的《谈转换—生成语法》和王宗炎（1978）的《论乔姆斯基式的转换语法》才正式揭开了国内转换生成语法研究的序幕。而后的40年，转换生成语法研究在我国大致经历了"初步引进译介、本土化尝试、全面蓬勃发展和独立自主创新"四个发展阶段（石定栩2018：806）。

在初步引进译介阶段，黄长著、林书武、赵世开、沈家煊、徐烈炯、方立、宁春岩、侯方、吴道平等一批学者通过著作翻译、专著出版等，为转换生成语法的引介作出了重要贡献。乔姆斯基的著作相继被翻译出版，如《句法结构》（1979，邢公畹等译）、《句法理论的若干问题》（1986，黄长著等译）、《乔姆斯基语言哲学文选》（1992，徐烈炯等译）、《支配和约束论集——比萨学术演讲》（1993，周流溪等译）等。徐烈炯撰写的《生成语法理论》（1988）成为国内研究者接触转换生成语法的入门书。

20世纪80年代，宁春岩等翻译的安妮·桥本的《现代汉语句法结构》（1982）和黄正德的博士论文《汉语生成语法：汉语中的逻辑关系及语法理论》（1983），推动了研究者运用转换生成语法理论研究汉语的进程。随后，程工（1999）基于乔姆斯基的最简方案理论，依托汉语事实，对语言的共性和个性之间的关系进行了系统阐述。顾阳等（1999）从结构（主题句、疑问句、双宾语结构、存现结构、"把"字句和"被"字句）、指称（反身代词、从句中的空位主语、名词性成分的指称用法）、体态、音系四个方面，对汉语语言学中存在争议的现象进行了评述。何元建（2011）运用转换生成语法的理念和方法，对现代汉语的词语结构和句子结构进行了系统描写与解释。

在全面发展阶段，国内出现了一批有关转换生成语法研究的著作，例如伍雅清（2002）的《疑问词的句法和语义》，温宾利（2002）的《当代句法学导论》，戴曼纯（2003）的《最简方案框架下的广义左向合并理论研究》，程工（2004）的《远程反身代词的最简方案研究》，吴刚（2006）的《生成语法研究》，熊建国（2008）的《英汉名词短语最简方案研究》，梅德明（2008）的《现代句法学》，司富珍（2009）的《多重特征核查及其句法影响》，石定栩（2011）的《名词和名词性成分》，何晓炜（2011）的《英汉双及物结构的生成语法研究》，杨大然（2011）的《现代汉语非宾格句式的语义和句法研究》，宁春岩（2011）的《什么是生成语法》，花东帆（2018）的《论 WH 量化》，梅德明、佟和龙（2019）的《什么是最简方案》，徐烈炯（2019）的《生成语法理论：标准理论到最简方案》等。

一些学者在运用转换生成语法理论进行汉语研究的同时，还对其进行了验证或质疑。例如，Xu（1986）通过讨论汉语等语言中广泛存在的一种非显性代词，证明了它们不同于乔姆斯基所定义的四种空语类中的任何一种。Xu（1993）还研究了汉语反身代词"自己"的约束问题，提出不同于英语反身代词，汉语反身代词"自己"是一个长距离约束代词。Lin（2015，2017）从研究方法上对乔姆斯基的普遍语法理论进行了批判。

在学术组织方面，2015 年中国英汉语比较研究会形式语言学专业委员会正式成立。在学术会议方面，中国于 1983 年和 1987 年举办了两届国际生成语法研讨会；2001 年，中国召开了第一届形式语言学国际研讨会，截至 2019 年底，已经连续举办 8 届。值得一提的是，2010 年，乔姆斯基首度来华并在第八届生成语言学国际学术研讨会上发表了题为"刺激匮乏：未竟的课题"（Poverty of stimulus: Unfinished business）的主题演讲。

8）系统功能语言学研究

系统功能语言学是由韩礼德创建，后经罗宾·福塞特（Robin Fawcett）、詹姆斯·马丁（James Martin）、克里斯蒂安·麦蒂森（Christian Matthiessen）等学者在不同时期不断充实、完善和发展的一个普通语言学和适用语言学理论。系统功能语言学在 60 余年的渐进性发展过程中，先后经历预备阶段（20 世纪 50 年代中期）、阶与范畴语法阶段（20 世纪 60 年代前期）、系统功能语法阶段（20 世纪 60 年代后期至 70 年代初）、语言作为社会符号阶段（20 世纪 70 年代后期至 90 年代末）和适用语言学阶段（21 世纪初至今）五个发展阶段（张德禄 2018a：38-40）。

国内最早提及系统功能语言学理论的文献是方立等（1977）发表的《谈谈现代英语语法的三大体系和交流语法学》一文。随后，王宗炎发表了《伦敦学派奠基人弗斯的语言理论》（1980）和《评哈利迪的〈现代汉语语法范畴〉》（1981）。这些文章为后来国内系统功能语言学的研究奠定了基础。系统功能语言学在国内的发展历程可分为两大阶段：引介阶段和初步应用阶段（1977年至1999年）；继续引介和理论的发展完善与本土化阶段（2000年至今）。

自20世纪80年代初，国内学者开始全面引介系统功能语言学理论。胡壮麟（1983，1984，1986，1990a）对韩礼德、韩礼德的语言观及系统功能语法的整体框架和核心思想进行了介绍。与此同时，国内其他一些学者还对系统功能语言学某些方面的理论进行了介绍和讨论，其中包括主位结构（如方琰1989；徐盛桓1982，1985；张德禄1989；朱永生1990）、信息结构（如张德禄1987a；朱永生1986b）、主位推进模式（如朱永生1995b）、衔接（如何勇1986；林纪诚1986；苗兴伟1998；朱永生1995a）、连贯（如苗兴伟1998；张德禄1992，1994；张德禄、刘洪民1994）、情态（如朱永生1986a）、语法隐喻（如范文芳1999，2000；朱永生1994）、语境（如任绍曾1992）、语域（如候维瑞1983；龙日金1982；张德禄1987b，1990）、语类（如方琰1998，2002）、功能句法（如黄国文1995，1996a，1996b，1996c，1996d）等。需特别指出的是，胡壮麟等（1989）的《系统功能语法概论》堪称国内首部完整介绍韩礼德系统功能语言学理论的学术著作，影响了许多系统功能理论的研究者和学习者。程琪龙（1994）的《系统功能语法导论》以小句为主线，讨论了英语和汉语的阶、范畴、三大元功能和系统网络，也在推广和介绍系统功能语言学方面作出了重要的贡献。此外，学界开始将系统功能语言学理论应用于汉语研究（如方琰1990；方琰、艾晓霞1995；胡壮麟1989，1990b；龙日金1998）、英汉对比（如胡壮麟1994b）、语篇分析（如杨信彰1992）、翻译研究（如杨信彰1996）、外语教学（如潘永樑1985a，1985b）等领域。

2000年以后，国内系统功能语言学研究在理论介绍、实践应用以及理论的本土化方面有了较大的突破。在理论介绍方面，又增加了对加的夫语法（如黄国文、冯捷蕴2002；黄国文等2008）和评价理论（如李战子2004；王振华2001；杨信彰2003）等内容的引介。一批与系统功能语言学研究相关的教材和著作相继出版。例如，Wang（2008），朱永生、严世清（2001，2011），李战子（2002），杨炳钧（2003），朱永生等（2004），胡壮麟等（2005，2017），曾蕾（2006），刘承宇（2008），黄国文、辛志英（2012，2014），王振华（2016），于晖（2018）等。此外，功能语言学学会先后出版了9本《全国功能语言学研讨会论文集》；黄国文主编的《功能语言学与语篇分析研究》已出版7辑；黄国文、常晨光主编的《功能语言学年度评论》已出版6卷；黄国文、张敬源、常晨光、何伟主编了"功能语言学丛书"（10册）。

在实践应用方面，系统功能语言学被广泛运用到汉语研究（如 He 2014，2017a，2017b；Yang 2015；方琰 2001，2019）、语篇分析（如方琰 2005；黄国文 2001）、多模态话语分析（如李战子 2003；杨信彰 2009；张德禄 2009，2018b；朱永生 2007）、积极话语分析（如胡壮麟 2012；朱永生 2006）、批评话语分析（如李战子、高一虹 2002；苗兴伟 2016）、生态话语分析（如何伟、张瑞杰 2017；苗兴伟、雷蕾 2019；辛志英、黄国文 2013）、翻译研究（如黄国文 2004，2006；黄国文、陈旸 2014；司显柱 2016）、英汉对比研究（如何伟等 2018；彭宣维 2000；徐珺 2002；朱永生等 2001）、外语教学（如杨信彰 2007；张德禄等 2005）、儿童语言发展（如朱永生 2017）、语言类型学（如何伟、张存玉 2016；王勇、徐杰 2011；辛志英、黄国文 2010）、文体学（如彭宣维 2015；张德禄 1998；朱永生 2001）、法律语言学（如王振华 2004，2006）、自然语言处理（如李学宁等 2018）、语言政策与规划（如 Yang & Wang 2017）、失语症研究（如严世清 2019）等领域。

国内学者在系统功能语言学理论的完善、发展和本土化研究方面作出了积极的贡献。例如，张德禄、刘汝山（2003，2018）对语篇的衔接和连贯理论进行了深化和扩展。黄国文提出了功能语篇分析的六大步骤，即观察、解读、描述、分析、解释、评估（黄国文、葛达西 2006：26），并将该分析方法融入其在中国语境下所提出的"和谐话语分析"之中（黄国文 2018）。此外，黄国文（2007b）在系统功能语言学理论框架下提出了功能句法分析的目的和原则。他认为，功能句法分析的目的是研究形式是怎样体现意义的，形式分析是怎样为意义分析服务的。功能句法分析的原则有三：（1）以功能为导向的原则；（2）多功能性原则；（3）以意义为导向的原则。王振华（2009）提出"一个范式、两个脉络、三种功能、四种语义、五个视角"的语篇语义路径。彭宣维（2011）基于自身提出并完善的"过程与维度"语言模式，探讨了现代汉语从词到小句的语义和语法范畴。何伟近年来融合与发展了系统功能语言学学术思想（何伟、王连柱 2019），构建了英汉语功能句法体系与功能语义体系（何伟等 2015a，2015b，2017a，2017b），提出了语法描写与分析有机观（何伟 2021），并基于"多元和谐，交互共生"的生态哲学观（何伟、刘佳欢 2020；何伟、魏榕 2018），拓展并延伸了系统功能语言学框架中的三大元功能，描述了生态语言学视角下的及物性系统、语气系统、评价系统、衔接与连贯系统、主位系统、逻辑关系系统等，为生态话语分析建构了一种具有普适性和可操作性的"生态语法"（何伟等 2021）。

在学术组织方面，1995 年，中国高等院校功能语法教学研究会（后更名为"中国高校功能语法研究会"，而后又更名为"中国英汉语比较研究会功能语言学专业委员会"）成立；2007 年，中国英汉语比较研究会英汉语篇分析专业委员会成立。在学术会议方面，首届中国系统功能语法研讨会于 1989 年召开，至 2019 年已召开 16 届；1991 年首届全国语篇分析研讨会召开，至 2019 年已召开 16 届；功能语言学与语篇分析高层论坛于 2006 年开始举办，到 2019 年已召开 27 届。此外，中国还分别于 1995 年、2009 年、2013 年举办了第 22 届、第 36 届、第 40 届国际系统功能语言学大会。

9）认知语言学研究

认知语言学于 20 世纪 70 年代中期开始在美国孕育，20 世纪 80 年代中期以后开始成熟，其学派地位得以确立，20 世纪 90 年代以后开始进入稳步发展的阶段（李福印 2008：3）。经过数十年的发展，认知语言学业已成为理论语言学和描写语言学中最具活力和吸引力的理论框架之一［见 Geeraerts & Cuyckens（2007）中的《序言》］。认知语言学主要探讨人类语言、心智和社会—物理经验之间的关系（Evans et al. 2007：2）。不同于其他语言学理论流派，认知语言学没有统一的理论，它是一个囊括多种研究路径和方法的"聚合物",而共同的理论指导原则、假定和视角是该"聚合物"的黏合剂(Geeraerts 2006: 2)。

我国的认知语言学研究开始于20世纪80年代末至90年代初,其重要标志为《国外语言学》1988年发表的戴浩一著、黄河译的《时间顺序和汉语的语序》(束定芳 2009: 248)。认知语言学在国内的发展历程可分为三个阶段:初步引进与应用(1988年至1998年);全面介绍与发展(1999年至2004年);发展、反思与国际化(2005年至今)。当然,三个阶段之间并非泾渭分明,而是存在交叉重叠的。

1988年至1998年,我国认知语言学研究处于初步引进与应用阶段。这一阶段,国内主要是翻译和述评国外学者的文章,包括对概念隐喻、语法化、认知语法、典型理论等的介绍,并开始探讨其在汉语语法研究中的应用等。

1999年至2004年,国内认知语言学研究进入全面介绍与发展阶段,推动性事件为2001年10月12—13日在上海外国语大学召开的首届全国认知语言学研讨会。在研究内容上,该阶段的研究又扩展到概念隐喻和转喻、概念整合、心理空间、多义性、图形—背景等议题。一批认知语言学的专著和教材相继问世,例如熊学亮(1999)的《认知语用学概论》、束定芳(2000b)的《隐喻学研究》、赵艳芳(2001)的《认知语言学概论》、程琪龙(2001)的《认知语言学概论——语言的神经认知基础》、张辉(2003)的《熟语及其理解的认知语义学研究》、蓝纯(2003)的《从认知角度看汉语和英语的空间隐喻》、胡壮麟(2004)的《认知隐喻学》等。此外,束定芳(2004)主编的论文集,收录了30余篇认知语言学领域的代表性论文,其中涵盖"概论""句法与词汇""汉语的认知语言学研究""隐喻研究""心理空间理论"五个专题,基本上勾勒出2002年以前国内认知语言学研究的发展轨迹。

2005年以后,国内认知语言学进入发展、反思与国际化阶段,推动性事件为2006年5月中国认知语言学研究会的成立。该阶段国内出版的教材和专著有蓝纯(2005)的《认知语言学与隐喻研究》,彭建武(2005)

的《认知语言学研究》，王军（2005）的《英语叙事篇章中间接回指释义的认知研究》，王寅的《认知语言学探索》（2005）、《认知语法概论》（2006）、《认知语言学》（2007a）和《构式语法研究（上下卷）》（2011a），卢植（2006）的《认知与语言——认知语言学引论》，程琪龙的《概念框架和认知》（2006）和《概念语义研究的新视角》（2011），刘宇红（2006）的《认知语言学：理论与应用》，刘正光的《语言非范畴化——语言范畴化理论的重要组成部分》（2006）、《隐喻的认知研究——理论与实践》（2007）和《语言非范畴化——语言范畴化理论的重要组成部分（修订版）》（2018），王文斌（2007）的《隐喻的认知构建与解读》，魏在江的《英汉语篇连贯认知对比研究》（2007）和《语用预设的认知语用研究》（2014），李福印（2008）的《认知语言学概论》，束定芳的《认知语义学》（2008）和《认知语言学研究方法》（2013a），刘辰诞（2008）的《结构和边界——句法表达式认知机制探索》，钟守满（2008）的《英汉言语行为动词语义认知结构研究》，高航（2009）的《认知语法与汉语转类问题》，张辉、卢卫中（2010）的《认知转喻》，廖巧云（2011）的《因果构式的运作机理研究》，牛保义（2011）的《构式语法理论研究》，文旭（2014）的《语言的认知基础》，纪瑛琳（2017）的《空间运动事件的心理认知研究》等。

在研究内容上，除了一些认知语法、认知语义学和认知语用学的传统议题外，还包括认知语言学理念和方法在音系学（如赵永刚 2012）、句法学（如郭霞、崔鉴 2010）、词汇学（如陈建生 2008；陈建生等 2011）、语篇分析（如孙亚 2013；汪少华、梁婧玉 2017）、多模态话语分析（如潘艳艳 2011；赵秀凤 2011）、对比语言学（如王寅 2015；文旭 2009）、语言类型学（如于秀金、金立鑫 2019）、翻译学（如谭业升 2009；文旭、肖开容 2019）、外语教学（如刘正光 2010；文旭 2014）、词典学（如章宜华 2019）、批评认知语言学（如张辉、杨艳琴 2019）、认知社会语言学（如王天翼、王寅 2012）等领域的应用。在研究方法上，除内省法外，心理实验、语料库等实证方法也被运用到国内认知语言学研究中。例如，张辉

（2016）运用 ERP 技术，对汉语熟语的动态在线加工进行实验研究，构建起汉语熟语在线加工模式。

在认知语言学的反思与发展方面，刘正光（2006）在《语言非范畴化——语言范畴化理论的重要组成部分》中以英语和汉语的语言事实为论据，构建了非范畴化理论体系，揭示了非范畴化是语言创新与发展的重要认知方法和过程；在 2018 年的修订版中，该著作在原来的基础上进一步阐述了在由错位走向协调的过程中句法语义的协调方式、层次、范围，揭示了主观化在人类认知中的作用。王馥芳（2015）对认知语言学范式的理论和实践进行了较为深入的反思性批评。张克定（2016）在认知语言学的理论指导下，对空间、空间关系和空间参照框架等概念进行了详细的梳理，并在此基础上参照构式语法和认知语法关于构式的思想，提出了"空间关系构式"这一新的概念。王寅（2014a，2019）在深入反思现存问题与不足的基础上，主张把认知语言学修正为"体认语言学"（embodied-cognitive linguistics），并把体认语言学的核心原则归纳为"现实—认知—语言"。而这一核心原则，不仅可以弥补认知语言学学科名称中只讲"认"不讲"体"的不足，还能够突显马克思主义唯物论和后现代人本观在语言研究中的基础性地位。值得一提的是，王寅（2020）的《体认语言学：认知语言学的本土化研究》一书较为系统地阐释了建构"体认语言学"的重要性和可行性。该书不仅从哲学、语言起源、语言世界观、体认过程剖析、神经科学、中国古代的语言体认观等角度阐述了"语言体认性"的理据，还从象似性、音义关系、词汇、词法、句法、话语分析、修辞、习语等角度论证了体认性在语言各层面的解释力。

在研究的国际化方面，2007 年 7 月，中国认知语言学研究会被正式接纳为国际认知语言学会的成员；2011 年，第 11 届国际认知语言学大会在西安外国语大学召开。另外，截至 2019 年，北京航空航天大学已经连续 19 次主办中国认知语言学国际论坛[1]，邀请到包括乔治·雷柯夫（George Lakoff）、约翰·泰勒（John Taylor）、罗纳德·兰艾克（Ronald

---

[1] 具体内容可参见 http://cifcl.buaa.edu.cn/History.htm（2020 年 3 月 30 日读取）。

Langacker)、伦纳德·泰尔米（Leonard Talmy）等在内的26位知名认知语言学家作系列讲座。

10）对比语言学研究

对比语言学又称"语言对比分析"或"语言对比研究"，是指"对两种或两种以上的语言进行共时的对比研究，描述它们之间的异同，特别是不同之处，并将这类研究应用于其他有关领域"（许余龙2010：3），其终极目标是揭示语言的基本特征和运作规律。

我国汉外语言对比研究可追溯至一个世纪以前的《马氏文通》，在该作中马建忠（1898）通过对比研究汉语语法；即便如此，对比语言学在我国作为一门独立学科"则是最近几十年间的事"（王菊泉2011：i）。我国对比语言学学科发展的重要标志是1977年吕叔湘所作的题为"通过对比研究语法"的讲话。该讲话谈及汉语与外语、现代汉语与古代汉语、普通话与方言等的对比，拉开了国内对比语言学研究的序幕。汉外语言对比研究在国内已经走过40余年的历程，大致可分为学科初创期（1977年至1989年）、学科成熟期（1990年至2008年）、理论创新期（2009年至今）三个阶段。

在学科初创期，相关论文如赵世开的《浅谈英语和汉语的对比研究》（1979）和《英汉对比中微观和宏观的研究》（1985）、陈平（1980）的《欧美对比语言学的发展概况》、丁金国（1981）的《对比语言学及其应用》、胡壮麟的《国外汉英对比研究杂谈（一）》（1982a）和《国外汉英对比研究杂谈（二）》（1982b）、王菊泉（1982）的《关于英汉语法比较的几个问题——评最近出版的几本英汉对比语法著作》、方梦之（1983）的《加强对比语言学的研究》、徐烈炯（1983）的《语言对比与对比语言学》等相继发表，对国内对比语言学的发展起到了推动作用。此外，张今、陈云清（1981）的《英汉比较语法纲要》，任学良（1981）的《汉英比较语法》，赵志毅（1981）的《英汉语法比较》，邓炎昌、刘润清（1989）的《语言与文化——英汉语言文化对比》等著作也相继问世。这些研究对增强对比语言学的学科意识起到了助推作用。

1990年至2008年，我国对比语言学研究呈现出蓬勃发展的态势，对比语言学的学科发展走向成熟。该阶段，对比语言学的研究组织——中国英汉语比较研究会于1994年正式成立，研究队伍不断壮大；对比语言学的研究范围不断扩大，涉及语音、音系、词汇、语法、修辞、语用、语篇、文化、翻译等；一些传统的对比课题得到更为深入的研究；对比研究的覆盖语种更为丰富，涉及汉俄、汉日、汉德、汉法等语对的对比（王文斌 2017b：31）。

该阶段的代表作有：刘宓庆（1991）的《汉英对比研究与翻译》，许余龙（1992）的《对比语言学概论》，连淑能（1993）的《英汉对比研究》，喻云根（1994）的《英汉对比语言学》，潘文国（1997）的《汉英语对比纲要》，邵志洪（1997）的《英汉语研究与对比》，方文惠（1998）的《英汉对比语言学》，柯平（1999）的《对比语言学》，崔卫、刘戈（2000）的《对比语言学导论》，许余龙（2001）的《对比语言学》，许高渝等（2006）的《20世纪汉外语言对比研究》，潘文国、谭慧敏（2006）的《对比语言学：历史与哲学思考》等。需特别提及的是，许余龙（1992）不仅介绍了对比语言学的定义、分类、目的、意义、一般理论与方法等，还探讨了语音、词汇、语法、篇章、语用对比的对象和方法，系统论述了对比语言学的定义、分类、名称、起源、发展、理论和方法等，"标志着对比语言学作为一门学科在中国的成立"（潘文国 2002：73）。许高渝等（2006）系统回顾了我国的汉外（如汉英、汉俄、汉日、汉德、汉法）语言对比研究，并对新世纪汉外对比研究进行了展望。杨自俭在该书《序言》中评价说，"本书是我国第一部对比语言学史，对本学科和相关学科的研究都有参考意义。它的理论价值在于展示了中国对比语言学的发展历程、学术思想和研究方法的发展变化，为对比语言学理论发展史的研究打下了一个很好的基础"（许高渝等 2006：ii）。潘文国、谭慧敏（2006）全面梳理了中西对比语言学史，把西方对比语言学的源头追溯至洪堡特，并指出"一部中国现代语言学史，实质上就是一部汉外对比史"（同上：封底）。许余龙（2010：319）评价说，此书堪称"世界上第一部国际对比语言学史"。重要的是，该书从哲学高度系统阐述了对比语言学的本体论和方法论，填补了以往对比语言学学科建设中方法论研究的空白。

此阶段还涌现出了一批对我国对比语言学学科发展具有指导意义的论文集，如杨自俭、李瑞华（1990）的《英汉对比研究论文集（1977—1989）》，王福祥（1992）的《对比语言学论文集》，李瑞华（1996）的《英汉语言文化对比研究（1990—1994）》，刘重德（1998）的《英汉语比较与翻译》，王菊泉、郑立信（2004）的《英汉语言文化对比研究（1995—2003）》等。其中，杨自俭、李瑞华（1990）编写的论文集是我国第一本英汉对比研究论文集，收录了42篇英汉对比研究的论文，涉及理论和方法、语义、词语、句子、修辞、语用等方面。此外，中国英汉语比较研究会的年会论文集《英汉语比较与翻译》截至2019年已经出版12辑（每两年出版一辑）。由杨自俭、王菊泉担任总主编的"英汉对比与翻译研究"系列论文集的前四分册分别收录了英汉语言对比的理论与方法研究、微观对比研究、宏观对比研究、应用研究四类论文，它们分别为：潘文国、杨自俭（2008）主编的《共性·个性·视角：英汉对比的理论与方法研究》，邵志洪（2008）主编的《结构·语义·关系：英汉微观对比研究》，牛保义（2009）主编的《认知·语用·功能：英汉宏观对比研究》，刘英凯、李静滢（2009）主编的《比较·鉴别·应用：英汉对比应用研究》。

2009年以后，我国对比语言学的发展势头更加迅猛。此阶段，对比语言学研究成果在数量和质量上均超过了前两个阶段，研究的广度和深度均有明显的拓展，理论创新方面也取得突破性进展。这一阶段，对比语言学的代表作有许余龙（2010）的《对比语言学（第2版）》，王菊泉（2011）的《什么是对比语言学》，陈德彰（2011）的《汉英对比语言学》，王福祥、吴汉樱（2012）的《对比语言学概论》，潘文国、谭慧敏（2018）的《中西对比语言学：历史与哲学思考》，朱磊等（2019）的《对比语言学十讲》等。

有些学者在进行对比研究时，努力摆脱印欧语的束缚，尝试提出一些新观点。例如，沈家煊（2016）论证到，汉语中名词和动词的性质以及二者之间的关系不同于印欧语中的名词和动词。就名词和动词的性质而言，印欧语的名词和动词是语法范畴，不同于语用范畴"指称语"和"述谓语"，而汉语的名词和动词既是语法范畴也是语用范畴，名词就是"指称语"，动词就是"述谓语"；就二者的关系而言，印欧语的名词和动词是"分立关系"，而汉语的名词和动词是"包含关系"（同上：1-2）。沈家煊（2019：81）还提出，"印欧语语法以主谓结构为主干，主谓结构是以续为主，续中有对；汉语大语法以对言格式为主干，对言格式是以对为本，对而有续"。王文斌（2019）从语言和思维的关系出发，深入考察了英汉语的本质性差异，并提出英语具有强时间性特质，而汉语具有强空间性特质的假说。

11）语言学史、语言学流派研究

20世纪80年代至20世纪末，国内出版了多部有关语言学史、语言学流派的著述，如冯志伟的《现代语言学流派》（1987）、《现代语言学流派（修订本）》（1999）和《现代语言学流派（增订本）》（2013）、赵世开的《美国语言学简史》（1989）和《国外语言学概述——流派和代表人物》（1990）、刘润清的《西方语言学流派》（1995）和《西方语言学流派（修订版）》（2013）、姚小平（1995）的《洪堡特——人文研究和语言研究》、钱军（1998）的《结构功能语言学——布拉格学派》等。这几本著作的研究内容各有侧重，相互补充。冯志伟（1987）在简要回顾传统语言学和历史比较语言学的基础上，重点介绍了现代语言学的各主要流派。在1999年的修订本中，他补充了"叶斯柏森的语言理论""法兰西学派""配价语法"等内容；在2013年的增订本中，又增加了"俄罗斯现代语言学理论""认知语言学""语言类型学"等内容。赵世开（1990）的论著《国外语言学概述——流派和代表人物》包含"国外语言学流派"和"代表人物"两部分，第一部分对17世纪以来各主要国家语言学发展情况，以及各主要流派作了详细介绍；第二部分介绍了90位知名语言学家的生平及主要学术成就。刘润清（1995）的《西方语言学流派》介绍了自古希腊时期以来的各种西方语言学理论和流派的发展历史、脉络和现状；在2013年的修订版中，又增加了"语法隐喻""评价理论""认知语言学"等内容。姚小平（1995）重点介绍了洪堡特的语言学说，阐述了洪堡特语言研究的领域、理论与方法，探讨了洪堡特语言哲学的来源以及他在语言学史中的地位和影响。钱军（1998）从历史、理论（共时与历时、系统与结构、功能与形式）和语言研究的层次（音位、词汇、句法）三个方面展现了布拉格学派的全貌。

2000年以后，国内出版的相关教材和专著主要有刘国辉（2000）的《历史比较语言学概论》，刘润清、封宗信（2004）的《语言学理论与流派》，封宗信（2005）的《语言学理论和流派》，胡壮麟、叶起昌（2010）的《语言学理论与流派》，姚小平的《西方语言学史》（2011）和《西方语言学史——从苏格拉底到乔姆斯基》（2018）等。需提及的是，刘国辉（2000）阐述了历史比较语言学的产生背景、运行轨迹、流派、特征与贡献等。姚小平（2011，2018）介绍了西方语言学自古希腊以来的发展脉络，阐述了西方语言学在各个发展时期的学术观点、理论成果和思想流派。

同时，姚小平主编的"语言学名家译丛"（湖南教育出版社）和"西方语言学名家译丛"（商务印书馆），引进了一大批西方语言学史上的重要著作，包括：《雅柯布森文集》（2001，钱军、王力译）、《论语言、思维和现实——沃尔夫文集》（2001，高一虹等译）、《普遍唯理语法》（2001，张学斌译）、《洪堡特语言哲学文集》（2001，姚小平译）、《普通语言学教程：1910—1911索绪尔第三度讲授》（2001，张绍杰译）、《乔姆斯基语言学文集》（2006，宁春岩等译）、《叶斯柏森语言学选集》（2005，任绍曾译）、《叶姆斯列夫语符学文集》（2006，程琪龙译）、《韩礼德语言学文集》（2006，李战子等译）、《布龙菲尔德语言学文集》（2006，熊兵译）、《萨丕尔论语言、文化与人格》（2011，高一虹等译）等。

在具体的语言学流派研究方面，张绍杰（2004）从历史思想根源、认识论基础和方法论内涵方面，探究了索绪尔语言学理论中语言符号的任意性问题。赵蓉晖（2005）主编的论文集《索绪尔研究在中国》收录了30余篇国内学者关于索绪尔著作、思想和理论研究的成果。马庆林（2003）和熊兵（2007）探究了美国结构主义语言学对汉语语法研究的影响。曲长亮（2019）从叶斯柏森的著作、语音观、语法观以及语言演变、国际辅助语等方面,介绍了叶斯柏森的语言学思想。在中西语言学史对比研究方面,姚小平(2001)从研究对象、工具、方法和领域,以及理论体系、建制条件等方面入手,比较了 17 至 19 世纪的德国语言学与中国语言学。

12)语言哲学研究

如果以许国璋(1979)译介的英美分析哲学、日常语言学派代表人物奥斯汀的言语行为理论作为起始标志的话,我国外语界对语言哲学的研究大致经历了三个发展阶段:萌芽阶段(1979 年至 1998 年);起步阶段(1999 年至 2005 年);发展和创新阶段(2006 年至今)。

作为萌芽阶段的重要代表,许国璋是外语界较早传播和研究语言哲学的学者,倡导从哲学的视角对语言进行深度研究,对后来外语界语言学研究形成规模有奠基之功(钱冠连 2008:3)。许国璋(1991:229)曾明确指出他所说的"语言哲学"主要出于人类语言学或文化语言学,不同于西方分析哲学的语言哲学,即出于形式语言学或逻辑语言学的语言哲学。这一语言哲学研究观点可以从《许国璋论语言》(1991)和《论语言和语言学》(1997)中收录的《语言符号的任意性问题——语言哲学的探索》《从两本书看索绪尔的语言哲学》《从〈说文解字〉的前序看许慎的语言哲学》《〈马氏文通〉及其语言哲学》《追寻中国古代的语言哲学》《金岳霖论"语言"》等文章中窥见一斑。

钱冠连于 1999 年发表了《哲学轨道上的语言哲学研究》一文,随后相继发表了有关西方语言哲学研究的系列文章,掀开了外语界语言哲学研究的新篇章。同时,自 1993 年至 2005 年,钱冠连一直致力于宇宙观语言哲学研究,提出宇宙结构、人体结构和语言结构大体上同构,共同奠基在一个理论框架之上。相关的标志性成果有《美学语言学——语言美和言语美》(1993)、《语言全息论》(2002b)、《语言:人类最后的家园——人类基本生存状态的哲学与语用学研究》(2005)。

2006 年以后,外语界语言哲学研究发展迅速,尤其是在语言哲学的理论构建和创新发展方面有了新的突破。2008 年,中西语言哲学研究会

（后更名为"中国英汉语比较研究会中西语言哲学专业委员会"）成立，这标志着外语界语言哲学研究进入了新的发展阶段。该学会已连续开办十四届"西方语言哲学夏日书院"，召开七届"中西语言哲学研究会年会"和四届"语言哲学高层论坛"，出版三辑学会会刊《语言哲学研究》。此外，黑龙江大学主办的《外语学刊》自2006年开设"语言哲学"常设栏目，为西方语言哲学的传播与研究提供了重要的基地。

该阶段相继出版了一批语言哲学的教材、专著、译著和论文集。主要包括成晓光（2006）的《西方语言哲学教程》，刘利民（2007）的《在语言中盘旋：先秦名家"诡辩"命题的纯语言思辨理性研究》，李洪儒的《语言哲学：历时与共时交叉点上的节点凸现》（2009）和《欧洲大陆哲学：历时与共时交叉点上的节点凸现》（2011a），丁言仁（2009）的《语言哲学：在现代西方语言学的背后》，斯捷潘诺夫的《现代语言哲学的语言与方法》（2011，隋然译），霍永寿（2012）主编的《西方语言哲学入门必读：论文选集（上、下卷）》，刘宇红（2013）的《语言哲学与语言中的哲学》，王爱华（2014）的《语言哲学》，王寅（2014b）的《语言哲学研究：21世纪中国后语言哲学沉思录》，钱冠连的《后语言哲学之路》（2015）和《后语言哲学论稿》（2019），王寅、王天翼（2019）的《西哲第四转向的后现代思潮——探索世界人文社科之前沿》，刘润清（2019）主编的《语言哲学论文集》等。

在理论构建和创新发展方面，钱冠连致力于中国语言哲学的建构和发展，他在《西语哲在中国：一种可能的发展之路》（2007）一文中率先提出"后语言哲学"概念，随后又提出（中国）后语言哲学的四原则[1]，大力倡导西方语言哲学的本土化研究，呼吁学界积极参与第二次哲学启蒙（即后现代哲学思潮），为语言哲学研究贡献中国的智慧。杜世洪（2012）在《脉络与连贯——话语理解的语言哲学研究》一书中围绕"话语连贯何

---

[1] （中国）后语言哲学的四原则是："（1）吸取西方语言哲学（分析传统和欧洲传统）的营养；（2）从日常生活中挖掘出新的语言哲学问题（所谓'节外生新枝'）；（3）它的研究方法，主要表现为从词语分析（形而下）找入口，从世界与人的道理（形而上）找出口（乐意接受其他方法与风格）；（4）重视汉语语境，实现西方语言哲学本土化。"（钱冠连 2015：18）

以可能"这一中心问题,从对日常话语的具体分析入手,把连贯置于语言哲学的研究视域,从语言哲学的层面深入探讨了话语连贯的概念性质和形成机制。该书提出,连贯是一个哲学概念,而不是一个形式化的科学概念;连贯反映的是话语双方的思维问题,关涉的是人的"在世问题"。同时,该书建立了话语连贯研究的一种新方法——话语连贯的脉络辨析法,并提出了"连贯因子说""话语累计论""理解的合作原则"等新观点。李洪儒(2011b)提出了中国语言哲学发展的整合性研究路径,即开展语言哲学内部分析性语言哲学(分析哲学、日常语言哲学)与欧洲大陆本体论哲学之间的整合性研究,并在此基础上提出更加合理的语言哲学观。同时,他还开展了语言哲学同语言学之间的整合性研究,重点对与语言主观意义密切相关的语言元素进行了探究。王寅致力于打通语言学与哲学研究之间的道路,提出"语言学与哲学互为摇篮"的新论断(王寅2017),并将语言哲学和认知语言学进行有机结合,丰富和发展钱冠连等学者提出的"中国后语言哲学"理论。其专著《语言哲学研究:21世纪中国后语言哲学沉思录》(2014b)贯彻"梳理与创新"的方法,不仅全面梳理了西方哲学和语言哲学简史、主要内容和研究方法,而且在传承、批判与发展的基础上,提出了"哲学的第四转向——后现代主义""SOS 理解模型""体验人本观""意义体认观""命名转喻观"等具有创造性的学术观点。其另一专著《西哲第四转向的后现代思潮——探索世界人文社科之前沿》(王寅、王天翼 2019)系统梳理了西方后现代哲学和现代语言哲学的关系及它们的影响,剖析了认知语言学和体认语言学如何消解索绪尔和乔姆斯基客观主义哲学观的语言理论,阐述了当前语言学理论对哲学研究的深化与发展,为中国后语言哲学与学术话语体系增添了新的内容。

1.1.1.3 中国理论语言学研究 70 年反思

"每一门科学都是在它过去的基础上成长的,前一代人的成就会成为下一代人的起点。"(Robins 1967:4)下文首先对国内外语界理论语言学研究 70 年发展的基本成就与经验予以总结,然后指出问题与不足,以期为外语界创新理论语言学知识体系提供参考。

1.1.1.3.1 基本成就

新中国成立以来，外语界理论语言学研究所取得的基本成就可概括如下：

1）学科体系建设逐渐完善。回顾70年的曲折发展道路，外语界理论语言学研究经历了从弱到强的发展阶段，理论语言学学科体系建设逐渐完善。我国70年的理论语言学研究总体上经历了从引进介绍到借鉴承继与应用结合，再到修正发展与本土创新并重的螺旋式上升过程。特别是改革开放以后，外语界理论语言学研究开始步入正轨。在人才队伍培养、专门学术组织、学术会议等的有力推动下，语音学、音系学、词汇学、句法学、语义学、语用学、转换生成语法研究、系统功能语言学、认知语言学、对比语言学、语言哲学研究等获得迅猛发展。理论语言学的研究领域和研究对象不断拓展，研究方法和研究手段不断增多，研究成果的数量和质量显著提高，逐渐形成与国际趋于同步的局面。21世纪以来，一些学者在引进和借鉴国外语言学理论与方法的同时，更加注重将西方语言学理论与方法同我国的语言实际相结合，通过对理论的补充、质疑及修正，在自主创新方面迈出了实质性的步伐。例如，钱冠连（1997，2002a，2020）的"三带一理论"、沈家煊（2019）的"对言语法"、王文斌（2013，2019）的"英汉时空性特质差异论"、王寅（2014a，2020）的"体认语言学"等。

2）研究领域和研究对象不断拓展，研究理念不断更新，研究方法不断丰富。这主要表现在以下三个方面：其一，在研究领域上，外语界通过翻译、述评等工作，引进了各种当代语言学理论流派，介绍了这些流派的语言观、代表人物、理论体系、研究内容、研究方法等。随着各理论流派研究的不断深化，外语界理论语言学研究整体上实现了从单纯引进国外语言学理论到与国际语言学界几乎同步的跨越。其二，在研究对象上，外语界经历了从外语研究到汉语研究，再到汉外对比研究的过渡。其三，在研究方法上，理论语言学研究实现了从内省研究到定性研究与定量研究结合，再到运用实验和语料库等进行实证研究的拓展。例如，张辉（2016）运用 ERP 技术手段，在语言学理论分析研究的基础上，对汉语熟语的动态在线加工进行了实验研究，构建了汉语熟语在线加工的心理语言学和神经语言学模式。彭宣维等（2015）介绍了其团队运用评价理论开发的汉英对应评价意义语料库及其在研制过程中涉及的语料处理原则与具体操作方案。何伟带领团队研发了加的夫语法制图软件，发展了系统功能语言学内部的加的夫模式，并以此为参照建立了英汉功能句法分析数据库[1]。顾曰国建设了汉语现场即席话语语料库[2]，并提出了"多模态贴真建模"等方法论和"言思情貌整一"等研究模型（顾曰国 2013）。

3）研究队伍不断壮大。在老一辈学者的引领下，国内逐渐形成了一批围绕转换生成语法、系统功能语言学、认知语言学、语用学、对比语言学、语言哲学等不同研究主题的学术组织，打造了多支阵容强大、相对稳定的研究队伍。目前，语言学各重要理论流派及分支在中国均有专门的学术组织，包括挂靠在中国逻辑学会的语用学专业委员会、符号学专业委员会，以及挂靠在中国英汉语比较研究会的功能语言学专业委员会、形式语言学专业委员会、认知语言学专业委员会、中西语言哲学专业委员会等。各学术组织通过定期组织召开全国性的学术研讨会、出版学术论文集、开展各种学术活动等，为理论语言学的深入发展注入了活力。此外，各方向培养了大量硕博研究生，进一步壮大了研究队伍。

4）在研究的国际化上，"请进来"和"走出去"的双向互动，对加快我国理论语言学研究的国际化进程起到了推动作用。一方面，学界通过举办国际学术会议、邀请语言学各领域国际著名学者参会和讲学、引进和翻译国外语言学著作、参编国际语言学学术期刊、订购学术期刊论文数据库等途径，为国内学者追踪国际学术前沿和开拓学术视野提供了便利。另

---

1 该库尚未正式对外发布。相关信息可参阅何伟、王敏辰（2019：126），何伟、高然（2019：115）。
2 关于该库的相关介绍可参阅顾曰国（2002）和 Gu（2002）。

一方面，国内学者还通过参加国际学术会议、发表国际学术论文、在国际出版社出版论著及译著、主办和参与创办国际学术期刊、在国际学会担任重要职务、赴国外高校深造或访学等渠道，切实增强了与国际学界之间的学术交流。

1.1.1.3.2　经验总结

回顾70年的研究历程，学界有很多经验值得总结和承继。

1）重视"引进来"和"本土化"。新中国成立后，在改革开放以前，学界整体上处于相对封闭的状态，主要以翻译和引介苏联语言学理论为主，而对西方语言学理论引介相对较少。改革开放后，国内开始注重"引进来"，各语言学流派及分支通过书评、述评和翻译等被相继引介到国内。近20多年来，国内开始重视"本土化"。一些学者在借鉴国外语言学理论和方法的同时，更加注重与本土的语言事实、本土的语言问题相结合。例如，沈家煊（2016，2019）先后提出汉语的"名动包含说"以及汉语语法以"对言格式"为主干的观点，这给印欧语传统观念带来了观点和方法上的冲击。王文斌（2013，2019）从语言和思维的关系入手，探究了英汉语言表征差异背后所隐匿的民族思维差异，提出英语倚重时间性思维，汉语倚重空间性思维。王寅（2014a）在指出认知语言学存在的问题的基础上，将其本土化，发展出"体认语言学"。冉永平（2018）针对人际语用学不太重视人与人之间"情"的影响及其语用功能之不足，提出了汉语文化语境下的"人情原则"。

2）坚持"走出去"和"国际化"。改革开放以后，中国外语界始终保持"走出去"和"国际化"的方向，这主要表现在以下五个方面：其一，国内学者在国际学会中担任重要职务。胡壮麟、方琰、黄国文、朱永生、彭宣维先后担任国际系统功能语言学学会委员，黄国文还曾担任国际系统功能语言学学会执行委员会主席。其二，举办国际学术会议，如国际系统功能语言学大会、国际认知语言学大会、国际形式语言学研讨会、东亚语用学研讨会等。其三，国内许多学者在《语言》(*Lingua*)、《语言学》

(*Linguistics*)、《语言学研究》(*Linguistic Inquiry*)、《语用学》(*Pragmatics*)、《认知语言学》(*Cognitive Linguistics*)、《语言功能》(*Functions of Language*)等国际期刊上发表研究成果,且多数成果涉及汉语研究。其四,国内学者创办国际学术期刊或参编重要著作。比如,在功能语言学领域,卫真道(Jonathan Webster)、黄国文和何伟联合创办《世界语言学刊》(*Journal of World Languages*);黄国文和常晨光共同创办《功能语言学》(*Functional Linguistics*);彭宣维与杰夫·威廉斯(Geoff Williams)共同创办《语言、语境与语篇:社会符号学论坛》(*Language, Context and Text: The Social Semiotics Forum*)。在认知语言学领域,文旭与佐尔坦·克韦切什(Zoltan Kövecses)共同创办《认知语言学研究》(*Cognitive Linguistic Studies*);张辉创办《语言与认知科学》(*Language and Cognitive Science*);李福印创办《认知语义学》(*Cognitive Semantics*)。在语用学领域,陈新仁与丹尼尔·卡达尔(Dániel Kádár)共同创办《东亚语用学》(*East Asian Pragmatics*);谢朝群与弗朗西斯科·尤斯(Francisco Yus)共同创办《网络语用学》(*Internet Pragmatics*)。其五,国内学者在世界知名出版社出版论著,介绍相关学科在中国的研究进展。例如,彭宣维和卫真道于2017年编辑出版论文集《应用系统功能语言学:中国的现状》(*Applying Systemic Functional Linguistics: The State of the Art in China Today*)。束定芳、张辉和张立飞于2019年编辑出版论文集《认知语言学与汉语研究》(*Cognitive Linguistics and the Study of Chinese*)。潘文国和谭慧敏于2007年出版《对比语言学:历史与哲学思考》(*Contrastive Linguistics: History, Philosophy and Methodology*)。

3)发挥集体智慧,推动学科发展。这主要体现在以下三个方面:其一,成立学会。目前国外语言学各重要理论流派在中国均有专门的学术组织。其二,举办会议、开展交流。为推动国内学者之间以及与国际同行之间的学术交流,各学会定期组织召开学术研讨会,交流研究成果。截至2019年底,形式语言学专业委员会已召开8届形式语言学国际研讨会;功能语言学专业委员会已召开16届全国系统功能语言学研讨会、3届国际系统功能语言学研讨会；认知语言学专业委员会已召开11届全国认知语言学研讨会；语用学专业委员会已召开16届全国语用学研讨会。其三，组织出版。国内外语界发挥集体力量，策划和组织出版、引进和翻译系列著作，如湖南教育出版社出版"语言学系列教材"，上海外语教育出版社引进"国际认知语言学经典论丛"；外语教学与研究出版社引进"当代国外语言学与应用语言学文库"；北京大学出版社出版和翻译"韩礼德文集"；世界图书出版公司出版"原版影印语言学书刊"，这对语言学理论在国内的传播与发展起到推动作用。

1.1.1.3.3 存在的问题

我国外语界理论语言学研究70年来一方面取得了突出的成就，另一方面也存在一些问题与不足。

1）语言的本体研究仍有待加强。语言学研究包含本体研究和应用研究两大方面。本体研究（语言的音、形、义研究）是语言学研究的核心和基础，也是语言学知识体系的重要组成部分。如果对本体研究不重视，就容易造成理论创新匮乏。同时，缺乏语言理论指导，那么应用研究也会成为无本之木。对外语界理论语言学研究70年发展的回顾表明，与语言学各个理论流派的研究相比较，语音学、音系学和词汇学等本体研究方面略显欠缺。根据王文斌（2021：9，11）对我国"十三五"期间外国语言学研究的调查，外语界语言本体研究式微明显，语言的一些基本问题和理论问题受到忽视。针对以上问题，今后我们还应夯实语言的本体研究，重视语言学各分支学科与理论流派的基础研究。

2）突破性研究和原创性理论为数不多。通过对国内现有期刊和硕博论文、专著、教材、论文集等进行分析，可以发现：一方面，多数研究直接套用国外语言学理论与方法，对包括汉语在内的语言现象进行描述与解释，或通过汉语现象对国外语言学理论进行验证，基本上属于"照着讲"和"跟着做"，缺乏独立性和自主性。另一方面，微观语言问题上的研究较多，理论体系构建方面的创新研究匮乏；重复性的研究较多，真正具有国际影响力的原创性及重大突破性研究相对不足。因此，就理论的创新性而言，我国学者仍然任重而道远。

3）研究方法相对单一。其一，观察描写研究有余，解释性研究相对不足（王文斌 2021）。语言研究讲求三个充分性，即观察充分性、描写充分性和解释充分性。结合国内外语界的理论语言学研究成果来看，很多成果仅停留在对语言现象的观察和描写上，缺乏对隐匿于语言现象背后的根由的解释。其二，虽然有些研究开始重视实证研究和量化数据分析，但多数研究仍以微观描述和分析为主。

4）理论语言学研究队伍的学术素养整体有待提高。一门学科的健康迅速发展，离不开高质量的研究队伍。自 1981 年国务院批准首批 5 个英语语言文学博士点和 23 个英语语言文学硕士点以来，我国已培养大批从事语言研究的人才，已造就一支数量庞大的语言学研究队伍。但是，研究队伍的学术素养整体上仍有较大的提升空间。这主要表现在三个方面：其一，一些研究者知识结构单一、研究视野不够开阔、理论创新能力不足，只熟悉特定的语言学理论流派及分支，而对其他的流派及分支关注较少，难以实现各流派及分支理论与方法之间的相互借鉴与整合创新。其二，不少研究者缺少与汉语界的沟通与交流，从而使其研究的本土化进程与原始创新受到较大的限制。其三，不少研究者哲学基础薄弱，专注于微观语言现象研究，对语言背后的哲学基础关照较少，造成宏观上的理论构建研究匮乏，盲目跟风现象严重。

5）国际参与度和国际化程度仍然较低。虽然外语界的不少学者已经在国际期刊上发表研究成果，有些研究还得到国际同行的呼应，但是国内学者与国际学界的对话在整体上还有待加强。徐烈炯（2008：251）在回答"国内语言学研究与国外研究的差距主要在哪里"这一问题时提到，"去看看本学科世界一流的刊物，看看里面有多少中国人发表了文章。假如占了一个相当大的比例，证明我们国家跟世界学术高峰没有多大差距了，甚至没有差距了"。通过对国内学者在以理论语言学研究为主的 31 种国际期刊[1]上发文情况的检索与统计，我们发现，截至2020年底国内学者发表的研究性论文（不含书评）不足300篇。此外，国内学者应邀到国外讲学和作大会主旨发言的情况也并不多见。这从侧面反映出，我国理论语言学研究在国际上的影响力还需不断提升。

1.1.2　中国应用语言学研究70年：回顾与反思

1.1.2.1　引言

应用语言学（applied linguistics）属于跨学科研究领域，探讨现实世界中各种与语言相关的问题，研究活动包括理论的建构、应用和阐释以及实践的解释、规划和评价（Brumfit 1997；Grabe 2010；Kaplan & Widdowson 1992；Li 2011；戴炜栋等 2020；桂诗春 1988；何莲珍 2018；王初明 2018a；文秋芳 2017c）。"语言是人类一切活动的根本，是构建人类文明大厦的基石"（王初明 2020：4）。应用语言学所涉及的问题或对象丰富而广泛，几乎涵盖人类社会文化活动中所有与语言和语言使用相关的问题，如交流、学习（认知发展）、身份、健康、经济、社群、政治和司法等（Hall et al. 2011：14-17）。从历时角度看，应用语言学与语言教学问

---

[1] 这里提及的以理论语言学研究为主的31种国际期刊包括 Language、Lingua、Linguistics、Journal of Linguistics、Theoretical Linguistics、Studies in Language、Linguistics and Philosophy、Language Sciences、The Linguistics Review、Natural Language & Linguistic Theory、Annual Review of Linguistics、Journal of the International Phonetic Association、Journal of Phonetics、Phonology、Morphology、Syntax、Journal of Semantics、Natural Language Semantics、Semantics and Pragmatics、Pragmatics、Journal of Pragmatics、Pragmatics & Cognition、Intercultural Pragmatics、Pragmatics and Society、Linguistic Inquiry、Functions of Language、Cognitive Linguistics、Review of Cognitive Linguistics/Annual Review of Cognitive Linguistics、Language and Cognition、Languages in Contrast、Linguistic Typology。

题的关系最为密切[1]，因此，应用语言学亦指与语言教与学相关的知识体系建构和实践探究活动（Corder 1973）。自 1949 年起，中国应用语言学研究以新中国的外语教育事业为基点，在过去 70 年里经历了引介、消化吸收、本土创新、国际发声等多个阶段，不断发展壮大，并进入深化、细化和多元化的发展阶段（桂诗春 1987，2000a；何莲珍 2018；王初明 2018a；文秋芳 2017c，2020；杨惠中 2019 等）。回顾、总结和反思过去 70 年的经验、成就和不足对中国应用语言学知识体系创新发展具有重要意义。

1.1.2.2 中国应用语言学研究 70 年回顾

总览相关文献，可见过去 70 年中国应用语言学研究在改革开放前和改革开放后呈现明显变化。首先，研究规模和成果累积方面发生变化。相较于改革开放后的研究，改革开放前的研究显得微乎其微，量小、不活跃。其次，研究内容和主题发生变化，从改革开放前关注外语教育教学单一主题的局面，到改革开放后多元主题同时展开的态势。再次，研究理论应用和创新方面发生变化，从早期理论意识的浅淡或不足转变为理论的积极引介、主动应用和本土创新，并在一定程度上实现国际对话。最后，研究范式和方法发生变化，从经验式、直觉式和粗放式走向科学化、系统化和规范化。鉴于此，课题组将研究分为改革开放前、后两个部分，融合采纳历时与共时、宏观与微观、趋势与关键个案的多元视角，回顾和总结中国应用语言学研究的发展历程。总体来看，外语教育与教学研究始终是这一历程的主体部分，因此有必要专门针对这一主体进行深入的总结和反思，1.1.2.2.2 节的第三部分聚焦中国外语教育和教学研究 70 年。

1　Li（2011：2）认为，应用语言学最初的发展动力源自语言教学，特别是二战时期美国的特别语言教学项目，其关联性标志事件是 1948 年创刊于密歇根大学的《语言学习》（*Language Learning*）用 "Journal of Applied Linguistics" 作副标题。这是世界上第一次在学术期刊上用该术语作副标题，标志着应用语言学的出现，但其学术地位的真正确立则晚一些。通常认为，1964 年在法国南锡召开的第一届国际应用语言学大会和国际应用语言学学会（Association Internationale de Linguistique Appliquée, AILA）的成立标志着应用语言学系统化、组织化科学研究的开始。

1.1.2.2.1 改革开放前

新中国成立伊始,百废待兴,百业待举,错综复杂的国际国内形势,特别是政治和经济上的孤立和封锁,给新中国的社会和经济发展与振兴带来巨大困难和挑战。各项事业发展急需人才的培养,特别是能够助力对外沟通、联络、重塑国家形象的外语类人才培养的需求紧迫而凸显,这为新中国外语教育事业的发展提供了机会,同时也提出了前所未有的挑战。应该说,中国应用语言学过去70年的起步和发展离不开历史的机缘、时代的契机。

自20世纪50年代至改革开放前的近30年间,以外语教育教学为主体(题)的应用语言学发展过程中的关键事件是两份官方文件的发布。一是1956年教育部编订、人民教育出版社出版的《高级中学英语教学大纲(草案)》[以下称《大纲》(1956)];二是1964年由教育部联合国务院外事办公室、国务院文教办公室、国家计划委员会和高等教育部共同发布的《外语教育七年规划纲要》(1964—1970)[以下称《纲要》(1964)][1]。两份文件各自介绍了当时设置外语课程的时代背景,也明确了课程目的、各阶段任务和重点、主要措施以及应达到的学习水平。例如,《大纲》(1956)如此介绍课程设置的背景:

> 由于我国国际地位的迅速提高,我国同世界各国的联系日益频繁;由于我国正在进行伟大的社会主义建设,需要吸取世界各国最新的科学和技术的成果;外国语的学习对于我们的青年一代具有重要的意义。

《纲要》(1964)指出了现存的问题和背后的原因:

> 目前高等外语院系培养出来的学生,在数量和质量上都远不能满足国家社会主义建设和外事工作的需要;整个外语教育的基础,同国家需要很不适应,呈现出尖锐的矛盾。除客观形势的发展变化外,我们工作上的缺点错误是一个重要的原因。建国初期和第一个五年计划期间,几乎在"空地"上大量发展起俄语教育,基本上满足了

---

[1] 尽管该规划只执行了两年就受到"文革"的冲击,但它的部分实施对我国外语教育发展起了重要的指导作用(许道思1983:58)。

当时对俄语干部的大量需要，有很大成绩。但当时对其他外语人才的需要估计不足，始而把中学外语几乎全部改为俄语，继而取消初中外语，这就招致外语教育的片面发展，并使整个外语教育水平大大降低。高等学校对俄语以外的其他外语教育的发展也未予足够注意。1957年以后，在中央指示下，陆续恢复初中外语，逐步加大英语比重，高等外语院系也逐步增加了英语和其他语种的招生数字。但直到现在，中学学习外语的人数中，高初中平均学习俄语的仍占三分之二，学习英语的只占三分之一；高等外语院系在校学生两万五千人中，学习俄语的仍占百分之四十六，学习英语和其他外语的总共只占百分之五十四。

此外，《纲要》(1964)还明确了规划的目标，即"这次七年规划，既需要大力改变学习俄语和其他外语人数的比例，又需要扩大外语教育的规模，这样才能把外语教育的发展纳入同国家长远发展需要相适应的轨道，由被动转为主动"（同上）。在两份文件的指导下，中国外语教育事业开始起步，外语教育教学研究（即早期应用语言学研究）初步发展起来。以1949—1977年为检索时间范围，以"外语教育""外语教学""英语教学""俄语教学""应用语言学""语言学"为检索关键词，通过CNKI检索并辅以人工筛查（如剔除外文发表、会议报道、通知及其他相关性不强的文本等）可见相关研究总体趋势如图1.1所示。

检索结果显示，改革开放前近30年的相关研究成果发表只有85篇，与改革开放后积累的研究成果相比微乎其微。细览这些文献，可知在这一阶段，国内外语教学处于相对随意自在的状态，教学大纲、教学计划、教学材料、教学方法诸要素的系统性和科学性尚不足，相关研究也多为教学经验总结、实践感悟和心得体会等内容。不仅如此，大多数从事外语（主要是俄语和英语）教学实践的教师等专业人员尚未意识到外语教学作为一门科学的属性和价值。简言之，实践活动的"自在状态"、研究理论的"浅淡或不足"、研究方法的"粗放状态"是早期中国应用语言学（外语教育教学）的显要特征。

总体趋势分析

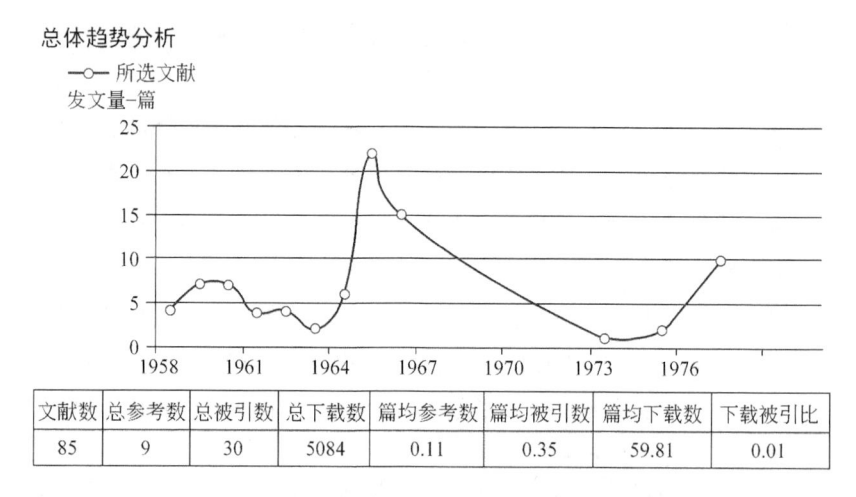

总体趋势分析图表

文献数	总参考数	总被引数	总下载数	篇均参考数	篇均被引数	篇均下载数	下载被引比
85	9	30	5084	0.11	0.35	59.81	0.01

图 1.1　改革开放前中国应用语言学研究总体趋势

1978年8月底至9月初，教育部召开"全国外语教育座谈会"，总结新中国成立以来外语教育正反两方面的经验教训，"讨论加强外语教育、提高外语教育水平的办法和措施，为早日实现四个现代化培养各方面外语人才"（《外语教学与研究》编辑部 1978：1）。时任全国人民代表大会副委员长的廖承志出席座谈会并作了题为"为实现四个现代化加紧培养外语人才"的指示（同上）。时任中国社会科学院副院长的周扬作了题为"重视外语教育"的讲话，聚焦外语教育如何为实现新时期社会主义建设总任务，为提高中华民族科学文化水平作贡献的问题，提出加强和普及外语教育、提高外语教学质量是"长远的、根本的需要，也是当前的、紧急的需要"（周扬 1978：15）[1]。此次座谈会意义深远，是"文革"结束以后第一次全面研究和规划外语教育的高级别会议，对改革开放后我国外语教育发展起到了关键性、积极正面的作用。

《人民教育》1978年第11期刊发署名"上海外国语学院"（现上海外国语大学）、题为《加强外语教育的几点意见》的文章（上海外国语学院 1978：28-30），提出要"多快好省地培养各种外语人才，让越来越多的科

---

[1]　这两篇讲话的摘要均发表在1978年《人民教育》第10期上。

技工作者和其他专业人员掌握外语工具",为此"要解放思想,加快步伐,使外语教育尽快适应四个现代化的需要",并就教学内容、教学方法和师资三个方面提出了具体意见,分别是:1)教学内容要适应四个现代化需要;2)要深入开展外语教学方法研究;3)教师要努力适应现代化外语教育的要求。

同年11月,桂诗春先生在《光明日报》发表题为《要积极开展外语教学研究》的文章。他指出,"把普通语言学、社会语言学、心理语言学视为理论和研究成果应用来指导外语教学",并进一步论证了语言(外语)教学应作为一门科学来对待。这一具有里程碑意义的倡议极大地推动了我国外语教学研究学科意识的确立和发展,将国内规模宏大的外语教学实践和研究与学科发展联系起来,也因此为中国应用语言学知识体系构建打下了"外语教学研究"的底色,为中国应用语言学知识体系发展立下了开山之功。[1] 此后,我国创立应用语言学学科的步伐开始加快,应用语言学研究和实践的深度、广度持续增加(何莲珍 2018)。

随后,教育部于1979年3月印发了《加强外语教育的几点意见》[以下称《意见》(1979)],提出今后一个时期外语教育的总要求应该是:

> 千方百计地提高外语教育质量,切实抓好中、小学外语教育这个基础,在办好高等学校专业外语教育和公共外语教育的同时,大力开展各种形式的业余外语教育,努力使越来越多的科技工作者和其他专业人员掌握外语工具,为加速实现四个现代化多作贡献。

为此,《意见》(1979)就外语师资队伍建设、教材编写、电化教学、科学研究等方面提出八条意见,分别是:1)必须加强中小学外语教育;2)要大力办好高等学校公共外语教育和各种形式的业余外语教育,培养既懂专业又掌握外语的科技人才;3)集中精力办好一批重点外语院系,

---

[1] 广州外国语学院(现广东外语外贸大学)于1978年开设了语言学与应用语言学专业硕士研究生班,1984年经国家教委批准,成立了"语言学与应用语言学学科点",开始了应用语言学研究工作,1986年获得了该学科的博士学位授予权,成为全国该学科第一个博士点,而且是全国外语院系十多个博士点中五个国家重点博士点之一。

使之成为培养水平较高的外事翻译、高校专业外语师资和外国语言文学研究人才的基地；4）语种布局要有战略眼光和长远规划；5）大力抓好外语师资队伍的培养和提高；6）编选出版一批相对稳定的大、中、小学外语教材；7）加强外语教学法和语言科学的研究；8）尽快把外语电化教学搞上去。这八条意见涵盖了外语教育政策与规划的方方面面。这份文件体现了十一届三中全会的精神和要求，为中国外语教育迎来繁荣发展的新局面凝聚了共识，奠定了政策基础（王定华 2019：278）。之后，全国开始举办应用语言学讲习班，全国应用语言学研究者集中起来参与培训，系统学习应用语言学核心课程和前沿理论，学成以后回到全国各地，积极开展深入的研究和实践。由此，应用语言学在中国大地上开始生根、发芽和茁壮成长。

1.1.2.2.2　改革开放后

由前文可知，新中国伊始到改革开放前，中国应用语言学研究和实践始终与国家发展战略和任务紧密结合，始终围绕外语教学和人才培养，这一点和国际经验十分相似。相对于实践的规模和体量而言，应用语言学研究成果积累较少，且未能体现明确的学科意识，知识产出的质与量明显不足。改革开放后，中国外语教育开启了开拓创新、蓬勃发展的 40 年。应该说，改革开放推动外语教育，外语教育助力改革开放。尤其是进入 21 世纪以后，伴随全球化进程加快和跨文化交流的飞速发展，中国应用语言学研究在理论、方法和实践方面取得了前所未有的进步，研究内容持续丰富和发展，研究主题不断深化和多元化，研究成果的国际交流形式和交流水平得到显著提升。课题组从研究发展的总体趋势、研究内容演进及其特点、外语教育教学研究三个方面展开，分析、总结和评述改革开放后的中国应用语言学研究。

1）中国应用语言学研究发展总体趋势

比较是判别事物、认识自我的方法之一，意义在比较中产生和彰显。国际比较视角的介入有助于更好地认知中国应用语言学研究发展的特点和

第一章　中国外国语言文学学科研究 70 年：回顾与反思

可能存在的不足。课题组采用规模文献计量方法，设定 1979 至 2020 年为时间检索范围[1]，以"应用语言学""外语教学""英语教学""语言政策与规划""外语教育政策""语篇分析""话语分析""跨文化交际""语料库语言学"等为核心检索词[2]，在中国知网（CNKI）期刊数据库和 Web of Science（WoS）核心数据库分别进行检索。经人工筛查和数据预处理以后，课题组运用 CiteSpace 作为文献计量可视化分析工具，对获取的文献进行数据分析。本节呈现文献计量分析结果，主要内容包括国内外应用语言学研究发展总体趋势、研究内容的变化和演进，以及中国外语教育教学研究的宏观发展趋势、研究内容及其演进特点。

图 1.2、图 1.3 分别呈现国内、国外应用语言学研究五个主要次领域（外语教学、语料库语言学、语篇与话语、跨文化交际、语言政策与规划）的成果发表宏观趋势。

图 1.2 和图 1.3 共同显示：1）国内应用语言学成果发表量总体呈明显上升趋势，2008 年前后有一定程度的下降。与改革开放前相比，国内应用语言学研究在改革开放以后的总体发展势头强劲。2）如前所言，国内应用语言学研究的主题仍然是外语教学，其规模总量以及增加的速度和幅度均明显大于其他次领域主题的研究。换言之，相较于其他与语言相关的现实问题，外语教育教学仍然是中国最突出的现实问题，也是中国应用语言学研究的关键问题。3）近十年里，语料库语言学研究作为主要次领域之一的成果发表量增幅明显。改革开放后，随着应用语言学理论与实践、技术手段的快速发展，中国英语学习者语料库建设和相关研究取得了重要

---

[1] 基于数据库建设情况，CNKI 的 CSSCI 来源期刊检索中文文献的时间范围为 1992—2020 年，WoS 核心数据库检索英文文献的时间范围为 2006—2020 年。

[2] 确定检索词的主要依据是国内外应用语言学相关教科书和著作（如 Davies & Elder 2004；Hall et al. 2011；Li 2011；de Bot 2015 等）、期刊（如 *Applied Linguistics*）、高校应用语言学硕/博专业领域和科目清单（如 University of Edinburgh、University of London、The Pennsylvania State University、University of California at Los Angles、北京大学、北京外国语大学、上海外国语大学、黑龙江大学、上海交通大学、南京大学、浙江大学、广东外语外贸大学、复旦大学等）以及国际应用语言学学会（AILA）等机构网站对应用语言学定义的描述和主题目录或议题清单。

47

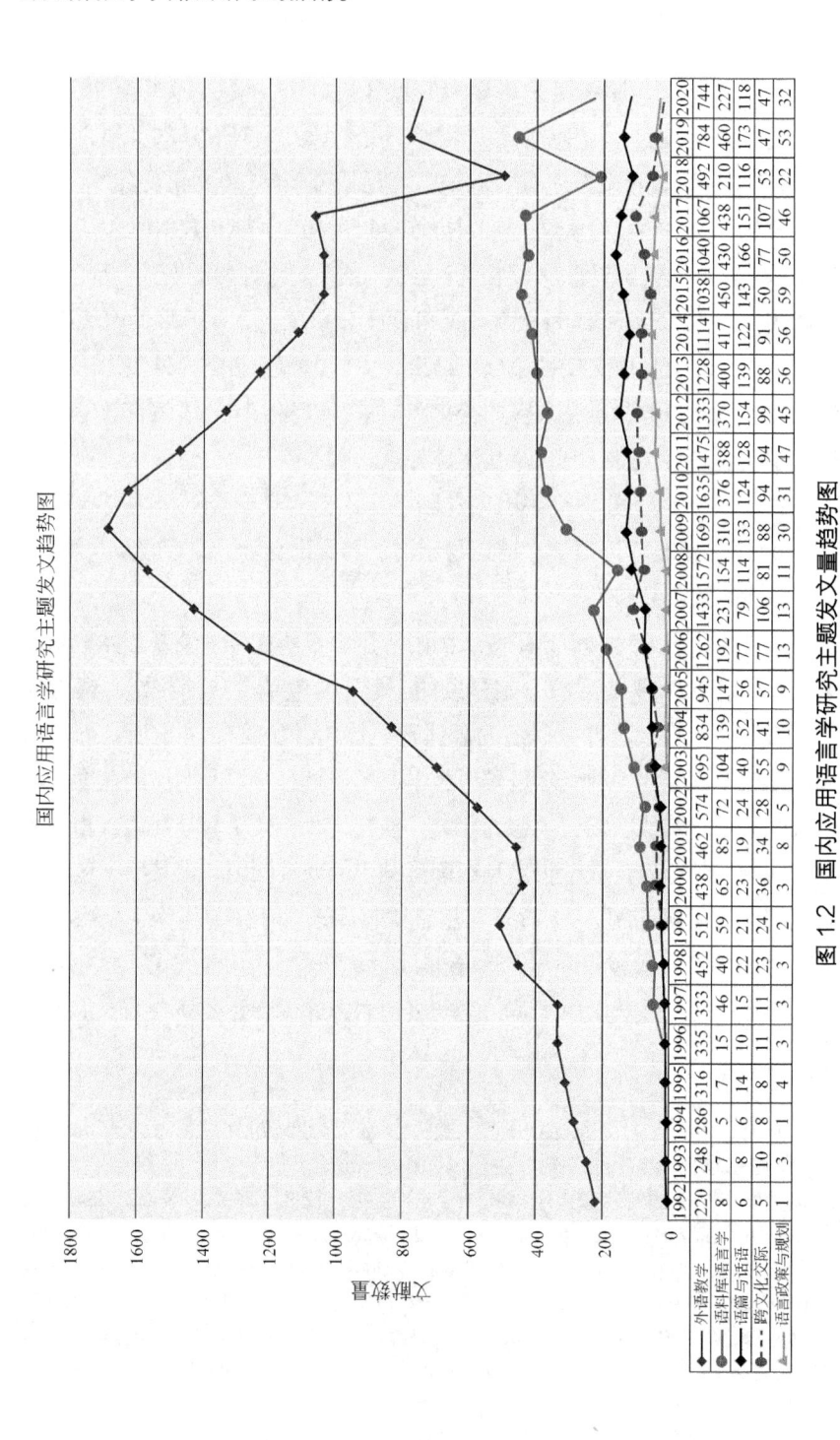

国内应用语言学研究主题发文趋势图

	1992	1993	1994	1995	1996	1997	1998	1999	2000	2001	2002	2003	2004	2005	2006	2007	2008	2009	2010	2011	2012	2013	2014	2015	2016	2017	2018	2019	2020
外语教学	220	248	286	316	335	333	452	512	438	462	574	695	834	945	1262	1433	1572	1693	1635	1475	1228	1333	1114	1038	1040	1067	492	784	744
语料库语言学	8	7	5	7	15	46	40	59	65	85	72	104	139	147	192	231	154	310	376	388	370	400	417	450	430	438	210	460	227
语篇与话语	6	8	6	14	10	15	22	21	23	19	24	40	52	56	77	79	114	133	124	128	154	139	122	143	166	151	116	173	118
跨文化交际	5	10	8	8	11	11	23	24	36	34	28	55	41	57	77	106	81	88	94	94	99	88	91	50	77	107	53	47	47
语言政策与规划	1	3	1	4	3	3	3	2	3	8	5	9	10	9	13	11	11	30	31	47	45	56	56	59	50	46	22	53	32

图1.2 国内应用语言学研究主题发文量趋势图

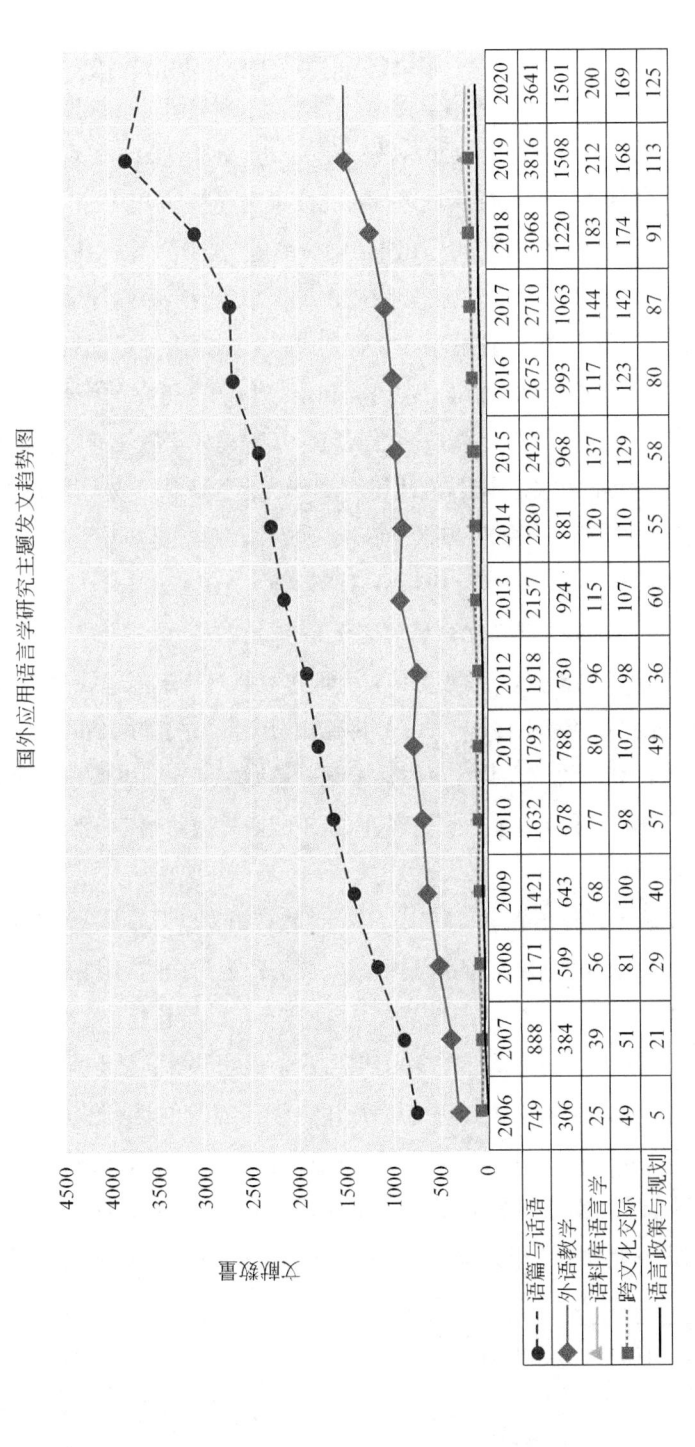

第一章 中国外国语言文学学科研究70年：回顾与反思

	2006	2007	2008	2009	2010	2011	2012	2013	2014	2015	2016	2017	2018	2019	2020
语篇与话语	749	888	1171	1421	1632	1793	1918	2157	2280	2423	2675	2710	3068	3816	3641
外语教学	306	384	509	643	678	788	730	924	881	968	993	1063	1220	1508	1501
语料库语言学	25	39	56	68	77	80	96	115	120	137	117	144	183	212	200
跨文化交际	49	51	81	100	98	107	98	107	110	129	123	142	174	168	169
语言政策与规划	5	21	29	40	57	49	36	60	55	58	80	87	91	113	125

图 1.3 国外应用语言学研究主题发文量趋势图

突破。如桂诗春主持建设的"中国英语学习者语料库"(CLEC)、文秋芳等主持建设的"中国学生英语口笔语语料库"(SWECCL)收集了中国学生英语学习的中介语语料，通过标注、归类、分析和挖掘，发现和总结中国英语学习者的语言学习特点。这些研究成果对于指导中国英语学习和教学具有重要意义。4）与国外应用语言学研究趋势相比，国内应用语言学研究关注的次领域主题分布的差异明显，规模总量且增幅排序靠前的三个次领域的排序不同：国内应用语言学研究成果总量最大、增幅最大的是外语教学研究，其次是语料库语言学研究和语篇与话语研究；国外应用语言学研究规模总量最大的是语篇与话语研究，其次是外语教学研究和语料库语言学研究。由此可见，国外应用语言学研究范围不限于外语教育教学，倾向于关注与语言相关的各种现实问题，包括语言与语言使用、语言与交际、语言与社会等［参见国际应用语言学学会（AILA）[1]］。

2）中国应用语言学研究内容的变化和演进

文献可视化分析可以直观呈现某一研究领域对特定主题的关注程度。具体做法是绘制关键词（keywords）共现知识图谱。关键词是研究内容的浓缩和提炼，高频关键词共现可以显示某一领域在一定时期的研究热点或焦点话题。图1.4和图1.5分别呈现近20年国内外应用语言学研究的主要内容和热点话题。

图1.4显示，"外语教学""二语习得""教育语言学"等是主要关键词，显示国内应用语言学的核心问题集中在以英语作为二语的习得和教育相关问题。此外，"研究方法""研究范式""桂诗春""学科建设""学科属性"等也是重要关键词，表明研究方法的探讨、学科的归属问题、与教育语言学等邻近学科的关系问题也是中国应用语言学研究的重要问题。图1.5显示，"语言"（language）、"应用语言学"（applied linguistics）、"英语"（English）是核心关键词，提示国外应用语言学关注与语言，特别是与英语语言相关的问题。此外，"语篇分析"（discourse analysis）、"语料库语言学"

---

[1] 机构宗旨请见官网：https://aila.info/。

（corpus linguistics）、"身份"（identity）、"体裁分析"（genre analysis）、"交际"（communication）等也是重要关键词，表明此类研究主题受到国外应用语言学学者的重点关注。

图 1.4　国内应用语言学研究关键词共现知识图谱

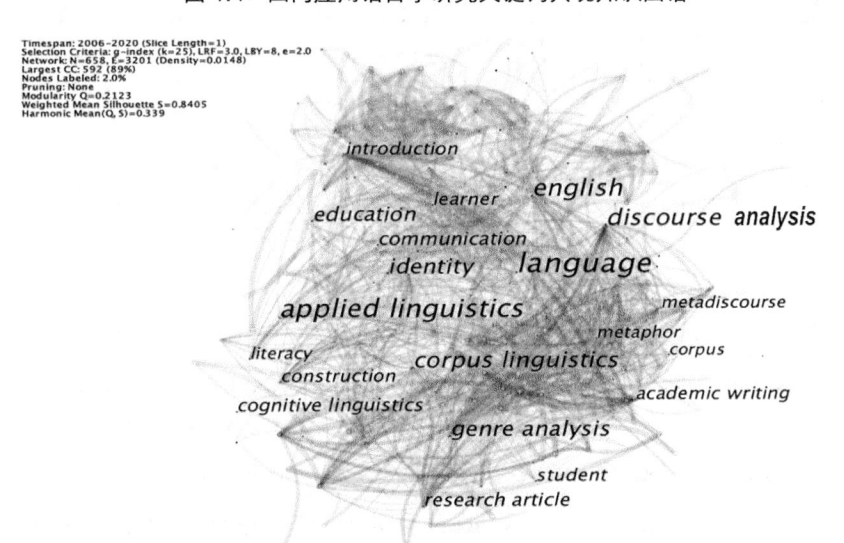

图 1.5　国外应用语言学研究关键词共现知识图谱

综上，可进一步确认，中国应用语言学研究主要关注如何解决语言习得、语言教学、语言学习等一系列现实问题（桂诗春1988；何莲珍2018；王初明2018a；文秋芳2017c），国外应用语言学研究广泛关注社会文化生活中的语言和语言使用相关现实问题，如话语、语篇与人际交往、身份等问题，研究视野和范围体现出更明显的多元、跨学科特征，彰显了应用语言学不断演进的理论内涵和定义，即应用语言学是"探讨现实世界中各种问题的跨学科领域，探讨的核心议题是语言（包括语言学习和语言使用）"（Brumfit 1997：93）。

表1.1报告上述各核心关键词在共现网络中的中心性（centrality）以及出现的频次。中心性是衡量节点在网络中重要性（如热度和受关注度）的关键指标，代表关键词在共现网络中的重要性。

表1.1 国内外应用语言学研究关键词中心性和频次报告

国内应用语言学关键词列表			国外应用语言学关键词列表		
关键词	中心性	频次	关键词	中心性	频次
应用语言学	0.51	75	language	0.11	259
外语教学	0.28	20	applied linguistics	0.16	172
二语习得	0.09	14	English	0.16	133
研究方法	0.09	11	discourse analysis	0.12	92
教育语言学	0.03	9	corpus linguistics	0.07	77
外语教育	0.05	7	identity	0.11	69
学术语篇	0.03	6	genre analysis	0.03	65
外语教学研究	0.02	4	language education	0.07	52
学科建设	0.03	4	communication	0.03	35
学科属性	0.03	4	academic writing	0.05	35

表1.1显示，首先，关键词"应用语言学"的中心性最强，频次最高，"外语教学""二语习得"的中心性、频次次之，表明"应用语言学""外语教学""二语习得"三个关键词在共现网络中的重要性最显著。应该说，外语教学、二语习得研究是中国应用语言学研究的主体的现象得以再次确

认。在国外应用语言学界,"外语教学"是狭义应用语言学的核心构成部分(Corder 1973; Li 2011),"二语习得"是与应用语言学紧密相关的姊妹学科。桂诗春(2010:167-168)将二语习得视为应用语言学的"另发新枝",可见二语习得与应用语言学之间的密切关联。

其次,关键词"研究方法"的中心性较强、频次较高,表明应用语言学研究方法一直是领域内持续探讨的重要话题。改革开放以来,我国应用语言学在初期以非实证研究为主,重理论探讨、引进与反思(桂诗春 1998 等),此后随着应用语言学实证研究方法的意识和能力增强,应用语言学量化研究方法(刘润清 1999;秦晓晴 2003;许宏晨 2013 等)、质性研究方法(杨鲁新等 2013 等)分别经历了高速发展阶段,混合研究方法也得到关注和应用。随着中国应用语言学研究的科学化发展,实证主义研究范式成为普遍共识并不断被超越,行动研究、叙事法、民族志、现象学、微发生法等后实证主义研究方法已然蓬勃兴起(周丹丹 2012 等)。总体而言,中国应用语言学的发展与该领域研究方法的变迁与演化相伴相随(高一虹等 1999;文秋芳、林琳 2016)。

最后,关键词"教育语言学""学科建设""学科属性"的中心性和频次紧随其后,表明其热度和受关注度较高。"教育语言学"(educational linguistics)是广义应用语言学的一个分支。这一术语最早由语言学家博纳德·斯波斯基(Bernard Spolsky)在 1972 年召开的第三届世界应用语言学大会(World Congress of Applied Linguistics)上提出,其目的是凸显语言和教育的互动关联、加强对语言和教育融合问题的关注(Spolsky 1978),同时也一定程度上解决应用语言学学科边界不清、定义模棱两可的问题。过去几十年里,应用语言学学科属性、学科建设地位等是中国应用语言学学界反复探讨的问题,相关争议与探讨不绝于耳,与之关联的概念和名词还包括外语教育学、外语教育语言学、语言教育学,间接反映了中国应用语言学相对模糊的学科属性和定位(范琳、张德禄 2004;梁君英、刘海涛 2016;梅德明 2012;王文斌、李民 2017,2018;周燕 2019)。近几年,随着数字人文的新发展态势和新文科建设的全面推进,与应用语言学相关的跨学科发展、语言交叉学科等问题得到了前所未有的关注和热议（戴炜栋等 2020）。

通过绘制关键词年频次在一定时段内的变化图谱可以了解该关键词在特定时段的变化趋势。图 1.6 和图 1.7 描绘了国内外应用语言学研究上述核心关键词在近 20 年的变化趋势。

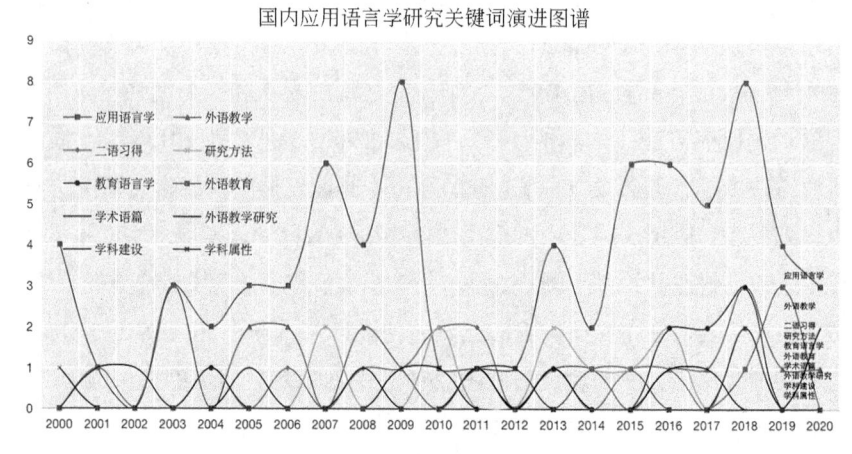

图 1.6　国内应用语言学研究关键词演进图谱

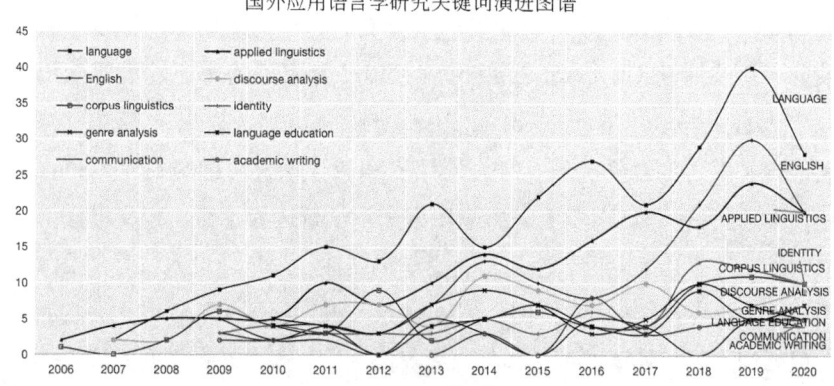

图 1.7　国外应用语言学研究关键词演进图谱

图 1.6 显示，在 20 年的中国应用语言学研究中，关键词"外语教学"

的年频次变化相对平稳，表明外语教学、外语教育相关研究一直是应用语言学领域的主要话题。2010年以后，关键词"教育语言学"的年频次明显增加，表明应用语言学界对于教育语言学的关注度显著提高。与此变化相吻合的是，中国教育语言学研究会于2010年成立，2012年中国教育语言学学术论坛圆桌会议召开，相关文献大幅增加，这些现象表示我国教育语言学进入新的发展阶段（俞理明、严明2013等），但关于教育语言学的学科定位、研究范式、发展前景等论述居多，相关实证研究较少（钱亦斐2017）。

图1.7显示，与国内研究形成对比，国外应用语言学研究中"语言"（language）、"应用语言学"（applied linguistics）、"英语"（English）等关键词年频次都处于上升态势，而"语篇分析"的年频次变化相对平稳，"语料库语言学""身份"的年频次在近几年里增势明显。

综上所述：1）改革开放以来，外语教育教学仍然是中国应用语言学研究的主要内容，但在理论、方法上已有明显的学科意识，表现出一定的创新活力。此外，研究内容也已拓宽至其他主题，如语料库语言学、语篇和话语等。因此，就领域整体而言，改革开放后40年中国应用语言学研究似乎已经从狭义的应用语言学逐渐转向广义的应用语言学，这与改革开放前已有明显不同。2）国内应用语言学研究和国外应用语言学研究缘起相似，但之后在研究内容、理论应用和创新、研究方法和视角等方面呈现较大差异，在知识体系建构、积累和创新方面的差异尤为显著；近十年国内应用语言学研究和知识体系创新呈现出一定的中国风格和本土特色。

3）中国外语教育与教学研究（1949—2020）

改革开放以来，以"外语教育""外语与教学"为主线的研究与实践成为中国应用语言学最具代表性的次领域，也是中国应用语言学知识体系本土创新的主要领域和方向，有必要进行专门深入的分析、总结和反思。本节从研究各主题总趋势及其演进特点综述过去70年中国外语教育和教学研究。图1.8呈现中国外语教育和教学研究各主题成果发表总趋势：

中国外语教育与教学研究主题发文量趋势图

图 1.8 中国外语教育与教学研究各主题成果发表总趋势

图 1.8 显示，中国外语教育与教学研究成果发表总量呈"倒 U 型"的发展趋势，从 2000 年开始出现快速、大幅增长态势，2008 年左右达到顶峰，最近十年出现饱和、下降趋势。从课程、教材、学习、课堂、教师、测试、技术这七个基本要素来看，关于"学习"的研究最多，关于"教师""课程""课堂"的研究次之，关于"测试""教材"和"技术"的研究相对较少。从国际范围来看，自 20 世纪 80 年代起，应用语言学研究开始发生"学习者转向"（de Bot 2015；Hall *et al.* 2011；Li 2011），研究主题从起步时聚焦语言结构（对比）教学，到 20 世纪 60 年代至 80 年代早期聚焦语言交际功能教学，再到 20 世纪 80 年代转向以学习者为中心。提出了关于学习者的一系列问题，并由此迅速扩大了应用语言学研究的视阈和范畴。在学习理论、认知心理学理论的推动下，"学习""学习者""学习过程""学习心理"等逐渐成为外语教学研究的核心议题。20 世纪 90 年代中期至 21 世纪初期，随着外语教学"后方法"（post-method）思想的兴起（Kumara-vadivelu 1994，2001，2003，2006），外语教学从关注教学方法和模式转为关注教师因素，教师的认知和心理逐渐成为外语教学研

究的重要议题。从国际比较视角来看，虽然在改革开放前，国内外语教育教学研究在理论建构、方法使用方面的发展相对于国外研究明显滞后，但70年以来国内研究在总体变化趋势上与国外同类研究显同频共振之态。此外，课程建设与课堂教学也是中国外语教育与教学研究的重点议题。外语测试、外语教材是中国外语教育和教学研究的传统热点，且近十年有了新的突破和发展（何莲珍、张慧玉 2017；何莲珍、陈大建、闵尚超 2018；刘建达 2017，2018，2019a，2019b，2021；刘建达、韩宝成 2018；杨惠中 2015，2019）。随着新技术的迅猛发展，外语教学与信息技术融合是中国外语教育和教学研究的新兴热点，未来仍有较大发展空间。

为进一步考察外语教育和教学研究在不同时段变化演进的状况，课题组借助 CiteSpace 软件绘制关键词聚类时间线图谱的功能，探究外语教育与教学研究关键词聚类及其历史演变情况。具体结果如下：

从1949至1978年，中国外语教育与教学研究的关键词主要有"外语教学"（46，0.22）[1]、"本族语"（15，0.11）、"句子"（15，0.19）、"政治"（12，0.15）、"教学法"（11，0.16）、"练习"（10，0.25）。这些关键词出现的频次和中心性从高到低依次代表1949—1978年外语教育与教学研究关注的热点主题。"外语教学"聚类的相关文献从1959年开始出现，在1963年左右开始增多，该聚类的热度一直持续到1978年；"语音教学""语言材料"两个聚类的相关文献从1958年开始出现，其热度一直持续到1978年；"语法形式"聚类的文献从1965年开始出现，随后出现一定的增幅。

从1979至1999年，中国外语教育与教学研究的关键词有"外语教学"（929，0.03）、"英语教学"（355，0.06）、"教学法"（267，0.01）、"交际能力"（191，0.02）、"课程设置"（151，0.01）、"教学方法"（145，0.03）、"大学英语教学"（138，0.02）、"教学大纲"（119，0.05）、"电化教学"（107，0.06）等。这些关键词出现的频次和中心性从高到低依次代表该时

---

[1] 括号里面前一个数字是关键词的频次，后一个数字表示该关键词在共现网络中的中心性。

间段外语教育与教学研究关注的热点主题。"外语教学"聚类的文献最多，其研究热度从上一时间段持续到这一时间段，至1979年前后出现剧增。在这一时段，其他各主题成为热点的时间和热度持续长短各不相同。比如，"交际能力""大学英语教学""阅读教学""大学英语"四个聚类的文献从1979年开始出现，且热度持续近20年；"多媒体技术"聚类的文献从1980年开始出现，研究热度持续到1997年左右，随后开始趋冷；此外，"电化教学"聚类的文献在1979年开始出现，经过短暂剧增后，热度并未持续。

从2000至2020年，中国外语教育与教学研究的关键词有"外语教学"（488，0.15）、"大学英语"（358，0.18）、"英语教学"（261，0.1）、"大学英语教学"（262，0.11）、"教学模式"（165，0.09）、"外语教育"（147，0.1）、"自主学习"（135，0.05）、"语料库"（122，0.07）、"英语专业"（120，0.08）、"语言教学"（107，0.11）、"英语写作"（101，0.07）、"建构主义"（91，0.04）等。这些关键词出现的频次和中心性从高到低依次代表2000年至2020年间外语教育与教学研究关注的主题热点。与前两个时间段相同的是，这一时段最凸显的聚类仍然是"外语教学"，即该聚类始终是外语教育与教学研究70年的热点主题，但不同的是，本时段的另一凸显的聚类是"大学英语"，其热度于2000年之后增幅明显。与前两个时段相比，除了"外语教学"和"大学英语"两个重复出现的关键词聚类，本时段出现了更多新的聚类，比如与理论、方法和学术相关的"社会文化理论""建构主义""研究方法""学术期刊"，以及和教学密切相关的"外语教育""英语学习""英语专业""外语测试"等，表示在这一时段，外语教育与教学研究出现了新的主题热点，这些聚类热度出现和持续长短有一定差异。表1.2汇总这三个时段外语教育与教学研究十大关键词聚类。

表1.2　1949—2020年中国外语教育与教学研究十大关键词聚类

1949—1978	1979—1999	2000—2020
语音教学	交际能力	大学英语
听说法	大学英语教学	外语教学
政治思想	电化教学	外语教育
读音规则	阅读教学	社会文化理论
基本句型	语言技能	研究方法
教学法	外语教学	建构主义
教学内容	语法	学术期刊
苏维埃	句子结构	英语学习
外语教学	大学英语	英语专业
语言材料	外语院校	外语测试

表1.2显示，通过1949—1978年、1979—1999年、2000—2020年三个时段研究成果关键词聚类的对比分析，发现改革开放前，中国外语教育与教学研究主要关注听说教学，重视语音和句型训练，依托特定的语言材料和内容，重在培养学生的听说能力，且这一时期我国外语教学处于复杂的国内外政治环境中，受政治局势变化的影响较大。改革开放以后至90年代，交际教学法在国内落地生根，由此带动了国内外语教育与教学的全方位发展，教学内容方面开始关注阅读教学、语法教学等分项技能训练，多媒体等技术融合的电化教学迅速发展，高等外语院校、高等外语教育呈现出蓬勃发展的态势。2000年以后，随着我国社会经济水平和国际地位的提高，我国外语教育事业全面发展，大学英语、英语专业等高等外语教育快速发展；与此同时，在建构主义、社会文化理论等学习理论的推动下，外语教学理论不断更新迭代，外语学习与教学研究的广度和深度不断加强，系统性、学术性亦日益凸显。在这一时期，外语类学术期刊的蓬勃发展也为广大外语教师和科研人员提供了观点争鸣、学术探讨的园地，为外语学科发展和知识产出与交流提供了平台。

综上所述：1）作为中国应用语言学研究70年的主体，外语教育教学研究经历了从改革开放前的内容较零散、不系统，理论意识浅淡或不足，方法不够科学化，学科意识不够强的状态，到改革开放后研究内容逐渐体系化，理论引介和应用成常态，方法逐渐达到国际标准，再到内容、理论的本土意识日益增强，逐步建构本土知识体系并实现国际对话等一系列变化。2）经过 70 年的发展，外语教育与教学诸要素得到了广泛而深入的研究，实现了理论与实践相结合、学术研究为教学服务的目的。3）70 年来，外语教育与教学研究实现了跨越式发展，逐步走向科学化、规范化，学科意识日益增强，跨学科性质有所凸显。

1.1.2.3　中国应用语言学研究 70 年反思

1.1.2.3.1　基本成就

中国应用语言学发轫于新中国的外语教育事业。70 年以来，中国应用语言学研究取得了举世瞩目的成就。本节从"三个阶段"+"三条主线"的视角概括中国应用语言学 70 年来的基本成就。从发展阶段来看，中国应用语言学研究经历了起步期（1949—1978）、发展期（1979—1999）和繁荣期（2000—2020）三个发展阶段，三个阶段彼此承接、互相依托，分别涵盖三条主线：中国应用语言学学科建设、中国应用语言学学术研究的发展、中国应用语言学理论与实践的发展（以外语教学理论与实践为例）。主要成就概括如下：

1）中国应用语言学学科建设。应用语言学作为一门独立学科在中国落地生根、茁壮成长，是中国应用语言学的基本成就之一。在起步期，中国应用语言学学科建设主要在于引介和吸收，包括引进国外理念、课程、书籍，邀请外籍专家来华讲习等，主要目的在于增强外语界的学者、教师对应用语言学这门科学的了解。1978 年招收首届应用语言学研究生、1978 年创立首份中国应用语言学学术期刊《现代外语》、1980 年召开首届"应用语言学与英语教学"研讨会，这些重大事件标志着中国应用语言学的开端。在发展期，中国应用语言学学科建设加快步伐，全国各地应用语言学研究中心陆续成立，并逐步开设应用语言学相关专业，相关学科点、学位课程、学术会议、学术刊物等陆续增加，学科知识逐步细化，除了外语教学，也形成了心理语言学、社会语言学、外语测试、外语写作等分支领域。在繁荣期，中国应用语言学学科展现自主性和开放性，在2011年成功召开了第十六届世界应用语言学大会，创办了更多高质量的中文、英文学术期刊，同时提升了各级各类外语人才培养的规模和质量，逐步形成了完备的大中小学外语教育体系。在此期间，中国应用语言学不断利用其他科学的先进成果，促进学科间的交叉互补，同时持续增强国际交流与合作，加快了中国应用语言学的国际化进程。

2）中国应用语言学学术研究的发展。中国应用语言学学术研究的深化发展是中国应用语言学的基本成就之二。在起步期，中国应用语言学研究以外语教学为核心主题，这一时期的学术研究以观点论述、教学总结为主。老一辈优秀学者包括陈嘉、王佐良、许国璋、丁往道、胡文仲、胡壮麟、杨惠中、李筱菊、何自然、桂诗春等，他们的论述具有划时代意义，至今仍具有宝贵的借鉴价值。在发展期，中国应用语言学研究逐步深化、细化，以外语教育、外语教学为轴心，逐步扩展至语料库语言学、语篇分析、学术写作等研究领域，开始与国际应用语言学研究接轨。这一时期的研究范式和研究方法逐步走向科学化、具体化，20世纪80年代中后期，实证研究开始起步，90年代实验方法、量化研究盛行，直至21世纪，自然情境下的研究受到关注，阐释主义代替实证主义，质性研究成为主流范式之一。在繁荣期，中国应用语言学学术研究进一步扩展，研究主题涵盖语言与教育、语言与交际、语言与认同等各个方面，研究内容逐步深化、细化，比如关于学习者心理、教师心理等各个层面的研究愈加精细，研究方法也更加丰富多样，混合方法、大数据分析等成为新的发展趋势。

3）中国应用语言学理论与实践的发展（以外语教学理论与实践为例）。以外语教学为代表的理论与实践创新是中国应用语言学的基本成就之三。外语教学理论经历了从引介、融合到独立创造的发展过程，在教学原理、内容、方法和手段等方面不断更新变化。在起步期，外语教学在原理上依赖国外二语习得、二语教学理念，教学内容以语音模仿、语法规则、句型结构等为主,在方法上主要采纳国际二语教学主流的语法—翻译法和听说法。在发展期,教学原理上仍然以借鉴国外理念为主,在内容上涵盖目标语及其文化,包括目标语国家的文化传统、风俗习惯、生活细节等,教学方法以交际教学法为主,开始关注语言的交际功能,与此同时,中小学英语教学中任务教学法、本土教学法(如张思中的"十字教学法"等)并存发展,在教学手段上多媒体教学迅速发展,电化教学成为主要趋势之一。在繁荣期,教学原理上不再单纯依赖国外理论,在内容上不仅加强了对多元文化的学习,也强化了对本土文化的理解,强调把世界文化带给中国、也把中国文化介绍给世界,在方法上增强语言、内容、文化的融合教学,同时"产出导向法"、"续论"、整体外语教学、思辨英语教学等本土教育与教学思想和方法也陆续发展,教学手段上,计算机辅助教学、语料库辅助教学、线上教学纷纷开展起来。总体而言,新中国成立以来,尤其是改革开放后的40年,外语教学理论与实践经历了加速度、高质量的发展历程,代表着中国应用语言学的蓬勃发展态势。

1.1.2.3.2 经验总结

1)理论方面,中国应用语言学不仅注重借鉴西方理论,对其进行合理改造和运用,还注重自主创造本土理论。从语法—翻译法、交际教学法到"续论"、"产出导向法"等,它们见证着中国应用语言学研究者从积极借鉴、改造运用到自主创新的探索过程。

2)实践方面,中国应用语言学博采众长、勇于探索,不断优化本土实践的内容、过程和效果,注重解决实际问题和改善实际状况。几十年以来,英语《课程标准》的编制、英语教材的编写、英汉词典的编撰、大规模测试和量表的开发等均是结合本土情境、本土特色进行创新的范例,不仅在实践层面发挥着关键的推动作用,也为理论创新打下了坚实的基础。

3)研究方法方面,中国应用语言学不仅学习和引进西方的方法论,也注重结合中国传统哲学思想、优秀传统文化进行方法论创新,例如马克思主义唯物辩证法、中国传统整体思维观等都是应用语言学研究方法创新的宝贵源泉。

1.1.2.3.3 存在的问题

1）中国应用语言学的研究范围有待拓展。过去 70 年的主题围绕语言与教育相关的问题，聚焦解决中国各学段的外语教育教学问题，对其他与语言相关现实问题的关注不足。近年来，语料库语言学、学术语篇、语言与人工智能、语言与大数据等成为中国应用语言学研究热点，在一定程度上推动了中国应用语言学与国际应用语言学研究交流及融合的发展趋势。新时代中国应用语言学研究仍有广阔的发展空间，如社会应急语言研究、线上语言生活研究、国家语言能力和人类命运共同体构建等应用语言学相关议题均具有时代价值和研究意义。

2）中国应用语言学研究以外语教育与教学问题为主体，取得了一定规模的研究成果，未来研究应着重从"量"的积累转变为"质"的提升。未来研究应加强对学习过程（活动）、学习者、教师等外语教学经典要素的持续深入研究，还应抓住教材研究、语言测试研究、信息技术融合教学研究、人工智能赋能语言教育等新兴增长点，更应把握研究前沿趋势，开发新的领域和方法，推动外语教育教学及应用语言学研究高质量创新发展。

3）对中国外语教学本土原创理论的提炼度、传播度仍有待提升。外语教学研究受西方话语体系影响较深，研究常参考和引用大量西方作者的研究成果，关键词较多取自西方概念、西方名词，中国已有的原创理论、原创概念仍较少被引用。未来应着力改变中国外语教学研究为西方理论作注脚的倾向，在加强本土理论创新的同时，也要加强对本土理论、本土概念的关注和探究，加大对本土创新知识的引用、阐释和传播。

4）高等外语教育、中小学外语教育自成体系、彼此脱节，缺乏整体规划和有机、有效衔接。未来研究与实践应加强大中小学外语教育教学"一条龙"建设和一体化设计，重点把握大学与中小学各学段之间教学内容的层级性、连贯性和系统性，增强高等外语教育研究和基础外语教育研究成果之间的对话、借鉴和融通，力争整体、系统地推进我国外语教育的改革与发展。

1.2　中国外国文学研究 70 年：回顾与反思

1.2.1　引言

　　自中华人民共和国成立以来，外国文学研究经历了从起步到全面发展的过程。新中国成立之初，一代学者大量译介外国文学作品，取得了显著成就，虽然真正具有创新意义的研究成果不多，但为外国文学研究奠定了坚实的基础，开辟了外国文学研究这一领域。"新中国使外国文学工作迈出了关键的第一步"（陈众议 2009：14），但整体上进展缓慢。新中国成立初期，受到文艺工作必须"为政治服务"的影响，外国文学研究从一开始就被打上了很深的意识形态烙印。

　　改革开放后，中国开始大量引进外国文学作品，西方文艺理论更是大行其道。"外国文学的大量进入不仅空前地撞击了中国文学，而且在解放思想方面起着某种先导作用"（陈众议 2011：2）。我国广大外国文学研究学者在前进中反思、在传承中创新，逐渐建立中国学者自己的视角，产出具有中国特色的研究成果。经过 70 年的发展，外国文学研究取得了令人瞩目的成绩，出版成果的数量和质量都有很大提升，还涌现出一批具有国际影响力的创新性成果。

1.2.2　中国外国文学研究 70 年回顾

　　外国文学在中国最初的译介和其后的深入研究无疑都是一定时期的意识形态和社会思潮引导和推动的结果。从外国文学研究自新中国成立以来的发展路径来看，其发展重心、发展速度和发展方向的分水岭是"改革开放"这一开天辟地的大事件。因此，我们可以看到，自新中国成立到改革开放之前和改革开放之后的新时期，中国的外国文学研究表现出显著的差异性。

1.2.2.1 改革开放前

1) 总体发展概况

改革开放之前的 30 年,中国的外国文学研究在曲折中发展。在此期间,基于国内外形势,国家先后两次对文艺工作的政策进行调整,从前期确立苏联文学的主流地位,到逐步放宽对欧美文学的限制,再到苏联文学与欧美文学共存与交织,这一过程表现了中国积极探索外国文学研究发展之路的意愿。20 世纪 50—60 年代,中国对外国文学的理解与接受可以视为一场从政治意识形态出发的集体性文学"误读"(陈建华 2016a:114)。新中国成立初期,中国的外国文学研究向苏联看齐,苏联文学作品和文艺思潮得以大量译介引入国内。苏联文学名家如高尔基、奥斯特洛夫斯基、肖洛霍夫等因其作品所传达的爱国主义精神和革命英雄主义而成为这一时期的翻译和研究重点。文学批评家别林斯基、车尔尼雪夫斯基、杜勃罗留波夫的理论著作亦受到高度重视,对初期的当代中国文艺理论建设产生了深刻影响。

1957 年以后随着中苏交恶,中国对苏联文学的态度也从初期的全盘接受发展到质疑和批判。值得注意的是,在 1953 年至 1959 年间,中国也出现了不少美国文学的译介成果,这与中国对苏联文学由热转冷的态度转向不无关联。毛泽东提出的"双百方针"客观上也推动了欧美文学在中国的接受。苏联文学尽管风光不再,但对中国的欧美文学批评和研究发挥着"镜像"作用。学术界透过苏联的眼光来审视和评价欧美文学(陈建华 2016b:97-98),甚至可以说是新中国成立后前十年外国文学研究领域的共相。"文革"爆发后,外国文学研究几近停滞,政治挂帅的情况一直持续到"四人帮"粉碎后才结束。总体上,这一时期对欧美作家的评论基本可以分为两类:作为"进步作家"被介绍,或作为"反动典型"被批判。

改革开放之前的 30 年,国内对欧美文学的接受有不同的侧重点。对美国文学的接受以现当代作家作品为主,对英国文学的引进则以古典文学为重点（陈建华 2016a：102）。就英国文学研究而言，评价标准日趋统一：肯定现实主义作家作品，兼顾具有反抗精神的"积极浪漫主义"文学，如拜伦、雪莱、布莱克等人的诗作；对于"消极浪漫主义"和现代主义等具有浓重资产阶级色彩的文学则采取冷落态度。这一时期在英国文学研究领域卓有成就的学者有卞之琳、杨周翰、王佐良、范存忠等。

2）英美文学研究

杨周翰是我国杰出的英国文学批评家、中国比较文学的奠基人，以17世纪英国文学和莎士比亚研究著称于世，为中国比较文学的重建和发展作出了不可磨灭的贡献。他的许多精辟见解，无论是对于比较文学界，还是对于外国及中国文学研究界、文学理论研究界，至今仍有十分重要的指导意义（乐黛云 2007：97-102）。杨周翰曾于20世纪60年代领衔主编了两卷本《欧洲文学史》，这是新中国成立后第一部中国人自己编写的外国文学史著作，摆脱了"欧洲中心主义"的窠臼。改革开放之后，他最早提出要摆脱苏联的影响，构建中国话语，发出中国声音。1978年11月，全国外国文学研究工作规划会议在广州召开，杨周翰在大会上作了长篇主题发言"关于提高外国文学史编写质量的几个问题"。会后，他立即组织国内学界的一众顶尖学者修订《欧洲文学史》，并于1979年重新出版。直到20世纪末，这套文学史一直是我国高校中文和外文专业的核心教材。在莎士比亚研究方面，杨周翰以全新的视角取得了丰硕成果。他发表于美国《比较文学》（*Comparative Literature*）杂志上的论文《〈李尔王〉变形记》（"*King Lear* Metamorphosed"）引起了国际同行的关注（王宁 2016a：69）。其主编的两卷本《莎士比亚评论汇编》（1979）早在改革开放初期就由中国社会科学出版社出版，对当时以及后来中国的莎学研究产生了极大的影响（同上：70）。

王佐良作为我国著名文学批评家，在国内拥有很高的声誉和广泛的影响，其研究成果几乎涉及外国文学研究的各个方面，英国文学和比较文学研究尤为突出。从翻译到批评，从对诗歌小说等文类的专门性研究到对文学史的全面描述，从评介作家作品到从事诗歌和散文创作，从文学理论批评到对文体风格的具体分析,无不表现出他深厚的造诣(王宁 2019b:4)。在英国诗歌研究领域,王佐良的代表性成果体现在《英国浪漫主义诗歌史》(1991)和《英国诗史》(1993)这两部专著中,其中前者以中国学者的视角审视英国浪漫主义时期诗人诗作,堪称"第一部中国学者撰写的英国诗歌史",显示出他在英国诗歌研究方面的深厚功力(陈建华 2016b:220)。在戏剧研究方面,王佐良亦以《莎士比亚绪论——兼及中国莎学》(1991)展现了一个中国学者的莎士比亚观。他主持编撰的五卷本《英国文学史》(1996)更是具有划时代的意义,标志着叙述与研究英国文学史的中国学派开始形成。王佐良具有敏锐的学术洞察力,其前瞻性体现在将英国文学放在整个英语文学和欧洲文学的广阔语境下来讨论和评价(王宁 2016b:16)。他的《论契合:比较文学研究集》探讨了20世纪中西方文学之间、作家之间的契合,是20世纪80年代我国比较文学研究的力作。

卞之琳也是这一时期国内著名的莎士比亚研究专家。20世纪50年代中期以后,卞之琳开始将学术重心转向莎士比亚,他在研究四大悲剧的同时,也投身于四大悲剧的汉译工作。1959年,卞之琳等人在《文学评论》发表《十年来的外国文学翻译和研究工作》,提出了艺术性翻译要"全面忠实于原著的内容和形式"的主张,建立了格律体译诗的理论,批评了某些译作的不良倾向。1988年《莎士比亚悲剧四种》的出版是中国译坛的一件大事。卞之琳以诗体模拟莎剧的"无韵诗体",不仅惟妙惟肖地传达了原作的风格,而且保持了原作的意象和双关语,获得了很大成功(袁可嘉 1990:113)。

除了上述三位主要研究英国文学的著名学者之外,这一时期还有一批在外国文学和比较文学领域都取得了重要成就的专家,如范存忠、李健吾、钱锺书、季羡林等人,他们都提出了有关中西文学对比研究的真知灼见。

钱锺书的《谈艺录》(1948)和《管锥编》(1979)集中反映了其学术成就,被奉为中西比较诗学的经典之作。钱锺书曾明确指出:"比较文学的最终目的在于帮助我们认识总体文学（littérature générale）乃至人类文化的基本规律"（转引自张隆溪 1981：135）。他在《谈艺录》中明确表达了"比较"和"求同"的意识，而且将中西异质文化比较中常用的引证法发挥到了极致，其引证材料跨地域、跨时间、跨学科、跨语言、跨文化，广泛程度超过了我国当时任何一部诗学著作（刘锦芳 2018：30）。钱锺书力求"打通"古今、旁及百科，将中西基本理论、概念进行互相印证，以此求得共同的"文心"和"诗心"。值得称道的是，在比较文学研究实践中，他提出以西方诗学话语命名中国诗文中的某些特殊现象或表现手法，将西方文学理论作为灯来"照亮"中国文论话语（同上：29）。

范存忠也是一位饮誉海内外的外国文学和比较文学研究专家，他对英国文学和比较文学学科的确立和发展作出了重要贡献，其主要论著有《英国文学论集》（1981）、《英国文学史提纲》（1983）和《中国文化在启蒙时期的英国》（1991）等。《中国文化在启蒙时期的英国》的出版在中国比较文学界具有划时代的影响：以前谈论比较文学往往忽略或者根本不谈其源流，而讨论中英文学影响的源流正是这部书的特点。此外，《英国文学史提纲》要言不烦、提纲挈领，是范存忠长期潜心研究而推出的力作，亦是一部可贵的文学史教材。

3）法德文学研究

新中国成立初期，除苏俄和英美文学批评外，其他国别或语种的文学研究队伍还比较薄弱。相形之下，德语和法语人才比较集中。德语方面有陈铨、廖尚果、凌翼之、贺良诸、焦华甫等。北京大学德文专业的领军人物当属冯至，另有杨业治、田德望、严宝瑜等（陈众议 2011：138）。1964 年冯至出任新建的中国科学院（今中国社会科学院）外国文学研究所所长，影响深远，德文学科发展也由此进入了快车道。从历史来看，冯至领导了整体学科群的发展，尤其对德文学科具有重要的领军意义（同上：155）。

集文学创作和学术研究的才华于一身，冯至在中国诗歌史和学术史上的地位毋庸置疑。他拥有深厚的中国古典文学功底和渊博的西方文学知识，学术视野十分开阔。冯至从1921年开始文学创作活动，他的诗歌、散文、小说创作继承了中国文学传统，贴近生活，体现着时代精神。作为诗人，冯至对霍夫曼、里尔克等艺术家的作品表现出非同寻常的兴趣，他最早掌握了奥地利诗人里尔克的沉思和冥想风格，并将德国传统的浪漫主义与欧洲的象征主义融合起来，进而在现代主义诗歌的荆棘地里另辟蹊径，为中国新诗艺术提供了全然一新的文本体验。无论在北京大学还是中国社会科学院，他都反复强调：一要打好扎实的外语基础，二要学好中国文学。这不仅体现了中国外国语言文学研究为谁服务的基本原则，而且符合语言文学的整体性学科发展规律。

　　法国文学研究一直相对稳定。由于法国早期的共产主义倾向以及与中国的长期友好关系，中国的法国文学研究在各历史阶段波动都不大（陈建华 2016b：149）。法国文学研究亦肇始于经典作家作品的翻译和重译，如20世纪50年代译介受众最广的19世纪法国现实主义作家巴尔扎克、浪漫主义作家雨果。1949年至1978年期间，代表性翻译家有傅雷、罗玉君等人，代表性学者包括李健吾、罗大冈、吴达元等人。

　　作为法国文学研究专家与翻译家，李健吾对福楼拜、莫里哀情有独钟。他翻译了福楼拜的几乎所有著作，并撰写批评专著《福楼拜评传》（1935），对福楼拜文学艺术理念的来源、特征以及最具代表性的作品均作了介绍、分析与评论。柳鸣九为2007版《福楼拜评传》作序，认为这是"一部有分量、有深度的学术著作"，且"无同类佳作出其右"（柳鸣九 2007：2-3）。值得一提的是，译著《包法利夫人》（1934）与专著《福楼拜评传》（1935）一经问世，"包法利""福楼拜"等译名便成为固定用法，沿用至今。出于对戏剧的热爱，李健吾还翻译了莫里哀剧作27种，并撰写了《莫里哀的喜剧》（1955）等专著。可见，他对法国文学的研究体现出翻译与研究相结合的特点。李健吾也是国内最早系统翻译司汤达作品的译者，此外还译有巴尔扎克、雨果、罗曼·罗兰等名家的名作。

　　罗大冈是我国著名的法国文学研究专家和翻译家，在外国文学学科建设和研究领域开拓方面作出了显著贡献。罗大冈的法国文学研究涉猎颇广,但研究对象主要集中于具有共产主义倾向的作家和诗人,如鲍狄埃、艾吕雅、阿拉贡和拉法格等。他在超现实主义研究、罗曼·罗兰研究以及法国文学翻译等方面的成就闪烁着不灭的光辉(何仲生、范煜辉 2005:65)。他的专著《论罗曼·罗兰》(1979)资料翔实,"对这位在中国有很大影响的伟大法国作家,作了全面客观的分析和科学的评价,代表着我国的罗曼·罗兰研究的最高水平"(同上:67)。罗大冈的译作十分严谨,独到之处非常人所能及,堪称经典之作(同上:68)。他翻译的罗曼·罗兰的《母与子》(1980)已经成为翻译文学中的精品,这与他本人是罗曼·罗兰研究专家有着不可分割的关系。作为国内罗曼·罗兰研究第一人,罗大冈对罗曼·罗兰的思想、作品风格、写作背景等都有非常全面的了解和深刻的认识。罗大冈与法国文化界一直保持友好的学术交流,既向法国人介绍法国文学在中国的情况,也介绍中国文学,将中国学者的声音传递到法国学界,为中法文学文化交流作出了重要贡献。

重译介、轻研究是这一时期法国文学研究的特点。20 世纪 50 年代至 70 年代末,国内几乎没有出版研究法国文学的专著,仅偶有散见于学术期刊上的研究成果,如郭麟阁刊于《西方语文》上的《十八世纪启蒙运动先驱伏尔泰的美学思想》和李健吾的《维克多·雨果——资产阶级人道主义的战士》等。前者围绕伏尔泰的美学思想展开,结构严谨,引证丰富,后者延续了李健吾一贯的"评传体"风格。除了超现实主义文学及萨特所代表的存在主义文学外,对 20 世纪法国文学的研究在这一时期尚未受到足够重视。

4)印度文学、古希腊文学研究

印度文学研究的三驾马车分别是季羡林、徐梵澄和金克木,他们的研究成果相互支持,奠定了印度文学研究的基础。季羡林是一位博通中西、学贯古今的大学者,他的学术成就学界有目共睹。如在佛教史研究方面,他是国内外极少数使用原始佛典进行研究的学者之一。他用大量梵文、巴利文、佛教梵文、印度古代俗语等原始资料纠正了国际上知名学者的很多错误，受到赞誉。他还是国内唯一通解吐火罗语的学者，对吐火罗语研究的贡献史无前例。在翻译方面，他的成就也十分卓著。几十年来，他陆续翻译了《沙恭达罗》（1956）、《五卷书》（1959）、《优哩婆湿》（1962）、《罗摩衍那》（1980—1984）等作品，填补了我国梵文文学翻译的空白（刘介民 2001：63）。1983 年《罗摩衍那》翻译完成，这是中国翻译史上的一件大事。作为除英译本之外世界上仅有的外文全译本，它为中印文化交流铸起了一座丰碑（杨丽芳 2012：77）。在梵语文学研究领域，季羡林结合史诗《罗摩衍那》的翻译写了一部专著《罗摩衍那初探》（1979），不仅全面评价了其思想内容和艺术特点，而且还探讨了很多翻译方面的问题。

季羡林也特别关注东方文化研究，提出了在思维模式上，东方是综合的、西方是分析的著名论断（刘介民 2001：63）。改革开放后，他倡导恢复比较文学研究，提出创建比较文学中国学派，推动了中国比较文学的蓬勃发展，为我国比较文学的复兴作出了巨大贡献（同上：64）。其著作《比较文学与民间文学》（1991）一书，收录了 50 余篇民间文学与比较文学方面的论文。此外，季羡林在佛教语言、华梵比较学、吐火罗语、汉文典籍与佛教史领域的研究，解决了很多中外文学关系中的重要问题。他富有特色的研究方法具有开创性意义，为中国比较文学研究树立了榜样（同上：69）。

这一时期古希腊文学研究主要得益于罗念生的突出贡献。罗念生一生从事古希腊文学尤其是古希腊戏剧的研究和翻译工作。他翻译了 50 多部外国文学作品，译文超过 1,000 万字，其中包括 25 部古希腊戏剧、史诗《伊利亚特》（1994）以及亚里士多德等古希腊哲学家的著作。1978 年至 1984 年，他与水建馥一同完成了《古希腊语汉语词典》，填补了我国辞书史上的又一空白，具有拓荒意义。此外，他撰写了总结古希腊戏剧研究的《论古希腊戏剧》（1985）一书。这些成果均具有很高的学术价值。1987 年，雅典科学院为表彰罗念生的卓越贡献，特授予他"最高文学艺术奖"。上海人民出版社发行的《罗念生全集》(2004)收录了他的大部分研究成果。

1.2.2.2 改革开放后

1) 总体发展概况

改革开放 40 年是中国外国文学研究取得丰硕成果的重要时期。英美文学研究在外国文学研究中上升到主流地位，无论是研究队伍还是研究成果都占据重要位置，这与改革开放后大量引进西方文学作品和理论成果密切相关。俄苏文学研究在我国有着得天独厚的发展条件，近 30 年虽然不再一枝独秀，但其影响力绝对不可低估。非通用语种的国别文学研究也取得前所未有的成就，法国文学、德国文学、西班牙文学等领域的研究呈现一片繁荣景象，创新性成果日益增多。改革开放 40 年，中国外国文学研究向纵深发展。从文学作品译介到文学理论引进，再到对"理论热"和"回归文学性"的讨论，无不展示了中国外国文学学者积极拓展研究内容和方法，着力倡导思想观点创新的倾向。

2) 英美文学研究

就推进中国现代主义文学研究和英美诗歌评论方面所取得的成绩而言，袁可嘉的拓荒和启蒙作用举足轻重。作为最早将西方现代派文学、文论引荐到国内的学者之一，袁可嘉著译甚丰，在英美诗歌批评和诗学理论研究领域都取得了卓越的成就，被誉为一位具有创新思想和深厚理论素养的文学批评家。他的大部分著述和论文属于文学研究的范畴，但从其学术研究论文中不难发现，他兼具作家和批评家的特质。袁可嘉的批评理论主要体现在专题论文集《现代派论·英美诗论》中，其批评观念的核心是以理查兹、艾略特、肯尼斯·伯克这三人为基础形成的。"所以在某种意义上，可以说袁可嘉的批评是新批评在中国的一种实践形式"（转引自芮逸敏 2009：218）。自 20 世纪 40 年代起，袁可嘉就开始研究西方现代派文学，为中国读者了解西方现代派文学打开了一扇窗。改革开放后，他更是专注于西方现代派文学的系统研究。作为西方现代派文学研究的领军人物，袁可嘉从理论与实践层面展现了西方现代派文学的面貌，促进了西方现代派文学在中国的传播，推动了现代主义文学在中国的发展。

外国文学研究的深入发展不仅取决于研究内容的拓展，也依仗于理论的批判性运用。就后者而言，盛宁为我国外国文学理论领域的发展作出了突出贡献。20世纪90年代到21世纪初，中国外国文学研究领域掀起了"理论热"，运用西方文论分析文学作品成为一种广为接受的研究方式；学界不重视对文学作品本身的细读，甚至忽视了作品的"文学性"及其美学价值。对此，盛宁通过论著和他主持的《外国文学评论》杂志的后记表达了自己的看法。文学"理论热"消退之后，他发表了《"理论热"的消退与文学理论研究的出路》一文，对我国外国文学文化理论介绍、评价和研究的现状展开了高屋建瓴又不乏新意的讨论，对如何看待文论的功用及如何进行理论创新提出了富有指导意义的观点。这篇文章影响较大，标志着我国学者"平视"国外理论大家的研究态度的出现。盛宁论述颇丰，著有《二十世纪美国文论》（1994）、《人文困惑与反思：西方后现代主义思潮批判》（1997）、《文学·文论·文化》（2006）、《现代主义·现代派·现代话语——对"现代主义"的再审视》（2011）等，其中《现代主义·现代派·现代话语——对"现代主义"的再审视》集中体现了他对现代主义的看法。他认为现代主义是"一个值得再思考、再认识的问题"，提出了"话语的平移""话语的断裂"以及"话语上的改口"等重要学术命题（张和龙 2014：55-56）。"在中国现代主义学术变迁的历史过程中，'话语的平移'对研究范式的形成与发展起到了极为重要的推动作用"（同上：59）。

英美文学研究的成果主要体现在文学史上。跟其他国别文学研究一样，改革开放后的美国文学研究经历了从简单译介到深入研究的转变。在这一过程中，美国文学研究显现出突破意识形态的藩篱、回归文学研究自身的倾向。1978年由董衡巽、朱虹、施咸荣和郑土生编著的《美国文学简史》（上册）正式出版，这是新中国成立以来的第一本美国文学史，具有里程碑意义，标志着新时期美国文学研究走向正轨的开端（陈建华

2016a：197）。刘海平、王守仁主编的四卷本《新编美国文学史》（2000—2002）亦是一部具有中国特色的美国文学史，体现了中国文学史家的主体性。在英国文学研究领域，陈嘉的《英国文学史》（1986）、王佐良的《英国浪漫主义诗歌史》（1991）和《英国文学史》（1996）、侯维瑞的《英国文学通史》（1999）等是这一时期不可忽视的学术成果。

3）俄苏文学研究

改革开放后，俄苏文学研究成果丰硕。20世纪80年代，学术成果数量远超前30年的总和，这在研究视野、角度和方法上都有所体现（陈建华2016d：209）。就文学史著作而言，这一时期涌现了易漱泉等主编的《俄国文学史》（1986）、臧传真等主编的《苏联文学史略》（1986）、曹靖华主编的《俄国文学史》（1989）等。在文学史编写之外，一些学者如吴元迈也对苏联文学思潮进行了多方面的研究，其两部结集出版的著作《苏联文学思潮》（1985）和《探索集》（1986）在我国的俄苏文学研究界产生了很大影响（刘文飞2014：196）。前一本论著从宏观的角度"较为系统地阐明苏联文学思潮的发展线索"，是一个有机的整体（陈众议2011：181）。吴元迈的俄苏文学研究有两个突出特征：第一，他研究的是俄苏文学，但他的着眼点总是中国当下的文学；第二，他擅长宏观的学术归纳和深刻的理论思索，并以此进行高屋建瓴的全景式概述（刘文飞2014：196）。进入21世纪以后，吴元迈主编的五卷本《20世纪外国文学史》（2004）是一部适时响应国内学界需求的"全景式"断代文学史。而他的专题文集《俄苏文学及文论研究》（2014）则对俄苏文学、比较文学与文化，乃至比较文学与世界文学研究事业，起到了引领治学风尚、提升多元辩证意识的积极作用（王忠祥2015：159）。

除了吴元迈之外，陈燊对俄罗斯文学的研究也值得关注。在文集《同异集：论古典遗产、现代派文学及其他》（1989）中，陈燊有针对性地探索和思考了俄国古典文学、古典遗产、西方现代派文学等一系列国内俄罗斯文学界、中国文学界关注的问题（陈众议2011：201）。2010年，历经十四载的辛苦耕耘，陈燊主编的《费·陀思妥耶夫斯基全集》（22卷）出版。此作兼具客观性和学术性，向读者展现了陀思妥耶夫斯基思想和创作的全貌（程正民 2011：135），对国内俄罗斯文学研究取得新突破具有重要意义。陈燊撰写的长篇序言对陀氏的创作思想和艺术风格进行了深入而系统的评价，堪称我国有关研究的集大成之作（陈众议 2011：203）。此外，他主编的"外国文学研究资料丛书"和"二十世纪欧美文论丛书"这两套大型丛书，亦为国内的外国文学和文论研究打破封闭状态、拓宽新视野提供了系统、丰富的研究资料（程正民 2011：139）。

4）法德文学研究

改革开放后，法国文学研究呈现出快速发展的良好局面。20世纪80年代，大量国外的现代主义文艺思潮被译介过来，其中最主要的是萨特的存在主义。存在主义源起的背景与"文革"动乱后的中国非常相似。正因如此，当萨特在1980年去世、柳鸣九主编了《萨特研究》（1981）之后，社会上出现了一阵"萨特热"以及一场规模不小的争论（陈众议 2011：219）。在这前后，法国新批评和叙述学理论被引入中国，如张寅德选编的《叙述学研究》（1989）首次系统地介绍了叙述学理论，填补了研究界的理论空白（陈建华 2016c：162）。在法国文学史研究方面，柳鸣九、郑克鲁和张英伦三人编著的三卷本《法国文学史》（1979—1991）被李健吾认为是中国人以马列主义编写的"第一部法国文学史"。作为中国"萨特研究第一人"，柳鸣九对西方文学的评介和分析功不可没。他的其他著述有《超越荒诞：法国二十世纪文学史观（二十世纪初——抵抗文学）》（2005）、《从选择到反抗：法国二十世纪文学史观（五十年代——新寓言派）》（2005）等，翻译代表作有《局外人》（1997）等，编选有《萨特研究》（1981）、《新小说派研究》（1986）等。

值得注意的是，很多在法国文学史上产生过重要影响的作家在改革开放初期仍未得到深入研究，如塞利纳、纪德等人。这种情况在20世纪90年代得以纠正，对先前未受到足够重视的作家如波伏娃、勒克莱齐奥等也有了新的认识。21世纪以来，法国文学研究的内容变得越来越广泛，涵盖18世纪至20世纪的作品和思潮。超现实主义、存在主义、荒诞派戏剧、新小说等成为法国文学研究的热点。

德国文学研究的成果主要集中在经典作品研究和文学史两个方面。20世纪80年代，冯至的《论歌德》(1986)和董问樵的《〈浮士德〉研究》(1987)先后问世，但在学术思路上突破有限(陈建华2016e: 203)。到了90年代，德国文学研究进入快车道，汪晖、葛兆光、刘小枫等通过各自感兴趣的作品及理论研究，拓展了德国文学研究的深度和广度。就文学史而言，先后有两部作品出版，分别是余匡复的《德国文学史》(1991)、范大灿主编的《德国文学史》(2006—2008)。后者在容量和风格上更有特色，不仅整体框架、内容清晰，而且采用夹叙夹议的形式，论述了德国文学的历史进程及重要作家作品的文学艺术特质，是众多文学史著作中最周详的一部。

5）拉美文学研究

拉美文学研究是外国文学研究的重要组成部分，改革开放40年来获得了长足的发展。尽管跟其他国别与区域文学研究一样，拉美文学研究也是始于文学作品翻译，但"魔幻现实主义"文学作品的译入对中国文学创作，尤其是对中国"寻根文学"的兴起和发展所产生的影响，是其他国别与区域文学无法相比的。1982年，赵德明、刘瑛翻译的《加西亚·马尔克斯中短篇小说集》和朱景冬、沈根发选编的《拉丁美洲名作家短篇小说选》分别出版，将优秀的拉美文学作品介绍到中国。1984年黄锦炎、沈国正、陈泉翻译的《百年孤独》出版，在读者中引起很大的反响。此后的十年间，中国掀起了拉美"魔幻现实主义"作品的阅读和研究热潮，外国文学研究领域和中国文学界的学者都通过各种学术活动和论述探讨其在中国的接受、传播及影响。莫言、贾平凹等作家将"魔幻现实主义"手法应用于文学创作，更是将"魔幻现实主义"的热度带到了新的高度，催生了中国"寻根文学"的兴起。与此同时，赵德明等主编的《拉丁美洲文学史》(1989)、孟复主编的《西班牙文学简史》(1982)、朱景冬的专著《马尔克斯——魔幻现实主义巨擘》(1995)和陈众议的《20世纪墨西哥文学史》(1998)又将作家作品研究、国别与区域文学史研究推向纵深。陈众议早年留学墨西哥国立自治大学,1988年就出版了《魔幻现实主义大师——加西亚·马尔克斯》一书,是最早将魔幻现实主义引进中国的学者之一。

除了前面提及的著作之外,90年代至今,陈众议先后出版了《拉美当代小说流派》(1995)、《加西亚·马尔克斯评传》(1999)、《魔幻现实主义》(2001)、《博尔赫斯》(2001)和《西班牙文学:黄金世纪研究》(2007)等十几部学术著作,还发表了数百篇文章。作为拉美文学研究的领军人物,他对推动国内拉美文学、特别是西班牙文学的深入研究作出了杰出贡献。陈众议一贯秉持研究外国文学是借鉴优秀文化发展本国文化的学术立场:"研究外国文学终究是为了借鉴,即为了我们本民族文化的繁荣和发展的拿来"(陈众议 2007:3)。跨文化意识和问题意识在他的著作中都有明显的体现。以西方文学的渊源传统和世界文学的整体格局为论述起点,他力图通过史述提炼出具有共同性和普遍性的思想,从而为当代中国文学和文化发展提供借鉴(宋炳辉 2012:69)。如在《魔幻现实主义大师——加西亚·马尔克斯》和《加西亚·马尔克斯评传》中,他摒弃了"魔幻现实主义即写实加幻想"的说法,认为古今虚构小说几乎都是写实加幻想的产物。在此基础上,他以"集体无意识"为突破口,大量借鉴弗莱、布留尔、荣格、列维-斯特劳斯等人的研究方法,开启了魔幻现实主义文学研究的新维度。

6) 印度文学研究及其他国别与区域文学研究

改革开放40年,印度文学翻译和研究处于蓬勃发展的新阶段。这一时期梵语文学翻译和研究的领军人物之一是中国社会科学院外国文学研究所的黄宝生。在中国,梵语文学的译介是学术史上的大事,数代学者为此付出了心血。黄宝生早年参与编写《印度古代文学史》(1991),系统梳理了梵语文学的发展历史,并在此基础上发表了系列学术论文,体现出深厚的梵学根基。他主持翻译的印度大型史诗《摩诃婆罗多》(2005),为中国的印度学和史诗研究奠定了文献基础,是我国印度文学译介的又一座丰碑,对于印度文学、比较文学、民间文学的研究都有着重要的价值,全面提升了中国在世界印度学领域的学术地位(陈众议2011:250)。黄宝生译介和研究印度诗学的主要成果集中体现在他的《印度古典诗学》(1993)和《梵语诗学论著汇编》(2008)之中。他认为,研究须以翻译为基础,两者一表一里。其中《印度古典诗学》是国内根据梵语原典系统研究印度古代诗学的重要学术专著。

值得一提的是,其他国别与区域文学研究在改革开放后40年间也取得了不俗的成绩。澳大利亚文学、加拿大文学、日本文学、新西兰文学、阿拉伯文学、东南亚文学研究都取得了长足的进步,一些学者的著作产生了广泛的影响,推动了所在学科的发展,如虞建华的《新西兰文学史》(1994)、黄源深的《澳大利亚文学史》(1997)、叶渭渠和唐月梅的《20世纪日本文学史》(1999)等。由于篇幅关系,此处不能一一梳理、总结,但他们为中国外国文学研究所作的贡献不容忽视。

1.2.3 中国外国文学研究 70 年反思

1.2.3.1 基本成就

外国文学研究在中国的发展经历了从"无形"到"有形",从"变形"到"定形"的过程。改革开放之前的30年,尽管外国文学研究的发展步履较为缓慢,研究多服务于意识形态和社会思潮建设,但仍为新时期外国文学研究的飞跃式发展奠定了良好基础。这一时期的研究重点随着我国的外交政策重心而发生变化,从俄苏文学转移至英美文学。改革开放后,对西方文学作品和理论的大力引进为外国文学研究注入了新鲜血液。在这一时期,不仅外国文学研究队伍得以扩大,研究范围和深度也得到了进一步拓展。从初期的译介到后期的原创,文学研究、文化研究、文学史研究等都得到了极大发展。我们看到,一批批优秀学者乘着改革开放之势,活跃在国际学界,以母体文化为本,与国际学界保持对话,并致力于建设中国特色学术话语体系。

1.2.3.2 经验总结

新中国成立以来，外国文学研究取得了令人瞩目的成就。改革开放之前的 30 年，由于受到国内、国际形势的影响，外国文学研究在曲折中发展，主要成果以译著为主，偶尔也有一些体现学术深度的论著。改革开放后，外国文学研究迎来快速发展的新时期，研究成果不仅数量多，而且质量也有很大的提升，不乏创新性；此外，学界涌现了一批能够代表外国文学研究水平的领军人物，他们通过自身的科学研究实践，为构建中国哲学社会科学话语体系贡献了智慧。然而，我们还应该清醒地看到，中国外国文学研究的水平与我国在国际上的地位还不相称，在创新意识、创新能力、创新精神等方面还有较大的提升空间，外国文学学科之间的综合实力不平衡的状况依然存在，在国际上有广泛影响的创新成果依然不多。这就需要外国文学学科的同仁，在借鉴国外研究成果的同时，结合中国的社会现实，大胆创新，提出具有中国风格和中国气派的新概念、新思想、新方法。

1.2.3.3 存在的问题

1）中华母体文化主体意识薄弱，"洋为中用"的原则没有得到有效坚持。目前我国从事外国文学研究的学者主要关注欧美文学、文化，对中华母体文化建设的关心和参与还不够，主体性意识和服务国家战略的主观能动性都有待加强。因此，从事外国文学研究的学者，亟须提高文化自觉，坚持"以我为主，为我所用"的原则。

2）研究队伍的创新能力不强，理论和话语体系构建能力偏弱。尽管新中国成立以来，已有不少著作和论文问世，但整体上还是西方文学理论和话语体系占据主导地位，部分中国学者满足于西方理论"搬运工"的角色，仅运用西方理论进行分析和阐释，未能再进一步，融通中外，提出具有原创性的思想和观点，反而还会导致"误读"和"误解"的问题。因此，我们亟须对西方理论进行反思，在中外文化互鉴的基础上，提高创新能力，尤其是理论创新能力。

3）研究队伍结构失衡，非通用语种文学研究人才青黄不接现象严重。由于非通用语种的人才培养受到就业压力的影响，事业发展前景存在不确定性，非通用语种文学研究队伍面临着人才断档、青黄不接的结构性矛盾。随着老一辈学者因年龄原因逐渐隐退，这一矛盾变得更加突出。

4）研究内容呈现出"失衡"现象。长期以来，特别是改革开放以来，众多学者对近现代外国文学作品，尤其是诺贝尔文学奖获奖作品进行了扎堆式、重复式研究，占用了较多学术资源，而许多基础性、理论性和经典性的中古时期的文学作品常年无人问津，未得到深入而系统的研究。

5）非通用语种文学研究严重不足，周边国家、"一带一路"共建国家和地区的文学、文化研究滞后。外国文学研究对象集中于欧美大陆和广义的西方文学，非通用语种文学研究未得到相应的重视，特别是与我国有密切经贸往来的东南亚、南亚、中亚和东北亚地区的文学研究鲜有重要成果，"一带一路"共建国家和地区的文学、文化研究不足，这一现象亟须反思和纠偏。

6）视外国理论为研究方法，模式化现象比较严重。外国文学研究大量使用了外来术语和理论话语，有的甚至在结合理论进行文本分析时牵强附会，缺乏对研究方法的批判意识和思辨精神，发表的成果含金量不足。

1.3　中国翻译学研究 70 年：回顾与反思[1]

1.3.1　引言

翻译因不同民族、不同语言社群的交流之需而产生，也为多元文化的融汇发挥着桥梁作用。翻译既是文化沟通的过程，也是文明交流的产物。千百年来，无论西方还是东方，都见证了翻译对于文化传播与沟通的重大作用。

---

[1] 本节内容以王克非（2019）为基础，在原文基础上有所调整。

在西方，仅从以《圣经》翻译为代表的文化翻译视角，就可以清晰地看到一条由希伯来文到希腊文（亚历山大城），由希腊文到阿拉伯文（巴格达），再经阿拉伯文译入拉丁文（托莱多）以至欧洲各国语言的文化典籍传播路径。这就是翻译开辟的文化沟通路径。

在中国，西汉末年佛教的传入，使佛经翻译成为中国翻译史上最初的重要一环。后来又有传教士的译介，以及更大规模的近代西学译入，给古老中国文化带来生生不息的活力。诚如季羡林（2007：10）所说：

> 中华文化这一条长河，有水满的时候，也有水少的时候，但却从未枯竭。原因就是有新水注入。注入的次数大大小小是颇多的。最大的有两次，一次是从印度来的水，一次是从西方来的水。而这两次的大注入依靠的都是翻译。中华文化之所以能长葆青春，万应灵药就是翻译。

翻译的史料丰富，作用巨大，但人们对翻译的认识和论述却总是远远不够。从勒弗菲尔（Lefevere 1992）所编的《翻译、历史与文化论集》（*Translation/History/Culture: A Sourcebook*）和罗新璋所编的《翻译论集》（1984）中就不难看出，中外历史上关于翻译的认识和观点，在现代以前基本处于"议多论少"的前理论阶段。

1.3.2 中国翻译学研究 70 年回顾

新中国成立之后，翻译学科才逐渐从无到有、由小到大，一步步走上健康发展的道路。纵观翻译学的成长历程，可以清晰地划分出三个阶段：1）萌芽期（1949—1978），以新中国的成立为起点，以"文革"的终结为终点，从百废待兴到百衰待振，翻译学科亦经历了同样的起伏变化；2）成长期（1978—1999），起点是改革开放政策的实施，终点是 20 世纪末，标志是中国翻译工作者协会（现"中国翻译协会"）的创立和重要学刊《翻译通讯》（后更名为《中国翻译》）等的创办；3）发展期（2000 年至今），起点是学科意识的提升，如二级学科点的设立和翻译学博士点的开办。

1.3.2.1 改革开放前：萌芽期（1949—1978）

翻译是跨语言、跨文化的活动，集中体现为双语转换技能，具有实践属性和艺术特性；而翻译学则是对翻译这一特殊语言现象的研究，具有学术属性和复杂特性。新中国成立初期，翻译主要被视为一种服务于国家建设的外事人才所必备的跨语言技能，因此翻译是新中国文学文化建设的重点对象之一。具体体现是：国家培养了一大批英语、俄语方向的外事和翻译干部；更重要的是，国家大量译介了国外的经典文学作品和学术著作，并将中国的政治文献和中国古代、现当代文学作品翻译成英、俄、日等多种语言，介绍给世界。

但作为学科，翻译学此时尚未得到发展。早期董秋斯、茅盾等人探讨了翻译问题，他们甚至呼吁将翻译视为一门科学：1951年，董秋斯发表了题为《论翻译理论的建设》的论文；在1954年全国文学翻译工作会议上，茅盾作了题为《为发展文学翻译事业和提高翻译质量而奋斗》的长篇报告。此外，傅雷的翻译"神似"说、钱锺书的翻译"化境"说也是当时文学翻译思想的集中代表。由于时代所限，这些学科建设的声音并未受到重视。但应当承认，董秋斯倡导翻译学是我国新时期翻译研究发展过程中的一个重要标志，为"唤醒我们的翻译'科学'认识，特别是为我国当代翻译理论研究中的第二次'质'的飞跃奠定了基础"（谭载喜 2017：318）。

国际上的翻译理论建设基本上也是在同一时期起步。例如，著名翻译学者奈达（Nida 1964）出版《翻译科学探索》(*Toward a Science of Translating*)；霍姆斯（Holmes 1972）在哥本哈根召开的国际应用语言学大会上发表《翻译研究的名与实》(*The name and nature of translation studies*)，被视为翻译学科的创建宣言。也就是说，到20世纪中叶，国际上才开始对翻译研究的性质、范畴和学科目标等进行科学、深入的探讨。

由于时代的局限性，国际上的这些理论探讨未能及时引介到中国，当时国内翻译界谈论最多的还是严复的"信达雅"三原则。例如，王佐良（1987：2）在《新时期的翻译观》中总结到："'信达雅'是很好的经验总结，说法精练之至，所以能持久地吸引人。"此外，学界讨论较多的还有鲁迅的"丰姿"说、钱锺书的"化境"说、傅雷的"神似"说，等等。这些论说都非常有见地，如罗新璋（1984）所言，它们是"我国自成体系的翻译理论"。但从严格意义上说，这些理论还不足以构建一个真正意义上的学科。

学术期刊往往是学术发展的一面旗帜。从这点来看，这个时期几乎没有成系列的翻译学刊。1950年创办的《翻译通报》多在翻译实务层面讨论问题，很少从学科层面论述翻译。该刊才办两年，就在1952年休刊；虽然次年又复刊，但仅维持了一年，最终还是在1954年停刊了。这也说明在这个时期，翻译作为学术或学科的发展条件还不够充分。

1.3.2.2 改革开放后：成长期（1978—1999）

翻译学科的真正成长是在中国全面实行改革开放政策之后，有如下几个标志：

1）国外译论的涌入

1978年的改革开放，不仅是政治经济层面的改革开放，也是全方位的包括学术研究在内的改革开放。在经历了与外部十多年的隔绝之后，中国的自然科学和人文社会科学领域如饥似渴地吸收国际先进的理论、方法、技术和管理经验等。翻译学科也概莫能外，开始以更加开放的心态拥抱世界。

引进、融汇和争鸣，是这个时期翻译研究的几个特征。1983年，中国对外翻译出版公司出版了《外国翻译理论评介文集》，成为国内最早的译介国外翻译理论的书籍。随之而来的是更多国外翻译理论的涌入，如奈达的《奈达论翻译》（谭载喜译介）、巴尔胡达罗夫的《语言与翻译》、卡特福德的《翻译的语言学理论》、穆南的《翻译的理论问题》、斯坦纳的《通天塔：文学翻译理论研究》以及纽马克的《翻译教程》等，纷纷被译介到中国（王克非2019）。一时间，国内译界十分活跃，有力地激发了学科建设的理论意识。如许钧（2018a：5）所言，这一时期的译论具有如下特征：

> 译论引介的全面性、多样性、系统性和批判性，引介方式由翻译和转述变为评述和阐释，引介重点逐渐由语言学翻译理论转为文化翻译理论和解构主义翻译理论，理论来源地也从英美扩及到德国、法国和低地国家，并开始从宏观层次关注西方翻译理论发展的整体脉络。

除了译介国外翻译理论之外，也有学者开始梳理中国自己的翻译论述，如1981年香港翻译学会的刘靖之编出《翻译论集》，1984年罗新璋编出一本流传更广的《翻译论集》，此外还有一系列翻译研究论集等。这些理论书籍，特别是从国外引进的众多译论，令人耳目一新，当时的年轻学子无不争相选读。

2）学科意识的提升

随着大批国外译论的引入，关于翻译学科的争论此起彼伏，这间接促进了国内译界学科意识的提升，前辈学者发表了许多新见。例如，许国璋（1983c/1991）提出"阐译"说，认为学术著作的翻译，不仅要立言，还要立解，要为自己的文化引进一种概念系统。王佐良（1989）认为，翻译背后是两大片文化，因此翻译不只是语言的转换，更有文化的融入。许渊冲也发表了关于音美、意美、形美的翻译观。除了前面提到的谭载喜和许钧，代表性中青年学者还包括王克非和刘宓庆等人。他们提出了翻译文化史论（王克非1997）和翻译美学思想（刘宓庆1995），等等。翻译是科学还是艺术，以及翻译学的性质、定位、目标、途径和方法等，都在当时引发了广泛的讨论，争论的焦点是翻译学的学科性质、翻译学的中国特色，以及如何引进和看待西方翻译理论等问题。大讨论的实际结果是学科意识的提升。

这一时期，中国翻译学科的又一次"飞跃"，或者说我国新时期翻译理论发展的第二个重要标志，是在20世纪80年代后期再次旗帜鲜明地呼吁建立翻译学以来出现的。此外，学界形成较多共识，其中最重要的就是：翻译学的确应当享有独立的学科地位，并作为独立学科而加以发展（谭载喜 2017：318）。

3）学术机构的创建

翻译学科进入成长期后，《翻译通讯》于 1980 年创刊。不同于早年的《翻译通报》，它是一本翻译理论与实践并重的学术期刊。1982 年，中国翻译工作者协会成立，更加有力地推动了翻译学科队伍的建设。1987 年 5 月，许钧等青年学生在南京举办了中国首届研究生翻译理论研讨会。同年 7 月，第一次全国翻译理论研讨会在青岛召开，这是最具规模、最有影响的一次翻译理论研讨会，对翻译学科建设的贡献极大。会上，谭载喜等人开始提出建立"翻译学"。1996 年，中国翻译协会新增翻译理论与翻译教学委员会，表现出对翻译学科的高度重视。2000 年，翻译界近百名学者再次聚首青岛，更直接地将学科建设作为会议的主题。

4）翻译教学的系统化

张培基（1980）编写的《英汉翻译教程》和吕瑞昌等（1983）编写的《汉英翻译教程》等，对翻译教学改革有很大的促进作用，使翻译教学更加系统化。后来接连出现包括柯平（1993）的《英汉与汉英翻译教程》在内的一批新型翻译教程，为翻译教学添加了更多理论色彩。

这是一个百家引进、百花竞放的时代，充满了奋发向上的勃勃生机。翻译学科得到前所未有的成长。

1.3.2.3　新世纪：发展期（2000 年至今）

进入 21 世纪以来，中国翻译学者学科意识进一步增强，步伐更为坚实。这个时期的主要标志是翻译学科在国家层面获得认可，学术活动广泛开展，翻译研究走向国际前沿。

1）学科建立

同国内其他学科一样，外国语言文学学科的硕士招生始于改革开放初期的 1981 年，招收翻译研究博士生是在其后几年。第一批外语学科博士生导师为季羡林、许国璋、王佐良等人，如 1985 年许国璋开始在北京外国语大学的语言学科下招收翻译理论博士生。但长期以来，翻译学被归入二级学科外国语言学及应用语言学之下，发展受到一定限制。在翻译研究大发展的带动和外语界专家学者的呼吁下，教育部在2006年讨论通过，并于2007年批准设立翻译硕士专业学位（MTI），大幅度扩招翻译专业研究生。上海外国语大学于2004年首先自设翻译学二级学科。这是对翻译研究的认可，也对翻译学的发展起到了促进作用。翻译学学科建设就此迈入一个崭新的阶段。

此后，在全球化的大背景下，翻译学积极响应国家发展战略需求，配合"讲好中国故事""中国文化走出去""一带一路"倡议等重大部署，获得了更大的发展。例如，在成长期里，在标志性的国家社科基金项目中，语言学科组的外语立项仅占20%左右，其中翻译立项仅占外语立项总数的20%。十几年后，外语及翻译方面的立项数目显著增加，如在2015年国家社科基金项目的语言学立项名单中，外语立项占立项总数的三分之一，其中翻译立项占外语立项总数的三分之一以上，且相当大一部分是中译外研究；在国家级的科研和教学奖励中，与翻译学相关的奖项也占了较大比重。这都是先前未有的新局面。

2）研究长进

除上述方面之外，翻译学的大发展在著述、译丛、讲座、会议等方面也充分体现出来。自2001年起，上海外语教育出版社率先开始引进并出版国外翻译研究专著，推出了"国外翻译研究丛书"（已出版图书40余种）。此后，外语教学与研究出版社也引进了一系列译著，自2005年起推出了"当代西方翻译研究译丛"（共10种），自2006年起推出了"外研社翻译研究文库"（已出版分册30余种）。这些引进著作为翻译研究者提供了一手文献，开阔了学术视野，为我国翻译学发展注入了强劲的推动力。翻译学术队伍逐渐壮大，学术产出迅速增长，在数量和质量上均较之前有显著提高。

国内的翻译研究逐渐形成两大取向——接轨国际的研究和中国特色的研究。接轨国际的研究就是紧盯国际研究前沿，奋起直追的研究。这方面起步较早、进步较大的有双语语料库的研制与应用研究，翻译文化史和中外翻译交流研究，双向翻译能力测评研究，利用键盘记录、眼动仪、ERP/EEG/fMRI 等现代仪器来观测翻译过程的研究，以及针对口译及口译教学的研究等，这些领域都产生了令国际学界为之注目的研究成果。其中，在双语语料库的研制与应用方面，国内相关研究已在层次和质量上达到国际先进水平。在国际学术期刊上和国际出版机构里，也出现了更多中国翻译学者的身影。

中国特色的研究指的是与中国相关的、具有中国独特视角或针对中国特有资源的翻译研究。进入发展期以来，中国特色的翻译研究大多是对中国经典文学英译、外译的研究，以及这些译本在世界上的传播、接受和影响研究。近些年，相关研究又扩展到中国特色话语（包括外交话语、政治话语的建构和外译）以及其中展现的中国国家形象等研究领域。国家社科基金还特别设立了中华学术外译项目。

3）译论出新

新中国成立以来的大发展，特别是面向国际的拓展，成就了翻译学科，这一点在发展期体现得尤为明显。除了前述的翻译理论探讨，我国学者还逐渐推出了新的研究成果，进行了新的理论探索，如大型历时复合语料库的构建及与其相关的语言和翻译研究，黄忠廉提出的变译论，胡庚申提出的生态翻译观，周领顺的译者行为批评，以及王克非多次在不同会议上阐述的翻译路径研究。这些新论借鉴国外的相关理论，结合本国国情，探索中国译学话语体系，在一定程度上促进了中国翻译学科的构建与完善。

1.3.3 中国翻译学研究 70 年反思

纵观中国翻译学研究 70 年发展历程，可以发现中国翻译研究"一条最基本的规律，那就是翻译事业繁荣发展之时，便是翻译研究与思考的兴起与拓展之日"（许钧、穆雷 2009：7）。就自身体系发展而言，中国翻译学科建设总体上经历了从"何为翻译学""有无翻译学"到"如何建设翻译学"的发展历程（同上：16）。中国翻译研究的基本成就、经验总结和存在问题分述如下。

1.3.3.1 基本成就

总体来说，新中国成立以来，中国翻译学科的发展成就可以归纳为以下方面（参见谭载喜 2017：322；许钧 2018b：10-11；仲伟合、赵田园 2020）：

1) 成果增长迅速。根据新中国成立以来的初步统计（许钧、穆雷 2009；许钧 2018b），结合近 10 年来 CNKI 数据库、国家图书馆馆藏书目及博士学位论文库、国家社科基金项目数据库等相关数据资源来看，翻译研究在论文、专著、项目、博士论文等各项指标上有大幅度的提高。尤其近十多年，国内学者在国际学界发表的论文、出版的专著和译著呈快速增长趋势，翻译学成为外国语言文学一级学科体系内一个核心支柱。

2) 翻译学科地位从文艺学、文学、语言学等学科的"附属学科"逐步转变为拥有完整学科体系的独立学科，翻译研究的自主性、独立性和特殊性逐步得到学界和社会的普遍认可。

3) 翻译学科基本框架趋于稳定，学科分支领域与专题研究不断深化。翻译研究逐步跨越本研究领域的微观本体现象，明确了应用型研究的价值，探索领域和主题日益丰富，主要包括：翻译理论、翻译历史（特别是中国传统译论的现代阐释和国际传播）、翻译批判、翻译教学、现代技术与翻译（包括机器翻译和人工智能翻译）、翻译伦理、口译等（许钧、穆雷 2009）。

4) 方法逐步完善。翻译研究逐步摆脱了传统的单一定性研究模式或纯个案反思路径，明确了定量研究方法和工具的价值，积极探索定性与定量结合的新方法模式，强调对翻译现象和事实的客观描述和深度阐释，确定了理性分析和量化研制相结合的研究思路，调查、实验、语料库、TAPs、眼动仪、ERP 及 fMRI 等工具和方法的应用范围不断扩大（Munday 2012/2016）。

5) 学科视野开拓。翻译研究在强化翻译自身理论支点的基础上，逐步明确跨学科探索和多学科阐释的价值，强调多元论证在认识客观现象和透析事物本质过程中的作用，主动借鉴语言学、社会学、人类学、心理学、历史学等学科理论或范畴，不断拓宽研究领域，深化阐释力度。

6) 理论探索深入。翻译研究在充分借鉴国外先进理论的基础上，结合中国翻译的实践行为，积极探索具有本土特色的理论模型，辐射效应逐步显现：许国璋提出阐释翻译论，许渊冲提出"三美、三之、三化"文学翻译观，谢天振提出"译介学"，王克非提出"翻译文化史"研究模式、开创语料库翻译学研究，许钧提出翻译文化观，等等。因此，回顾中国译学发展历程，中国译学领域最重要的一个进步是"翻译的理论意识觉醒了，而且稳步向上提升了"（谭载喜 2017：320）。

7) 社会影响扩大。翻译研究在关注翻译本体问题的同时，不断明确学术研究的社会价值，逐步探索学术探索与实际效用的有效对接，强调透过文本的跨文化沟通和解读能力，注重翻译与社会和历史的相互影响，培养高素质翻译人才，推动国家和社会提升国际化水平（许钧 2009）。

1.3.3.2 经验总结

纵观中国翻译研究 70 年来取得的成就，可将其整体经验归纳为以下几个方面。

1) 理论与实践兼顾。翻译是一种经验性的社会活动，对翻译活动的系统反思和理性阐释要充分考虑翻译的实践性特点。因此，除了强调翻译理性思考对认识翻译现象的作用之外，也应始终关注翻译理论研究对翻译实践操作的指导性作用。整体而言，首先要明确翻译理论的性质、类型、层次和功能，其次要肯定翻译理论与翻译实践的"距离"程度，既要强调翻译理性思考对翻译实践的本体论和认识论价值，也要明确翻译理论对翻译实践的应用性价值，实现翻译理论与实践的有机平衡。

2) 引进与消化相协调。中国翻译实践和理性思考一致体现了本土经验与外来思想交融的格局，特别是改革开放以来，中国翻译研究积极吸收国外翻译理论，同时结合中国国情和翻译实践特色，不断总结、反思、挑战国外翻译观念或模式，并积极探索基于中国翻译实践经验的理论框架，实现了对外积极引进和对内合理消化的相互协调。

3) 继承与创新相融合。中国翻译历史源远流长，本土翻译思想自成体系，而国外翻译思想借助现代语言学、文化学、社会学等学科理论，不断"转向"，推陈出新。中国翻译研究既系统梳理中国传统译论的内核思想，使其进一步系统化，又参考外来翻译思想，客观评价中国传统译论的结构性和功能性问题，此外还积极提炼中国传统译论的现代思想元素，积极推进中国翻译思想的新时代探索，实现了中国翻译思想历史继承与创新发展的融合。

4）基础与应用相配合。中国翻译研究一贯关注翻译本体范畴和实践价值，而翻译理性探索的社会应用价值也逐步得到重视。一方面，翻译的定义、性质和功能等翻译核心范畴的讨论以及跨学科翻译多元探索是翻译研究的核心话题；另一方面，考虑到当前中国国家发展战略，翻译实践与研究对国家和社会的公用价值越发受到重视。因此，翻译学学者既要坚持翻译研究的学术自由探索，加强基础性研究，也要明确翻译研究的社会应用价值，实现翻译研究基础性作用和应用性价值的连贯性配合。

1.3.3.3　存在的问题

我们应该承认：

就总体而言，发展至今，我们在译学研究的道路上还仍然谈不上已经走在了世界的最前列。在很多方面，尤其在对现有译学话题的认知广度和深度上，以及在如何开创和发展新的译学话题层面，我们与他者之间还存在差距，发展的空间依然巨大。（谭载喜 2017：326）

具体问题如下：

1）全局意识不够突出。翻译研究目前缺乏全局性、战略性整体规划，学科内各领域、各方向彼此关联不充分，研究与社会应用关系不紧密，学界就翻译的价值观、国家翻译政策规划、翻译人才培养有效模式与策略等重大议题迄今没有形成统一认识，更没有制定相关规范（黄友义 2018；许钧 2018b）。

2）理论创新性不足。翻译研究在现象描述、规律挖掘、本质解释、趋势展望等不同阶段，主要参考甚至依赖国外（主要是西方）的理论、模式和标准,基本形成了套用国外理论解释具体现象这种简单而机械的立论模式,对国外理论的验证性或修正性研究居多,基于本土实践的理性反思不充分,立足本土实践的开拓性理论构建虽已开始尝试,但数量甚少,国际影响力也有待提高。

3)学科交叉能力不够。虽然跨学科早已成为翻译研究未来发展的战略共识,但目前相关研究整体上处于初级阶段,突出表现为对其他学科术语、理论或模式的简单移植,缺乏对相关理论的深度阐释,更缺乏以中国翻译实践为基础的学科反拨尝试,即探索翻译研究对相关学科(如心理学、社会学)的促进作用。

4)历史传承不够充分。翻译研究积极关注并跟踪国外翻译理论思潮或发展动向,但对中国传统译论的系统性梳理不充分,对中国传统译论思想内涵的现代化阐释和深度挖掘有待加强(许钧 2018b)。

5)问题意识不够强烈。首先,翻译研究对具体现象或事实的介绍和描述居多,但对本质特性和深层规律的探索不充分。其次,当前中国翻译研究多以对既有经验或概念的验证为出发点,基于客观证据的证伪性研究不充分。最后,当前中国翻译研究整体上对社会应用需求关注不充分,多数研究依然满足于象牙塔内的微观本体探索,学术研究的社会问题关怀意识不强烈。

6)方法应用不够规范。翻译研究的传统思路和方法是定性模式的,在吸收借鉴定量方法和程序过程中的严谨性和规范性不够强,研究者的主观甚至感性判断很大程度上影响着研究结论的客观性和代表性。

1.4 中国比较文学与跨文化研究 70 年:回顾与反思

1.4.1 引言

新中国成立以来,特别是改革开放 40 年以来,中国比较文学与跨文化研究取得了长足的发展和显著的成就。回顾 40 年的发展历程,有若干重要时间节点:1981 年,国内多所高校先后开设比较文学概论课程;1983

年，首届中美比较文学双边讨论会召开；1984 年，《中国比较文学》在上海外国语大学创刊；1985 年，中国比较文学学会成立；1985 年和 1993 年，北京大学先后建立比较文学硕士点与博士点；1997 年，国务院学位委员会办公室和教育部将比较文学与外国文学合并成"比较文学与世界文学"二级学科，正式把比较文学列为中国语言文学的主干课程；2015 年更进一步，国务院学位委员会办公室正式设置"比较文学与跨文化研究"为外国语言文学一级学科下属的二级学科方向；2017 年，国务院学位委员会办公室审议通过并发布的《学位授权审核申请基本条件》规定，外国语言文学一级学科博士点"至少涵盖本学科外国文学、外国语言学及应用语言学、翻译学、比较文学与跨文化研究、国别与区域研究 5 个主干学科研究领域中的 3 个"。这表明比较文学近年来已经发展成为外国语言文学学科的主干课程，而就学术研究来说，中国外语学者一直是比较文学研究的引领者和生力军。

1.4.2　中国比较文学与跨文化研究 70 年回顾

1.4.2.1　改革开放前

比较文学在中国的发轫可以追溯到 20 世纪 20 年代清华大学外文系开设的比较文学系列课程及其教材的编写。实际上，自 20 世纪初比较文学的理论、方法论从法国、美国等西方国家传入中国后，中国学者在严复、王国维、鲁迅、陈寅恪、钱锺书、朱光潜、朱维之、季羡林等先行者的引领下就开始了这方面的研究，并一直持续至 20 世纪 50 年代，他们合力为我国比较文学的发展作出了开创性的贡献。到了 20 世纪六七十年代，由于政治原因，我国的比较文学研究一度处于沉潜状态，直到改革开放才迎来复兴。

1.4.2.2　改革开放后

1978 年 11 月，学界在广州举行了改革开放以来第一次全国外国文学研究工作规划会议。正是在这次会议上，北京大学英语系教授杨周翰作了长篇发言，首次从学科的角度向与会代表介绍了比较文学这门学科的来龙去脉以及在西方学界的发展现状，引起了大家的强烈兴趣。此后，中国社会科学院外国文学研究所为了开好全国外国文学学会第一届年会，组织调查组到各地调查外国文学研究情况，在调查过程中提出了"如何开展比较文学研究"的提纲。1980年冬，全国外国文学学会第一届年会在四川成都召开，这次大会起了重要的组织和动员作用，许多专家学者在会上介绍了国内外比较文学研究的历史与现状。

改革开放后首先竖起比较文学旗帜、公开发表文章、提倡振兴比较文学的代表学者应是北京大学教授季羡林、杨周翰、李赋宁和北京外国语大学教授王佐良等人。季羡林明确指出，首要的工作是"从翻译外国比较文学研究者的论文开始，换句话说，就是先做一些启蒙工作，其中包括对我们自己的启蒙"（季羡林1982：《序》）。这个意见虽然是对北大比较文学研究会说的，但具有普遍意义。改革开放后我国的比较文学研究以北大的外语学科为中心展开，呈现出一个发散性结构网络。北大做的"启蒙"工作是着手编辑出版一套比较文学研究丛书，其中第一本即张隆溪选编的《比较文学译文集》，于1982年6月由北京大学出版社出版。这是新中国成立以来第一部翻译介绍西方比较文学学者的论文集。

比较文学复兴的标志性研究成果是1979年出版的钱锺书的《管锥编》，以及紧随其后的1981年宗白华的《美学散步》和范存忠的《英国文学论集》，1982年季羡林的《中印文化关系史论文集》，1983年杨周翰的《攻玉集》，1984年金克木的《比较文化论集》等。复兴的标志性事件有两个：其一，在1985年8月召开的第11届国际比较文学年会上，法国著名比较文学学者艾田伯（René Etiemble）以"中国比较文学的复兴"为题作大会报告，表明我国第一代比较文学学者及其研究已经被国际学界所认可；其二，伴随着改革开放的时代大潮，中国比较文学学会于1985年10月在深圳大学正式成立，此后，中国比较文学迎来了全面复兴。

在过去的40年里，中国比较文学学者共出版了千余部学术专著，发表了万余篇学术论文，加上译自英文、法文、德文、俄文、日文等的著述，比较文学在中国呈现出一种空前繁荣的状态，甚至一度被称为"显学"。1984年，《中国比较文学》杂志在上海创刊，使得这门新兴学科逐步趋于成熟。一批杰出的中国学者充分发挥自身的外语专长，在一些著名的国际学术刊物上发表论文，向国际学界展示了中国学者的研究实绩。

如今，比较文学研究界已拥有学科理论研究、中外文学文化关系、比较诗学、华人流散文学、文学人类学、形象学、译介学、生态批评、宗教与文学关系等多个稳定的传统学术方向和新兴研究领域，其领军人物和活跃的中青年学者已成为令人瞩目的中坚力量，这预示着比较文学学科后继有人、前景光明。

从学术期刊及其增长态势来看，四十年来比较文学学者研究热情不减、学术成果迭出。中国比较文学的几大学术刊物和集刊，如《中国比较文学》（上海外国语大学和中国比较文学学会联合主办）、《比较文学与世界文学》（中国比较文学学会主办）、《当代比较文学》（北京语言大学主办）、《中外文化与文论》（中国中外文艺理论学会与四川大学共同主办）及英文刊物 Comparative Literature: East and West（四川大学主办）一直运作良好。2015年新增张华与美国学者米勒（Paul A. Miller）主编的《中美比较文学》；2016年新增曹顺庆、刘洪涛主编的英文学术刊物 Comparative Literature & World Literature。2017年7月，经国家新闻出版广电总局批准，《国际比较文学（中英文）》在上海师范大学创办，2018年6月创刊号正式出版（原《文贝：比较文学与比较文化》停办）。之前由于多种原因停办的《东方丛刊》2018年复刊，并完成第一期（总第74辑）的出版。学术集刊《比较文学与跨文化研究》（外语教学与研究出版社出版）2017年创刊，目前已经出版3辑。此外，中国社会科学院主办的《外国文学评论》、北京外国语大学主办的《外国文学》、北京大学主办的《国外文学》等刊物也经常刊发比较文学领域的论文。

改革开放以来，第一个比较文学研究会是北京大学比较文学研究会，成立于1981年1月。同年，第一个省级学术团体辽宁省比较文学研究会成立。随后，江苏、上海、广西、贵州、天津等地的比较文学学会相继成立。

从1981年开始，华东师范大学、复旦大学、广西大学、黑龙江大学相继开设比较文学课程。在教学实践的基础上，中国第一本介绍比较文学理论、方法、历史的专著《比较文学导论》于1984年出版。到2021年为止，各类比较文学教材已有70部之多。1983年6月，南开大学等院校组织在天津召开了改革开放后第一次比较文学会议；次年，广西大学举办了比较文学讲习班暨教学讨论会。经商讨筹备，全国各地比较文学学者于1985年10月末云集深圳，在深圳大学成立中国比较文学学会并举行首届学术讨论会。国际比较文学学会（ICLA）会长佛克马（Douwe Fokkema）与一些海外著名学者应邀前来祝贺和讲学。这次大会在中国比较文学发展史上留下了光辉的一页。

中国比较文学学会的成立标志着比较文学在中国机构化进程的实现。学会从成立之日起就十分重视自身的学科建设，一方面强调其本土化立场，在国内各个省（自治区、直辖市）大都建了地方比较文学学会。这些地方学会一般独立开展学术活动，但同时接受中国比较文学学会的指导和帮助。另一方面，学会突出本学科的国际化特色，自成立之日起就成为国际比较文学学会的团体成员，积极参与国际学会的各项学术活动并担任领导职务。学会成立前的1982年，北京大学教授杨周翰、张隆溪和复旦大学教授林秀清首次代表中国比较文学界参加在纽约举行的国际比较文学学会第十届大会；1985年8月，杨周翰等五位学者参加在巴黎举行的第十一届大会，在此次会议上杨周翰当选为国际比较文学学会副会长。此后孟华、刘象愚、周小仪等学者先后参与了国际比较文学学会的理事会工作。

中国的比较文学研究始终以开放性和国际化为特色。在过去的40年里，学会共举行了十三届年会，这些年会都向国际学界开放，并邀请国际著名学者前来作主题发言，从而实现了与国际学者面对面的对话和交流。此外，学会每年都与国内外高校合作举行一些高规格的专题研讨会或双边研讨会，鼓励中国比较文学学者积极参加国际学术会议，并在国际刊物或出版社发表研究成果。

在学术会议和国际交往方面，特别值得一提的是中美比较文学双边研讨会。1983年8月，第一届中美双边比较文学研讨会在北京召开。钱锺书致开幕词，美国学者孟而康（Earl Miner）、白芝（Cyril Birch）、刘若愚（James Liu）和中国学者王佐良、杨周翰、许国璋、周珏良、杨宪益参加了此次大会，这是中国比较文学走向世界的第一个重要契机。1987年，第二届中美双边比较文学研讨会在美国召开。美方由普林斯顿大学教授孟而康主持，中方由杨周翰和王佐良两位教授主持，大会在普林斯顿、印地安纳、洛杉矶三地召开，历时近一个月，是中国比较文学学者广泛接触国际学界的绝好机会。1988年，第三届中美双边比较文学研讨会定于北京召开，但后因各种原因未能举行，此后中断了十多年。自2001年以来，由清华大学教授王宁组织，连续在中美两国召开了第三至七届中美比较文学双边研讨会，由此推动了中美人文学术交流和对话。在当今中国的人文学科领域，比较文学学者是发表国际著述和论文最多的人文学者群体之一。

除了一级学会中国比较文学学会外，两个二级学会的工作也特别值得关注。一是"跨文化交流研究委员会"（2019年11月8日经中国翻译协会理事会批准在北京成立），其前身为1995年成立的中国跨文化交际学会。二十多年来该学会一直致力于促进跨文化交际学的繁荣与发展，促进跨文化交际理论与实践的结合，促进跨文化交际学科人才的成长，推动跨文化交际学科在中国的建立与发展，推广跨文化交际学研究成果，为促进学术繁荣、共建和谐社会作出了重要贡献。该学会名誉会长为胡文仲、贾玉新，会长为孙有中；会刊为《跨文化研究论丛》。二是"中国外国文学学会比较文学与跨文化研究会"（2017年10月27日成立）。该学会以构建中国特色比较文学与跨文化研究学术话语体系为己任，力图在传播中国文化和人才培养方面发挥建设性作用。首任会长为彭青龙。该学会成立后，积极开展了各项活动。2018年6月9日，学会与华中师范大学外国语学院联合举办了"比较文学与跨文化研究的中国话语"学术专题全国研讨会；2018年10月13—14日，与广东外语外贸大学外语研究与语言服务协同创新中心和外国文学文化研究所联合召开"构建人类命运共同体：比较文学与跨文化研究者的历史使命与人文担当"学术研讨会；2019年11月15—16日，与杭州师范大学外国语学院合作召开"科技·文学·艺术：比较文学与跨文化研究的跨学科视野"学术研讨会。

近年来，中国比较文学出现了一些新的发展动向。2017年8月17—20日，中国比较文学学会第12届年会暨国际学术研讨会在河南大学举行，至此中国比较文学复兴40年来已经成功举办了12届年会。目前，该学会已经稳步成长为中国人文社科领域颇具国际学术影响力的国家一级学会之一。每三年举办一次，有着比较文学领域"奥运会"之称的国际比较文学学会年会于2004年8月8—15日在中国香港召开第17届年会，这是首次在中国境内举行年会。中国比较文学日益成为国际比较文学学会的重要力量。2016年7月第21届国际比较文学学会年会在维也纳召开，中国学者张隆溪当选学会主席。不无巧合的是，2019年第22届年会的承办者也是中国。从1985年中国比较文学学会在深圳大学成立，到2019年我国在澳门大学举办第22届国际比较文学学会年会，学界普遍认为这是新时代中国比较文学逐步复兴并走向世界的重要标志。在一定程度上，世界比较文学发展的重心正向中国转移。

1.4.3 中国比较文学与跨文化研究70年反思

1.4.3.1 基本成就

从20世纪80年代初开启的中国比较文学学科复兴与建制进程，在中外文学关系、比较诗学、文学翻译等传统分支领域以及跨文化交际学、海外汉学研究、形象学研究、流散文学及世界华人文学研究等新兴领域具体展开，切实推进了中国学术话语体系的构建。就外语学界来说，在以下四个领域的贡献尤为突出。

1）中外文学关系

自1907年鲁迅发表《摩罗诗力说》以来，中外文学关系研究一直是中国外语学者最擅长的领域之一。20世纪上半叶形成了中印、中俄、中西文学关系研究三足鼎立的局面。中印文学关系研究以季羡林为代表，中俄文学关系研究以戈宝权为代表。相比而言，中西比较文学这一方向的成果最为丰富，陈受颐、方重、范存忠的中英文学关系研究、陈铨的中德文学关系研究、梁宗岱的中法文学关系研究等，可以说是早期中国比较文学研究的代表，也为此后中国学者的相关研究奠定了良好基础。

改革开放后，中外文学关系研究取得了一系列重大成果。20 世纪 90 年代，花城出版社推出了"中国文学在国外丛书"，比较系统地梳理了中国文学在欧美国家及日本等国的传播和影响情况。2002 年 8 月，伴随着中国比较文学学会第七届年会暨国际学术研讨会的召开，宁夏人民出版社推出了 10 卷本的"外国作家与中国文化"丛书，包括德国卷、法国卷、英国卷、南北欧卷、日本卷、美国卷、俄罗斯卷、阿拉伯卷、印度卷、朝韩卷，比较系统深入地总结、审视和评析了由古至今中外文学文化的交流史，并融汇了当代比较文学文化研究的最新成果，体现出平等对话的精神。

近年来最值得一提的成果是两套大型丛书。2015 年底，山东教育出版社推出了由钱林森、周宁主编的 17 卷本的"中外文学交流史"丛书，包括英国卷（葛桂录），美国卷（周宁、朱徽、贺昌盛、周云龙），法国卷（钱林森），德国卷（卫茂平、陈虹嫣），意大利卷（张西平、马西尼），希腊、希伯来卷（齐宏伟、杜心源、杨巧），西班牙语国家卷（赵振江、滕威），葡萄牙语卷（姚风），俄苏卷（李明滨、查晓燕），中东欧卷（丁超、宋炳辉），北欧卷（叶隽），阿拉伯卷（郅溥浩、丁淑红、宗笑飞），日本卷（王晓平），印度卷（郁龙余、刘朝华），韩朝卷（刘顺利），东南亚卷（郭惠芬），加拿大卷（梁丽芳、马佳、张裕禾、蒲雅竹）。该丛书是中国比较文学界中外文学关系领域最新的总结性成果，堪称新时期我国整体把握中外文学交流历程与基本规律的"航空母舰"，构建了时空大跨度下中外文学交流史研究的基本框架。该丛书荣获第六届中华优秀出版物奖、第四届中国出版政府奖，其中的相关卷已签署多个语种的对外版权输出协议。2016 年由陈建华主编的 12 卷本《中国外国文学研究的学术历程》细致考察了外国作家作品在中国的传播和接受情况，强调接受与研究过程中本土经验的重要作用,是近年中外文学关系研究的又一个高峰。该丛书荣获教育部第八届高等学校科学研究优秀成果奖(人文社会科学)一等奖。

跨文化形象学研究关注比较研究中的"异国形象",且受到符号学、接受美学等理论的影响,作为中外文学关系研究的一支新军已经初成体系。孟华、周宁等是此领域最有力的倡导者。孟华主编的《比较文学形象学》、所著的《中法文学关系研究》,周宁主编的"中国形象:西方的学说与传说"丛书、所著的《天朝遥远:西方的中国形象研究》是代表性成果。

2)比较文学翻译研究

1951年董秋斯发表《论翻译理论的建设》一文,明确号召建立翻译学,标志着我国现代意义上译学发展史的开端。从1994年翻译研究会作为中国比较文学学会下属的二级学会召开成立大会暨首届学术讨论会,到2017年10月"大数据时代下的翻译"高层论坛暨中国比较文学学会翻译研究会第13届年会在沈阳举行,比较文学翻译研究呈现出如下两个特点。其一,学科意识不断加强,学科建设成绩斐然。谢天振通过《译介学》(1999)、《翻译研究新视野》(2003)等专著完成了其对翻译学理论的新建构,今天"译介学"已经成为我国比较文学翻译研究的一个专门术语。2004年上海外国语大学获批设立国内首个翻译学硕士点和博士点。伴随着比较文学的复兴尤其是跨文化研究的不断繁荣,翻译学逐渐从边缘走到了外语专业教学科研的中心,如今已经成长为外国语言文学下属的一门重要的二级学科。其二,理论意识不断加强,理论探索与新建构不断加深并形成体系化思考。从20世纪70年代国门初开之际呼唤"翻译学",到80年代聚焦"翻译学"概念的大论战,再到21世纪初"翻译学"学科地位的正式确立,四十多年来,翻译研究的重要性与普遍性不断加强。90年代以来,《翻译批评导论》(2005)、《文学翻译批评论稿》(2006)、《文学翻译批评研究》(2012)等系统探讨译学理论的专著先后出版。翻译学已经成为比较文学研究最有活力的领域之一,具体体现在以下四个方面。

第一,译介学理论的创立与个案研究。当代翻译研究的文化转向使其研究领域逐渐与比较文学交叉融合。翻译的多元系统理论、规范理论和改写操控理论等,使翻译研究理所当然地进入了比较文学中的媒介学、流传学等研究领域。文学翻译文本在跨文化交际和传递过程中必然出现的文化误读、文本功能的转换、信息的失落与增添,以及翻译文本的传播媒介问题、原文读者与译文读者在接受与反应上的差异性等,都是翻译研究与比较文学共同关注的重要议题。在以中国比较文学学会翻译研究会会长谢天振教授为核心的众多学者的共同努力下,富有中国特色的比较文学翻译研究在基础理论建设方面取得了突破性的进展,创立了译介学理论体系。比较文学的影响研究,尤其是中外文学关系研究,不可能脱离翻译研究而存在,因此译介学意义上的文学翻译研究也是比较文学关注的重要对象。

第二,翻译史的发掘与研究。自孔慧怡提出"重写翻译史"之后,国内翻译史研究有了跨越性发展。立足史料、聚焦翻译、依托文化,三者有机结合,是近年来翻译史研究的基本路径。2011年,王宏志教授创办《翻译史研究》年刊;2019年,中国英汉语比较研究会翻译史研究专业委员会成立,张旭教授任会长,并于2020年创办会刊《翻译史论丛》。

第三,翻译传播学的理论建构与研究。随着传播学视阈下的翻译研究日渐兴起,"翻译传播学"作为一门翻译学和传播学的新兴交叉学科开始萌生。翻译传播学是探索翻译学学科理论、拓展学科空间的一种新尝试。它主要从传播学的视角对各种翻译现象进行外观式的探察,借用信息传播模式对翻译过程中各个信息传递阶段进行逐一论述,指明翻译研究可以从控制研究、文本分析、媒介研究、受众研究、效果研究等方面入手。翻译传播学是翻译学学科向更为精细化、系统化的方向发展的结果,为翻译学的理论建构提供了一种新的范式。

第四,社会翻译学的理论建构与研究。翻译学在语言学和文化研究范式之后实现了"社会学转向",衍生出"社会翻译学"这一跨学科研究领域。中国翻译学界敏锐地捕捉到了这一动向,以王洪涛和汪宝荣等为代表，国内学者对社会学、行动者网络、社会系统论等理论进行反思并将其融入翻译研究。

3）国际汉学研究

国际汉学研究首推阎纯德、吴志良主编的"列国汉学史书系"（2006年开始出版，目前已有30多册），所收诸书从重要的人物、著作和流派入手，是国别汉学史方面的基础性研究成果。其中《日本中国学史稿》（严绍璗）、《法国汉学史》（许光华）、《俄罗斯汉学三百年》（阎国栋）、《朝鲜半岛汉学史》（刘顺利）等著作对相关领域的研究起到了奠基和推动作用。

由张西平主持的教育部人文社会科学重大课题攻关项目"20世纪中国古代文化经典在域外的传播与影响"于2018—2019年推出了最终成果"20世纪中国古代文化经典域外传播研究书系"。该丛书由大象出版社出版，获国家出版基金资助，共19卷：《20世纪中国古代文化经典在域外的传播与影响研究导论》（张西平）、《20世纪中国古代文化经典在美国的传播编年》（顾钧、陶欣尤）、《20世纪中国古代文化经典在英国的传播编年》（李真）、《20世纪中国古代文化经典在法国的传播编年》（安必诺、何碧玉、刘国敏、张明明）、《20世纪中国古代文化经典在日本的传播编年》（严绍璗、王广生）、《20世纪中国古代文化经典在韩国的传播编年》（苗春梅、周晓蕾、王光明）、《20世纪中国古代文化经典在意大利的传播编年》（王苏娜）、《20世纪中国古代文化经典在东南亚的传播编年》（苏莹莹）、《20世纪中国古代文化经典在中东欧国家的传播编年》（丁超）、《中国文化在南亚》（佟加蒙、李亚兰）、《日本明治时期刊行的中国文学史研究》（赵苗）、《20世纪中国古代文学在英国的传播与影响》（葛桂录）、《20世纪中国古代文化经典在东南亚的传播与影响》（白淳）、《20世纪韩国关于韩国文学对中国古典文学接受情况的研究》（李丽秋）、《英美汉学中的白居易研究》（莫丽芸）、《〈红楼梦〉在德国的传播与翻译》（姚军玲）、《中国古代文化在世界：以20世纪为中心》（张西平、孙健）、《比较、争论与诠释——理雅各牛津时代思想研究》（潘琳）、《中国古典文学的英国之旅——英国三大汉学家年谱：翟理斯、韦利、霍克思》（葛桂录）。丛书体现出跨学科、跨语种、跨院系的特点，涵盖27种语言，涉及欧洲、美洲、东亚、东南亚、南亚等地区，是目前为止世界范围内关于20世纪中国古代文化经典域外传播覆盖面最大、信息最新的研究成果。

此外，严绍璗编著的《汉籍在日本的流布研究》《日本藏宋人文集善本钩沉》和《日藏汉籍善本书录》概括了整个日本所藏汉籍的情况；刘东主编的"海外中国研究丛书"从1988年开始已经出版了二百多册译著；北京外国语大学国际中国文化研究院出版的60多本著、译作，中华书局世界"汉学论丛"的50多册论著，耿昇关于法国汉学的40多部译著等，都是成规模的基础文献整理工作。

随着时间的推移，国际汉学研究已经快速壮大为比较文学与跨文化研究的重要领域，更是中西双方思想对话的天然平台。从2007年12月在郑州召开国际汉学（中国学）研究回顾与展望（1977—2007）学术研讨会暨中国海外汉学学会筹备会，到2016年11月第五届世界汉学大会在中国人民大学举行，目前我国的海外汉学研究已经由比较文学扩展到比较宗教学、比较哲学、中外交流史以及人类学、社会学等多个学科，成为我国跨文化研究队伍里非常活跃的一股力量。

4）跨文化交际学

跨文化交际学，又称跨国文化交际学或跨文化交际研究，是比较文学与跨文化研究领域的一个新兴学科方向，近二十余年发展迅速。1995年，中国跨文化交际学会成立。跨文化交际学的研究者主要为外国语言文学、心理学、汉语国际教育等专业的学者。他们从不同的角度切入，为我国的跨文化交际学建设作出了重大贡献。

北京外国语大学胡文仲教授的系列著述为跨文化交际学的建设奠定了基础，并指明了发展方向，其代表作为《文化与交际》（1994）、《跨文化交际学概论》（1999）、《跨文化交际面面观》（1999）、《超越文化的屏障》（2002）。胡文仲是介绍美国跨文化交际学的先驱者之一，更是在中国大力推广跨文化交际学的第一人。他的著作系统阐释了跨文化交际学的基本概念、内涵、研究领域、研究对象以及研究方法，引起了学界的广泛关注。

20—21世纪之交，跨文化交际学的基础性理论研究还有以下成果：贾玉新的《跨文化交际学》(1997)界定了基本的概念与学科研究领域；秦建华、王金巴的《跨文化交际学概要》(2001)对跨文化交际学的发展历程、所进行的研究、所取得的成果及其理论研究的最新进展作了全面而深刻的介绍和评论，并对跨文化交际活动和跨文化交际研究的未来展开预测；林大津、谢朝群的《跨文化交际学：理论与实践》(2005)评析了国内外跨文化交际学的一些主要理论和观点，着重从跨文化语用学和比较修辞学的角度提出对跨文化交际理论与实践的新思考；胡超在《跨文化交际——E-时代的范式与能力构建》(2005)一书中，对众多理论进行了精炼的研究概述，将其归为三大超理论，即涵盖规律超理论、系统性超理论和人类行为超理论；许力生的《语言研究的跨文化视野》(2006)从全球化时代跨文化交际已成为普遍现实这一大背景出发，以超越文化和学科藩篱的眼光审视现代语言学的学术研究取向与研究实践，反思了一系列颇有影响的语言学理论与方法；严明的《跨文化交际理论研究》(2009)集中探讨了各种基本理论的定义及其应用；戴晓东的《跨文化交际理论》(2011)追述了跨文化交际理论的生成脉络，理清了思想渊源，围绕"差异与冲突""适应与融通""身份与认同""意义与能力""权力与合法性""全球化语境"这六个跨文化交际学的关键主题，环环相扣地推介、论述影响广泛的跨文化交际理论流派。这些著作的深入研究与阐发为跨文化交际学的后续发展奠定了基础。

近年来，跨文化交际学的理论视角被应用于翻译学、修辞学、外语教学等领域。金惠康的《跨文化交际翻译》("翻译理论与实务丛书"之一，2003)以丰富的英汉翻译实例为基础，分析其中的跨文化交际效果，从而构建了一个相对统一、规范的汉英对译系统；吴克炎的《跨文化交际视域下的修辞学》(2010)以跨文化交际为视角，重点研究修辞效果；刘洪娇、隋丹妮的《跨文化交际能力与外语学能研究》(2015)从跨文化的视角出发，提出文化—互动范式，为外语教学提供了强有力的理论指导；吴颖、辛磊等的《跨文化交际视域下的语用学教学应用》(2016)是跨文化教育学与语用学教学研究的综合性著作；李丽的《英语语用学中跨文化交际能力的培养与研究》(2018)从语用学的角度，讨论了英语跨文化交际以及如何培养英语跨文化交际能力的问题；谭焕新的《跨文化交际与英汉翻译策略研究》(2018)将翻译理论和实践与跨文化交际进行有机结合，揭示了语言、文化与交际的关系，以及文化对于翻译过程的影响；王国华的《英语思维与跨文化交际能力研究》(2019)从语言认知、语言思维、跨文化交际与思维的关系等方面研究了思维模式的异同对英汉跨文化交际能力的影响。

跨文化交际学的指导性与实践性特征还体现在语言教材建设方面，无论是国内外语教材还是汉语国际教育教材的编撰，跨文化交际都愈发受到重视，成为教材编写的重要指导思想之一。陈俊森、樊葳葳、钟华的《跨文化交际与外语教育》(2006)以跨文化交际的基本理论为指导，讨论并推动语言教育中的跨文化交际教学；唐德根的《跨文化交际学》(湖南省普通高等教育21世纪课程教材，2008)与陈国明的《跨文化交际学》(2009)是较早的跨文化交际学教材，不仅介绍跨文化交际的方法与知识，也强调跨文化交际和传播的原则与理论，帮助学习者了解跨文化交际的内涵；黄永红的《跨文化交际学教程》(高等学校英语专业规划教材，2010)、王玉环的《跨文化交际学基础教程》(普通高等教育"十二五"重点规划教材·新核心大学英语，2013)系统阐述了跨文化交际学这门新兴学科，涵盖从文化的定义与特性、词与文化、习语与文化到语言交际与文化、非语言交际与文化、性别研究、跨文化交际能力培养等众多内容；曹瑞明的《跨文化交际基础》(2011)从跨文化交际的视角剖析国际商务交际的实例，介绍与跨文化商务交际相关的理论与实践；雷淑娟的《跨文化言语交际教程》(2012)旨在解释汉语交际中与文化有关的语言现象，帮助外国人学习汉语；张力群的《翻译与跨文化交际》[全国翻译硕士专业学位(MTI)系列规划教材，2013]从跨文化交际效果的角度，检验神话、典故、节日庆祝、婚丧风俗、饮食习惯以及日常生活等丰富的文化翻译实践成功与否；余卫华的《跨文化交际教程》(2019)以直接法、情境法、案例法、探究法、任务型教学法为具体教学思路，意在提高学习者英语水平，同时培养其跨文化交际能力。

整体而言，中国跨文化交际学研究经历了40年的发展，大致可以划分为三个历史时期。（1）引入与推行（1982—1993）：以胡文仲为代表的学者将美国跨文化交际学引入中国并积极推广，奠定了中国跨文化交际学的发展基础。（2）学科的确立与规范化（1994—2001）：随着中国跨文化交际学会的成立以及学会两年一次的研讨会的召开，更多的学者加入跨文化交际学的研究队伍，代表性著作不断问世；全国不少大学开设跨文化交际学课程，并在外国语言文学一级学科下培养硕士、博士研究生，跨文化交际学成为外语界一个具有极大发展潜力的学科。（3）逐渐成熟并形成中国特色（2002至今）：在继续吸收西方跨文化交际学前沿知识的同时，中国学者开始结合国内的研究特性，构建具有中国特色的跨文化交际理论，并将其广泛运用于跨学科领域的研究之中。

1.4.3.2 经验总结

改革开放以来，比较文学与跨文化研究经历了初步发展阶段（1978—2006）和快速发展阶段（2007至今），研究成果不断涌现，研究领域不断拓展，主要包括中外文学文化关系、比较诗学、华人流散文学、文学人类学、形象学、中国典籍外译、国际汉学等。更为重要的是，一批学者勇于探索比较文学与跨文化研究理论，如王佐良、杨周翰提出的基于本土资源的比较文学研究，张隆溪提出的"跨文化阐释"，胡文仲提出的"跨文化交际"，王宁提出的"科际整合"，孟华提出的"比较文学形象学"，谢天振提出的"比较文学译介学"等。在以下三个方面，理论的创新性尤为突出。

1）形成中国学派

在中国比较文学理论发展的过程中，中国学者不断致力于打破西方话语的垄断，倡导建立具有中国特色的比较文学话语。季羡林在《比较文学译文集》的《序》中指出："以我们东方文学基础之雄厚，历史之悠久，我们中国文学在其中更占有独特的地位,只要我们肯努力学习,认真钻研,比较文学中国学派必然能建立起来,而且日益发扬光大"(季羡林1982:《序》)。1983年6月,在天津召开的新中国第一次比较文学学术会议上,朱维之作了题为"比较文学中国学派的回顾与展望"的报告,旗帜鲜明地指出:"比较文学中国学派的形成(不是建立)已经有了长远的源流,前人已经做出了很多成绩,颇具特色,而且兼有法、美、苏学派的特点。因此,中国学派绝不是欧美学派的尾巴或补充"(转引自曹顺庆2018:6)。1984年,在《中国比较文学》创刊号上,朱维之、方重、杨周翰等学者认为中国的比较文学研究应该保持不同于西方的民族特点和独立风貌。1985年,黄宝生发表《建立比较文学的中国学派:读〈中国比较文学〉创刊号》,认为《中国比较文学》创刊号发表了多篇讨论比较文学中国学派的论文,标志着比较文学中国学派的探讨进入了实操阶段。此后钱锺书的"打通"说、王佐良的"契合"论都为建立比较文学中国学派提供了丰富的理论资源。其他学者如朱光潜、范存忠、张隆溪、严绍璗、谢天振、王宁等均发表过独到的见解。

当下,关于中国学派、中国话语建设的讨论更为热烈。2018年6月9日,由中国外国文学学会比较文学与跨文化研究会、华中师范大学外国语学院、《外国文学研究》编辑部联合举办的"比较文学与跨文化研究的中国话语"学术研讨会在武汉召开。本次研讨会旨在推动学界同仁进一步交流比较文学与跨文化研究的新思想、新观点、新方法,构建具有中国风格的学术话语体系。来自中国社会科学院、上海交通大学、浙江大学等单位的200余位国内学者参加了研讨。

2)提出变异体理论

从关注"异"开始,到系统化变异体理论的提出,中国比较文学走过了几十年的探索路程,这是在中国比较文学研究实践和国际交流的语境中发生的。最初叶维廉发表文章提出,东西文学各有一套自己的"模子",不同"模子"之间存在着差异。之后,严绍璗在1985年研究日本"记纪神话"模式和中国文化关系时提出"变异体"的概念。1992年谢天振在翻译研究中发现了译文的"创造性叛逆"现象。1995年王向远在论述新感觉派时指出了日本新感觉派及其在中国的变异。不过，这些对"异"的发现都只出现在各自研究的具体实践中，还没有提升到学科理论的层次。2002年在"北大—复旦比较文学学术论坛"上，严绍璗进一步推进了关于变异体的研究，提出了独特的方法论："沿着'原典文本实证'的观念和方法，从'解构'文学文本入手，又在多层面的'文化语境'中，通过'中间媒体'和'变异体'，再'二次复原'文学文本。"这一理论方法论在学界引起了众多关注与讨论，其内容不断丰富，并在比较文学研究中发挥着越来越重要的指导作用。

3）建构译介学理论

作为中国比较文学的一个分支学科，译介学理论是另一个体现中国比较文学话语的突出成就。谢天振于20世纪90年代在汉语学术界创立译介学理论，他先后出版了《比较文学与翻译研究》(1994)、《译介学》(1999)、《翻译研究新视野》(2003)、《译介学导论》(2007) 等一系列著作，系统论述了翻译文化研究的新观念、译介学理论的历史背景与现实意义、文学翻译的创造性叛逆、翻译文学的文化归属、翻译文学史书写等理论问题，由此基本完成中国译介学理论的建构，引发了学界的持续关注和讨论，不仅使比较文学学科中的翻译研究成为热点，还在翻译学、中国文学乃至整个外国文学学科产生了广泛的影响。仅从近十年来国内人文学界有关翻译问题的学术会议和重要科研项目就可以看出，发起或主办相关翻译学术会议的学科与机构，以及参与或主持相关研究课题的学者，已经从翻译界、比较文学界扩大到中国文学界和外国文学界，乃至其他学科。总之，无论就学术成果、理论建树还是学术影响而言，译介学已经成为汉语学界中与国际翻译研究相对、具备自身关键学术话语的一个新兴学科领域。

1.4.3.3 存在的问题

比较文学与跨文化研究方向存在两大问题：一是学科建设（包括师资

队伍、教材建设）有待进一步加强，二是理论创新能力需要进一步提升。后者是重点。目前国内学者的论著仍然以对国外理论的验证性或修正性研究居多，基于本土实践的理性反思尚不充分；立足本土实践的开拓性理论建构虽已开始，但成果有限，国际影响力也较小。希望未来能有所突破。

1.5　中国国别与区域研究 70 年：回顾与反思

1.5.1　引言

近年来，国别与区域研究已成为我国哲学社会科学中的一门显学，这不仅得益于新时代我国深入参与全球治理的现实需要，也根植于我国学者与时俱进、探索与构建中国特色知识体系的学术自觉之中。国别与区域研究的迅猛发展，引发了学界的广泛讨论。例如，有学者乐观地认为，中国的国别与区域研究已进入长期繁荣的新阶段，不过，另一些学者则谨慎地指出，当前我国的国别与区域研究仍然缺乏理论创新和学科融合；有学者倡议开创 21 世纪国别与区域研究的中国范式，但也有学者认为现阶段提出范式革命为时尚早。无论如何，可以肯定的是，中国的国别与区域研究正在向前、向好发展，因为众多学术思想与观点的交锋和碰撞，不仅意味着这一学科或者说这一学术领域正在逐步走向正轨、走上成熟，更意味着国别与区域研究获得了知识体系创新的重要动力。

国别与区域研究的学科地位问题，无疑是国别与区域研究争论的一大焦点，也是其发展面临的一个重大问题。不少学者希望国别与区域研究能够自立门户、自成体系，因此建议将其升级为一级学科；反对者则坚称国别与区域研究还算不上一门学科，只能算一个涵盖面广、包罗万象的知识领域。还有学者提出，要明确国别与区域研究的学科地位，当务之急在于厘清其具体的研究内容，尤其是要明确国别与区域研究和外国语言文学研究之间的关系。事实上，国务院学位委员会已于 2013 年将国别与区域研究确定为外国语言文学一级学科下面的五大研究领域之一，并提倡其与国际政治、国际经济、国际法等相关学科交叉渗透。

由此可见，作为从传统学科孵化出来的新领域，国别与区域研究尚未完全取得独立的学科地位，其研究内涵与外延也还需要达成进一步共识；而从外国语言文学这一学科角度开展的国别与区域研究，与从其他学科角度开展的国别与区域研究相比，既有共同之处，也有各自的特色。因此，本部分将结合国别与区域研究的学科内涵和特性，从学科发展的时空维度对其在中国的演变历程进行回顾，着重剖析其现有的知识体系，总结外国语言文学学科框架下国别与区域研究已取得的成就并反思其不足，以便为进一步探索外国语言文学学科下的国别与区域研究的知识体系创新奠定基础。

1.5.2 中国国别与区域研究 70 年回顾

1.5.2.1 国别与区域研究的概念阐释与学科特点

正所谓名不正则言不顺。由于国别与区域研究牵涉的学术范围广、学科领域多，故学界使用的名称也是五花八门，虽然它们指涉各有侧重，但这不利于国别与区域研究知识体系的构建。因此，本文建议学术界统一使用"国别与区域研究"这一称谓，一是因为该名称已被国务院学位委员会、教育部高等学校教学指导委员会等官方机构认可（国务院学位委员会第六届学科评议组 2013：49-50；教育部高等学校教学指导委员会 2018：90-93），具有权威性；二是因为该名称所包含的研究对象由小及大（从国家到地区），符合学术研究的普遍逻辑，具有科学性。[1]

在解决了国别与区域研究名称的规范性问题后，接下来需要进一步厘清这一概念的内涵与特点。国别与区域研究，从广义上讲，就是针对中国以外的某一国家或者区域开展全面、综合、深入的研究，研究对象通常

---

1 对于"国别与区域研究"的正式英文译法，学界尚未达成共识：有学者建议将"国别与区域研究"翻译成 International and Regional Studies；也有学者认为用 International and Comparative Studies 更合适；还有学者主张删繁就简，直接用 Area Studies 表示。从凝聚学科共识、符合国际惯例、利于对外传播的角度统一"国别与区域研究"的译名，将有助于外国语言文学知识体系的构建与创新。

包括特定国家或者区域的历史、地理、政治、经济、人文、社会、外交等领域。国别与区域研究源于本国或本地区了解外部世界的实际需要，它既是对外部世界的知识性探索，也是对对象国或对象区域的规律性认知，并往往服务于本国或本地区在特定历史条件下的对外战略和社会发展。从狭义上讲，《学位授予和人才培养一级学科简介》在外国语言文学的学科内涵部分中对国别与区域研究进行了如下定义：

> 国别和区域研究借助历史学、哲学、人类学、社会学、政治学、法学、经济学等学科的理论和方法，探讨语言对象国家和区域的历史文化、政治经济社会制度和中外关系，注重全球与区域发展进程的理论和实践，提倡与国际政治、国际经济、国际法等相关学科的交叉渗透。（国务院学位委员会第六届学科评议组 2013：50）

不难看出，无论是广义的国别与区域研究，还是狭义的、专业性更强的外国语言文学学科框架下的国别与区域研究，跨学科性都是其最鲜明、最重要的特点。国别与区域研究内容极为丰富，既要研究特定国家、特定区域的各个方面，也要研究不同国家、不同区域之间的联系与差异，因此很少有学者专家能做到"全知全能"。换言之，国别与区域研究的包罗万象，需要研究人员不囿于传统的学科门户界限，以跨学科的视野综合运用哲学社会科学领域的多种学科知识，同时积极借鉴相关学科的理论与方法，尤其注重学科之间的优势互补、相互融合。然而，需要指出的是，强调国别与区域研究的跨学科特征，并非是要研究人员盲目开展"多学科"的研究，而是鼓励研究人员首先尝试从自己得心应手的单一学科视角切入，然后由点及面、有序地扩展学科领域，如此方能使研究行稳致远。

国别与区域研究的另一显著特点，在于无论开展什么性质、范围的研究，都需要用到对象国语言。具体而言，用对象国语言进行国别与区域研究，一是能够及时、直接地了解有关对象国的一手资料并加以利用，而无需再从由中文（或英文）转译过来的资料中筛选、汲取所需内容；二是能够在对象国开展实地调研，广泛和深入地了解当地的民情、舆情和国情。一言以蔽之，对于对象国语言的精通熟练程度，决定了开展国别与区域研究的深度和效度。进而言之，外国语言文学学科下的国别与区域研究，与政治学、历史学等学科下的国别与区域研究相比而言，有一个明显的差别或者说特色，即前者是基于对象国语言的拓展性研究（李晨阳 2019：145）。换言之，外国语言文学中的国别与区域研究，更加善于运用对象国语言来研究问题，特别是善于既用英语又用其他外语开展研究，在研究过程中语言既是不可或缺的工具，也是外语学科的特色与先天优势，更是开展跨学科研究的基础。

除显著的跨学科性与运用对象国语言进行研究的必要性之外，有学者还归纳了国别与区域研究的其他特点，例如全面性、深入性、及时性、政治性，等等（郭树勇等 2019：2-5）。了解这些特点有助于我们进一步把握国别与区域研究的内涵，但囿于篇幅，笔者在此不作更多讨论。在阐明国别与区域研究的概念和特点之后，接下来我们将依循历史的脉络，从头认识国别与区域研究在中国的发展历程。

1.5.2.2 国别与区域研究的历史演进与地域分布

虽然国别与区域研究的概念源于近代西方，但其有关记载在中国却古已有之，最早可追溯到先秦时期的《国语》和西汉司马迁的《史记》。鸦片战争以来，林则徐的《四洲志》、魏源的《海国图志》、徐继畬的《瀛寰志略》以及梁启超的《新大陆游记》等具有启蒙意义的著作（郭树勇等 2019：1-2），尽管不具备较强的专业性和学术性，但无疑都是引领国人"睁眼看世界"、进行国别与区域研究的先锋之作。

广义上的国别与区域研究在中国虽然发端较早，但发展较缓，主要是因为国别与区域研究的兴衰与国家的发展要求和战略需求息息相关。中华人民共和国成立以来，我国的国别与区域研究经历了一个较为曲折的发展过程，其发展阶段具有鲜明的时代性。概括而言，国别与区域研究在新中国的发展可大致划分为三个阶段，分别是新中国成立后至改革开放前的萌芽与起步阶段，改革开放后至 20 世纪末的探索与发展阶段，以及进入 21 世纪后尤其是党的十八大以来的开拓与创新阶段（任晓 2019：59-77）。

第一阶段，受中华人民共和国成立初期面临的恶劣外部环境，以及"打扫干净屋子再请客"的外交方针的影响，国内设立的专门研究外国的机构很少，其中较有代表性的是1956年成立的中国科学院国际关系研究所（即中国国际问题研究院的前身）和1960年成立的上海国际问题研究院。20世纪60年代初期，国际形势的变化与中国领导人的重视，为国别与区域研究的发展创造了机遇，尤其是1963年中央外事小组呈递的《关于加强研究外国工作的报告》获得了党中央的首肯。以此为契机，60年代中期，国家在相关部委、重点高校与沿边省份布局了一系列国别与区域研究机构。但不久之后因受到"文化大革命"的冲击，国别与区域研究在接下来的十余年间几乎停滞不前。

第二阶段，改革开放以来，由于国家越来越重视国别与区域研究，并且不断加大对这一领域的投入，新的国别与区域研究机构不断涌现，其中最具代表性的无疑是中国社会科学院先后成立的一系列国际问题研究所（分别是成立于1961年的西亚非洲研究所和拉丁美洲研究所，成立于1964年的世界经济与政治研究所，成立于1965年的俄罗斯东欧中亚研究所，以及成立于1981年的欧洲研究所、美国研究所和日本研究所），这些研究所无论从国别与区域的研究覆盖面，还是研究人员的专业化程度层面，都极大增强了中国的国别与区域研究力量；同时，全国的重点高校也纷纷建立国别与区域研究中心，例如复旦大学于1985年、1990年和1992年先后成立了实体性的美国研究中心、日本研究中心和朝鲜韩国研究中心，各研究中心均设有专门的行政办公场地。总体而言，20世纪的最后20年，中国的国别与区域研究迎来了恢复性发展，但在取得明显进步的同时也面临着人才、经费和出版等方面的难题。

第三阶段，进入21世纪后，中国的国别与区域研究迎来了快速发展时期，尤其在教育部的大力推动下，高校的系统性国别与区域研究整体迈上了新台阶。自1999年始，教育部先后在全国范围内建立起多个国别与区域研究的重点研究基地，设立一批国别与区域研究的培育基地，有力地促进了国别与区域研究在高校的发展。党的十八大以来，中国特色大国外交新时代的开启、周边外交的新实践以及"一带一路"倡议的实施,为国别与区域研究的创新勃发提供了新的历史机遇。2017年,教育部发布《国别和区域研究中心建设指引(试行)》,明确了高校开展国别与区域研究的重大政治和战略意义,强调了高校国别与区域研究中心"咨政服务"的宗旨。在此背景下,中国的国别与区域研究进入了一个新的历史时期,新的研究机构如雨后春笋般涌现,研究成果呈"井喷式"爆发(李晨阳2019:143),研究的范围也将逐步实现对全世界所有国家与地区的"全覆盖"。

回顾国别与区域研究在中国的演进历程,我们不难发现,实体性研究机构的成立与建设,是推动和引领国别与区域研究发展的重要力量。正如教育部《国别和区域研究中心建设指引(试行)》中定义的,国别与区域研究中心应指"高校整合资源对某一国家或者区域的政治、经济、文化、社会等开展全方位综合研究的实体性平台"。[1] 据笔者粗略统计,截至2021年底,全国大约有国别与区域研究相关机构600余家,其中外语类院校下设的国别与区域研究机构超过100家,研究机构的地域分布呈现整体发展不平衡的态势(见图1.9)。

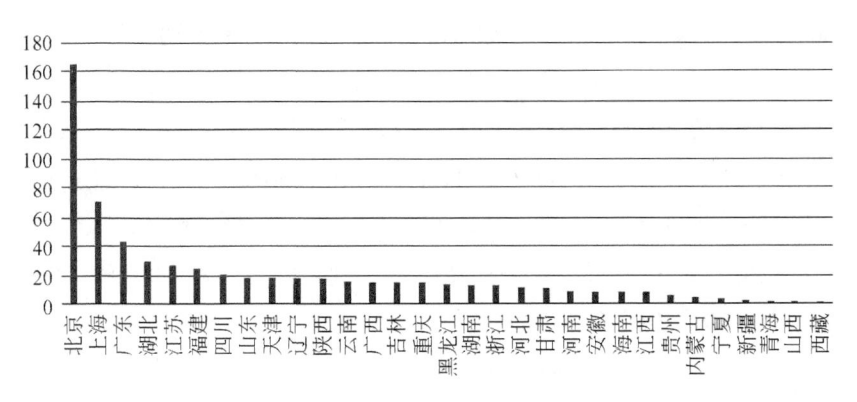

图1.9 我国国别与区域研究机构的地域分布(笔者根据相关数据自制)

事实上,在上述600余家国别与区域研究的相关机构中,真正设有

---

[1] 参见《教育部办公厅关于做好2017年度国别和区域研究有关工作的通知》,http://www.moe.gov.cn/srcsite/A20/s7068/201703/t20170314_299521.html(2019年12月1日读取)。

实体研究场地的机构并不占多数，而这些实体机构中也有不少研究中心或者基地并没有配备专职科研人员与资金，因而难以产出高水平的科研成果，这无疑是阻碍国别与区域研究长期可持续发展的一大隐患。

国别与区域研究地域分布的另一特点，在于其具体的研究方向与主题较好地体现了各地高校和研究机构的区位优势与自身特色，形成了百花齐放、不拘一格的发展态势。由于国别与区域研究往往直接服务于中国外交的战略布局和需要，因此相关机构的研究对象大多集中于国家利益相关的问题，特别是与当地对外交往密切相关的国家或区域，研究内容也通常聚焦于这些国家或区域与中国和当地的外交和经贸关系。例如云南大学依托地理优势建成东南亚研究所、澜沧江湄公河研究中心、周边外交研究中心等一批国别与区域研究基地，开展南亚、东南亚相关国家的研究以及澜沧江—湄公河次区域研究；广西大学成立中国—东盟研究院和东南亚研究中心，开展中国—东盟关系及东南亚各国的研究；吉林大学成立东北亚研究院，主要开展东北亚区域经济、政治、历史、人口等方面的研究；等等。

与此同时，外语类高校也借助其自身在外国语言文学方面的学科优势，主动对接新时代国家对外战略需要，通过大力推动非通用语种建设、增设"一带一路"共建国家外语专业等路径，有力地促进了外国语言文学下国别与区域研究的发展。以北京外国语大学为例，学校始终以服务国家发展为己任，发挥外国语言文学的学科优势和语种众多的特色，通过成立亚洲学院、非洲学院以及新增开设非通用语课程等举措，积极探索外国语言文学和国别与区域研究融合一体的综合性建设模式，实现了从语言全覆盖到国别与区域研究全覆盖的创新发展。

综上所述，中国的国别与区域研究近年来取得了长足的发展，研究主体不断增多，研究队伍不断壮大，研究领域不断拓宽，研究职能不断拓展，尤其是越来越多的外国语大学发挥其语言优势，肩负起了国别与区域研究的重任，越来越多的外国语言文学专家和学者投身到国别与区域研究事业中。可以说，中国的国别与区域研究已真正成了一门跨学科、多语种的综合研究领域。然而，我国在国别与区域研究方面的国际学术地位，同其拥有 14 亿多人口、日益走近世界舞台中央的大国地位相比，尚存在较大差距，尤其是目前该领域在知识体系创新方面所取得的成果尚不足以为新时代中国特色的国别与区域研究提供理论的"说明书"与实践的"方法论"。因此，我们还需要进一步地深入思考，当下中国的国别与区域研究知识体系呈现出怎样的状态？国别与区域研究现有的成就与不足对于新时代中国特色国别与区域研究知识体系的构建与创新又有何启示？剖析外国语言文学下国别与区域研究现有的知识体系，应当能够为我们回答上述问题提供有益的参考。

1.5.3 中国国别与区域研究 70 年反思

1.5.3.1 基本成就

当代中国的国别与区域研究是在继承中国古代和近代，尤其是近代国别与区域研究传统的基础上，在中国共产党的领导下，结合不同历史时期我国革命建设和改革开放的阶段性使命，逐步丰富和完善起来的（郭树勇等 2019：11）。客观而言，我国国别与区域研究学科化、规范化、体系化的发展历史并不悠久，然而近年来取得的成就却令人瞩目。具体而言，国别与区域研究知识体系创新的成就主要体现在以下五个方面：

1）研究主题日益丰富。国别与区域研究的主题通常囊括了特定国家或地区的政治、经济、社会、历史和人文等众多方面。由于国别与区域研究直接服务于中国的改革开放大局和对外战略需要，因此其传统研究对象大多集中在与中国的国家利益和对外政策密切相关的国家和区域，如俄罗斯、美国、英国、德国、法国、日本、韩国等国家以及东南亚、东北亚、西欧、非洲等区域，研究内容则聚焦于这些国家或地区与中国的双边外交和经贸关系上。随着中国国家实力和全球影响力的快速提升，其海外利益迅速增加并日趋多元化，因此现阶段国别与区域研究的对象进一步扩大到例如中东欧、拉丁美洲、大洋洲、南太平洋、北极地区、南极地区等区域，而国别与区域研究也真正成了一门覆盖多学科和全世界的综合性研究领域。

2）研究方法日趋多元。国别与区域研究的传统研究方法包括历史叙述、历史比较、档案研究、个案研究、实地调研访谈，等等。由于国别与区域研究往往涉及社会科学的诸多领域，如政治学、社会学、新闻传播学、经济学等，因此社会科学领域的研究方法也日渐被纳入国别与区域研究方法的范畴，尤其是田野调查、问卷调查和统计建模分析正在得到更广泛的应用。

3）理论探索逐渐深入。由于国别与区域研究是针对特定国家或区域开展的多学科和跨学科的综合研究，具有极强的政策性和应用性，因此从传统学科意义而言，它先天"理论不足"，往往在研究过程中需要借用其他学科的理论。然而，中国的国别与区域研究进入创新发展阶段以来，尤其得益于外语类高校的语言优势，在理论创新上已取得了一定的成就。例如，北京外国语大学的孙晓萌结合非洲土著语言与殖民统治的批判性理论分析，大连外国语大学的常俊跃等人结合英语专业服务国家对外战略和国别与区域研究课程体系建设的创新实践等，都体现出外国语言文学学科下国别与区域研究理论探索的逐渐深入。

4）学科视野持续开拓。由于国别与区域研究这一学科定位的特殊性，它与其他学科的一个本质区别在于，作为对某个地理单位开展的多学科和跨学科研究，国别与区域研究天生就具有宽广的学科视野。在起步和探索阶段，中国的国别与区域研究学科视野主要局限在政治学、历史学和国际问题研究等领域，研究内容聚焦在相关国家或区域的内政与外交上面。而进入开拓与创新发展阶段后，其学科视野已经扩大到语言学、文学、社会学、传播学、经济学等领域，并逐渐拓展到国家安全、国际组织和全球治理等新兴交叉领域和重点领域。

5）社会影响不断扩大。国别与区域研究的社会价值主要体现于三个方面：首先，它体现在"咨政服务"上，即通过政策咨询、调研建议等形式直接服务国家战略的现实需要；其次，开展国别和区域研究有助于培养精通对象国语言和国情的优秀人才，进而为我国的对外开放提供智力支持；最后，国别与区域研究的开展本身亦是中国对外交往和人文交流的重要载体。事实上，外国语言文学学科下的国别与区域研究近年来在发挥智库作用、培育国际化人才和促进中外人文交流等方面的积极影响均在不断扩大。

1.5.3.2 经验与问题

然而，当下国别与区域研究繁荣发展的表象却隐藏着一个令人困惑的问题：中国现有的国别与区域研究在多大程度上破除了对西方知识体系的依赖，构建了中国特色的知识体系？事实上，我国的国别与区域研究还存在众多明显的缺陷。例如，学术成果数量还不够，质量也有待提高；外国语言文学学科中从事国别与区域研究的人力不够，高层次研究人才更少；等等。具体来说，就国别与区域研究的发展动力和知识体系构建而言，我国国别与区域研究当前存在的不足可归纳为以下九个方面。

1）理论指导需要加强。当前中国的国别与区域研究仍然存在一定的西化倾向，在研究过程中也流行运用西方尤其是美国的理论研究与中国有关的问题，立足中国实际的开拓性理论构建仍处于摸索阶段。另一方面，国别与区域研究的跨学科性和综合性，决定了任何单一的理论都无法涵盖所有的国别与区域研究方向。然而，这并非意味着国别与区域研究不需要理论的指导。恰恰相反，构建中国特色国别与区域研究的知识体系，必须始终遵循习近平新时代中国特色社会主义思想，用"四个意识"导航，用"四个自信"强基，用"两个维护"铸魂。这既是构建具有中国特色的国别与区域研究知识体系的基本要求，也是广大国别与区域研究学者开拓创新性知识、提出原创性观点的信心源泉。

2）学科定位需要明确。从学科建设来看，国别与区域研究尚未取得应有的、明确的学科地位，在外国语言文学的学科框架中也不占主流，研究的内涵与外延还需进一步统一共识。国别与区域研究学科归属的纠缠不清，导致研究力量不集中，分散在高校的不同院系和学科。例如，研究美国问题的学者往往分属外国语言文学、历史学、政治学、法学和教育学等不同学科，学科间相互隔阂、方向各异，难以形成合力、优势互补，不能拼出一幅真实反映美国方方面面的"全息图"。

3）学科融合需要深入。中国的一些国别与区域研究学者通常满足于具体的研究问题，长于观点的归纳总结却不擅长学理性的分析，甚至不知如何运用相关学科的概念进行深入研究（李晨阳 2019：153）。然而国别与区域研究作为跨学科、跨领域的综合性研究，理所当然要求研究者统筹运用人文社会科学中各个学科的理论与方法，全方位、多角度地就某个国家或区域的某一方面进行全面、系统的研究。另外，虽然国别与区域研究的跨学科性毋庸置疑，但目前跨学科研究的发展仍处于初级阶段，更多是对相关学科术语、理论或模式的简单迁移，缺乏对知识和理论的深度阐释。因此，在外国语言文学学科框架下构建和创新国别与区域研究的知识体系，势必要更加注重外国语言文学学科与相关学科的交叉渗透、深入融合。

4）学科传统需要挖掘。当前外国语言文学学科下的国别与区域研究对中国国别与区域研究历史传统的系统性梳理远未到位，对中国传统特色研究的现代化阐释与深度挖掘明显缺位。事实上，新中国成立以来，尤其是改革开放以来，外国语言文学领域从事国别与区域研究的专家和学者留下的重要论述和代表性著作，对推动新时代中国特色国别与区域研究知识体系的构建和创新，无疑具有重要的启示意义和参考价值。因此，下一阶段应当重视圈定相关领域的专家学者，把他们的观点、主张、成果予以认真提炼。

5）基础研究需要夯实。虽然"咨政服务"、为国家战略需求提供智力支撑是开展国别与区域研究的原动力，然而如果没有可靠的基础研究作为根基与支撑，任何性质的建言献策都只会沦为"纸上谈兵"，甚至误国误民。国别与区域研究理应是对某一国家或地区进行的全面了解和深入研究，但现阶段不少研究往往浮于表面、重宏观而轻微观，无法真正认知该国家或地区表象背后的规律性、深层次变化，例如 2016 年美国大选时，国内绝大部分美国问题专家对特朗普能否当选的误判便根源于此。因此，国别与区域研究中的基础研究和对策研究应齐头并进、相辅相成，而不应顾此失彼、有所偏废。归根结底，构建国别与区域研究的知识体系，必须把基础研究做实做细，不能只研究某个国家或地区的政策脉动和军事安全，还要懂得这个国家或地区的语言、历史、文化、社会与宗教等基础知识。

6）外语能力需要提高。外语能力是开展国别与区域研究的基本保障和先决条件。目前存在两种情况：一是有部分专家理论水平和分析能力突出，但不掌握对象国语言，研究中主要依赖二手的英文资料甚至三手的中文资料，导致其研究结论往往以偏概全；另一类专家能够熟练运用对象国语言，也有在对象国长期生活、实地调研的经历，然而缺乏必要的学科训练，不能跨学科地运用相关理论和方法开展研究。随着我国参与全球治理的程度不断提高，研究非英语国家的需要不断增加，语言能力欠缺制约研究水平的问题可能会更加突出。因此，国别与区域研究人员必须补上外语能力短板，而外国语言文学学科下的国别与区域研究无疑是培养既通晓对象国语言又精通跨学科研究的复合型学者的有效途径。

7）服务决策需要落实。外国语言文学学科下的国别与区域研究是具有很强实践性的研究领域。然而，从服务决策的角度来看，国别与区域研究目前所提出的咨询报告、对策建议与国家战略的紧迫需要还存在一定差距，尤其是对解决国家遇到的重大现实问题、突发公共事件、国际安全合作、国际组织融入、全球治理改进的针对性不强，有些建议的精准度、可信度需要进一步提高。另外，国别与区域研究也尚未实现对重大课题、重要领域的全覆盖，空白研究领域仍然很多。因此，在国别与区域研究知识体系创新的过程中，研究人员必须尽量抓住我国现在和未来最急需了解的方面、最需要破解的问题、最应当把握的事实、最期待借鉴的做法来策划选题、展开研究。

8）研究手段需要更新。世界局势风云诡谲的新变化、科技革命瞬息万变的新发展，都为国别与区域研究带来了新挑战。一方面，全球化导致区域内的跨国性问题层出不穷、区域间互动增多，恐怖主义和民粹主义兴起带来的跨地区挑战更是模糊了传统国别与区域研究的界限。国别与区域研究过去仅聚焦单一国别或单一区域的研究范式已无法适应时代的变化，区域比较研究亟须加强。另一方面，国别与区域研究传统的手工作业方式，已不能适应大数据时代信息爆炸化和科技智能化的发展，相应的研究手段还需要尽快更新换代，研究人员要学会运用先进科技手段分析数据、开展研究。

9）人才培养需要创新。外语是开展任何形式的国别与区域研究都不可或缺的根基，外语学科和国别与区域研究之间具有天然的同盟关系。因此，创新构建中国特色的国别与区域研究知识体系，必须首先探索外语学科下国别与区域研究人才培养模式的创新。现阶段我国外语学科下国别与区域研究人才培养模式主要存在以下问题：（1）学科定位和归属不够明确；（2）对接国家战略需求不够紧密；（3）高水平复合型人才培养缺口还比较大；（4）仍存在过度重视大国和西方发达国家、相对忽略广大发展中国家（尤其是"一带一路"共建国家）的发展不平衡状况，对急需了解的关键国家的研究还不够深入与全面；（5）外语学科现有专业设置与师资储备无法满足新形势和新要求。因此，外语学科下国别与区域人才的培养具有极大的发展空间，必须以人才培养模式创新为抓手，推动外语学科更主动地对接国家战略，更积极地适应推进全球治理和"一带一路"建设的要求和需求，进而实现外语学科下国别与区域研究人才培养与新时代中国大国发展实践的更紧密的融合，同时推动中国特色的国别与区域研究知识体系的构建。在推动外语学科下国别与区域研究人才培养模式创新的过程中，必须重视学科内部的协调培养和跨学科知识结构的构建，着力探索复语型、复合型的高端国别与区域研究人才的培养模式。

总而言之，虽然国别与区域研究作为学科领域源于西方，但是构建中国特色的国别与区域研究知识体系既是让世界正确认知当代中国的迫切需要，也是破除西方话语霸权、实现中西文明平等对话的必然选择，更是中国学者回应时代呼唤、责无旁贷的使命。国别与区域研究无疑是与党的创新理论，尤其是与习近平外交思想实践联系最紧密的外国语言文学学科方向，也是构建新时代中国特色的外国语言文学学科知识体系的重中之重。如何在习近平新时代中国特色社会主义思想的全局统领下，从外国语言文学知识体系的整体构建出发，充分利用国别与区域研究的知识和理论，重组和更新现有学科领域及其相互联系，从而创新构建一个强大且富有生命力的国别与区域研究知识体系，是需要我们继续深入思考的问题。

第二章
中国外国语言文学学科研究 70 年：创新成果及贡献

2.1 中国语言学研究 70 年：创新成果及贡献

2.1.1 中国理论语言学研究 70 年：创新成果及贡献

2.1.1.1 创新标准和成果案例筛选的依据和方法

"理论语言学知识体系创新"指既有的关于人类语言的本质、共同规律和普遍特征的系统化认识，诸如概念、命题、范畴、假定、理论、方法等不能完全反映新的语言事实，或有效解决新的语言问题，需要在充分观察、分析和描写新的语言问题或现象的基础上，提出新的理论假设并进行充分解释和验证，以构建新的有效知识体系的认识过程。

理论语言学知识体系研究子课题组结合上述关于理论语言学知识体系创新的一般性定义、大课题组关于知识体系创新标准的解读、国内外语界理论语言学知识体系创新发展的实际情况以及专家咨询组的建议，提出界定理论语言学创新成果的四类原则：第一类是开创性研究，即成果较早引介某语言学理论的观点，并促成了相关学科理论在国内的发展，在学科建设中起到了开拓性作用；第二类是创新研究，即成果立足中国的语言事实，解决中国本土的语言问题，不拘泥成说，并对国外理论进行了修正、破立、重构、阐释和发展；第三类是原创性理论，即成果提出了新概念、新思想、新命题、新范畴、新理论，且在国内有较大影响，在国际上得到认同和关注；第四类是原创方法，即成果在某一研究领域提出了新的方法，且在该研究领域的国际范围内具有重大创新意义。

在上述标准和分类原则的指导下，理论语言学知识体系研究子课题组召集相关学者，组成理论语言学知识体系创新研究专家咨询组（包括胡壮麟、潘文国、黄国文、王文斌、程工、张辉、冉永平七位教授），邀请专家咨询组提名创新成果并阐释入选理由。同时，理论语言学知识体系研究子课题组借助 CiteSpace 软件对相关学者的 SSCI 和 CSSCI 发文情况进行知识图谱分析，并结合其学术著作的出版情况以及成果整体影响力拟定参照名单，以此实现筛选判断的多元互证。最后，理论语言学知识体系研究子课题组邀请相关学者总结个人在理论语言学研究领域的创新成果及贡献。

结合专家咨询组的建议，下文创新成果的排列主要关照三点：一是语言研究在前，语言哲学研究在后；二是所属理论流派的创立时间，早一些的在前，晚一些的在后；三是同属一个理论流派的，开启国内研究的在前，后续研究在后。

2.1.1.2　创新成果及贡献一览

2.1.1.2.1　生成语法与国内研究（宁春岩）

宁春岩是我国最早引介生成语言学理论的重要学者之一。1983 年，他在黑龙江大学组织发起我国首届生成语法学术会议"第一届哈尔滨国际生成语法研讨会"，1987 年组织召开"第二届哈尔滨国际生成语法研讨会"。作为我国形式语言学研究会的主要创始人，他多次组织国际形式语言学研讨会。该研讨会自 2000 年起成为我国专门致力于生成语法研究的国际学术会议，每两年一次定期召开，现已召开九届。

应乔姆斯基邀请，1983 至 1984 年，宁春岩以富布莱特学者身份在美国麻省理工学院语言学与哲学系作访问学者；1987 至 1989 年在康奈尔大学语言学系师从国际著名生成语法学家黄正德教授,攻读语言学硕士学位;1991 至 1993 年在加州大学尔湾分校语言学系师从黄正德教授,攻读语言学博士学位。获得博士学位后回国,先后在广东外语外贸大学、湖南师范大学、香港城市大学、湖南大学、香港中文大学、天津师范大学等单位从事生成语言学教学和研究工作至今。

自 1982 年始,宁春岩先后发表生成语法介绍性及研究性论文 60 余篇,出版专著 3 部,承担国家社会科学基金项目"形式语言学研究"(一般项目)、"生物语言学概论:理论、方法及课题"(一般项目)、"儿童语言(普通话)能力检测量表"(重点项目),与人合作研究并发表 "Research to establish the validity, reliability and clinical utility of a comprehensive language assessment of Mandarin"(2017)、《"梦想"普通话标准化评估在听障儿童语言测试中的应用》(2015),在国际形式语言学会议上宣读论文 9 篇,培养生成语法博士生 11 人、硕士生近百人。其中,他所培养的生成语法博士生已经成为我国语言学界生成语法领域的主要研究者和博士生导师。他是博睿(Brill)出版社出版的《中国语言暨语言学百科全书》(*Encyclopedia of Chinese Language and Linguistics*)中 "Acquisition of semantics, L1"(Ning 2017a:63-68)和 "Generative grammar in China's mainland"(Ning 2017b:285-289)词条编写者,2014—2016 年曾出任中国形式语言学专业委员会会长。

2.1.1.2.2　汉语研究与生成语法理论发展(徐烈炯)

徐烈炯主要是在乔姆斯基创建的生成语法框架下从事句法理论研究,但他不拘泥成说,对当时有广泛影响的管辖与约束理论中的一些热点话题发表了独到的见解。1)他在研究话题结构的几篇著作中指出,汉语等东亚语言中的话题句可以呈现出与英语等印欧语不同的机制,这些语言中与话题相关的空语类不可能都是因句法移位而产生的。2)他指出,疑问句中所谓的疑问词逻辑式移位更是在不全面的语料基础上,经过不必要的复杂化提出来的。3)他还对代词,尤其是反身代词和隐性空代词,作了深入的研究,指出研究者广泛使用的乔姆斯基约束三原则以及空语类四分法没有充分涵盖汉语事实。他认为,选用显性成分还是隐性成分这一问题在有些情况下要涉及词汇、语法和语篇等多方面因素;在一系列关键问题上,研究者不仅要追求句法完美,也要充分尊重语言事实,这样才能使一些普遍语法的解释真正具有普遍性。

徐烈炯是最早介绍当时国际语言学主流理论即生成语法理论的中国学者之一,也是最早赴生成语法的发源地与各国学者合作研究的中国学者之一。他回国后发表了一系列文章,出版了一系列专著,帮助国内语言学界正确了解生成语法,带领青年学者组成研究团队,促进国内外学术交流。他同时通过论文、讲学、报告、授课等形式将自己的研究成果介绍给国外同行。他的一些论文发表于国际语言学界的顶尖刊物,例如美国语言学学会的《语言》(*Language*)。他在同样享有盛誉的由麻省理工学院出版的刊物《语言学研究》(*Linguistic Inquiry*)也发表了论文,为我国的语言学同行打破了零的纪录。这些论文使世界各国同行认识到,创建普遍语法时有必要更全面地考虑汉语语料。

2.1.1.2.3 汉语研究与生成语法理论完善(石定栩)

石定栩认为生成语法是一种基于语言共性的普遍语法,其原则和规则可以用来分析汉语现象,但需要按照汉语的个性加以增删、修改,前提是要对汉语现象进行深刻的认识、精准的抽象,在已有框架内作出合理的解释,并依此对现有理论加以修订。其主要学术贡献如下:

1)运用生成语法研究汉语。石定栩的贡献之一是其所进行的话题句研究,他提出汉语句子的基本结构并没有超出普遍语法的框架;话题的原始位置在小句内部,只是为了满足话语需求而移到了句首位置,有些句子成分可以因为主题链或其他话语效应而省略,但不会出现与小句没有关系的话题。其贡献之二是坚持汉语的词可以分类,分类的标准是词的语义,他认为可以根据语义归纳出词的句法功能。在此基础上解决了汉语词类划分中的一些难题,如动词性成分充当主语、宾语时的句法地位,动词、名词直接修饰名词时的地位,以及名词性谓语的本质。

2）对汉语现象的研究，尤其是对汉语句末成分的研究，促进了生成语法理论的发展。在传统汉语语法中，当句末成分是助词时，助词只表示说话人的语气而没有实际意义。在生成语法理论下，句子成分不包括句末助词，句子中也没有句末成分的结构位置，这是因为印欧语中基本上不存在具有固定功能的句末成分，更没有几个句末成分按照某种顺序在同一个句子中共现的情形，以印欧语规律为基础的生成语法自然不会提供现成的解决办法。他对分层 CP 和分层 vP 理论加以修改，并用此来分析各种不同的句末助词，既解决了汉语的问题，也促进了生成语法的发展。

3）他对生成语法的另一个贡献涉及对汉语主观副词的研究。汉语语法学界将"根本"之类的副词归入虚词类别，将"迅速""飞快"等分析为状态形容词状语；在生成语法框架下副词短语是没有独立地位的附加语。"根本""偏偏""往往""总""竟然"等副词实际上表示说话人的态度，用来对小句命题加以判断或评价。关于副词，生成语法没有提供现成的分析方法，因为印欧语中相应的成分被处理为与小句无关的插入语。通过对汉语主观副词的研究，石定栩对生成语法下的句子结构进行了创新性修正。

2.1.1.2.4 汉语研究与语言的共性及个性探讨（程工）

程工长期在生成语法理论框架下从事跨语言结构比较研究，涉及句法学和形态学两个领域。他是国内培养的第一位以生成语法为主要研究对象的博士，第一位向国内介绍生成语法"最简方案"的学者，也是国内最早参照最简方案理论进行汉语研究的学者之一。其主要学术观点和贡献如下：

1）开启国内对语言共性与个性之间关系的系统研究。其 1999 年出版的专著《语言共性论》，是我国第一部系统讨论语言共性与个性之间关系的著作，也在当时国际上处于领先水平。该书讨论了为什么不同语言之间既有确定无疑的共性，又充斥着显而易见的个性特征，阐释了"语言是一个共性大于个性的系统"这个命题。与此同时，他在该书中分析了大量的汉语语料，实现了理论与实践的结合。该书得到了普遍好评，被列为近20年来外国语言文学高被引学术著作之一。

2）在对汉语形态构词的分析中走出了新的路子，起到了引领作用。他扬弃了专门设置形态（词法）来研究构词的传统路径，而采用句法构词论，即主张词内和短语内成分的组合都仅由句法机制完成，认为两者在相同的模块中生成，都可用常规的树形图表示。句法可以作用于词以下的单位，因此是构词的主体机制。他证明了构词成分需要通过句法操作并加以组合，构词推导需要遵守句法性的局部区域条件，即依据语段进行。

3）其对汉语语料的分析达到了很高的水准。他依托国际前沿理论，提出了不少既不同于西方当代学者，也有异于国内传统学者的分析。例如，对于汉语"自己"一词的指称特点，他基于对《左传》中"自"和"己"用法的穷尽性分析，将"自己"分析成一个复合词，认为"自"和"己"向"自己"贡献了各自的特点，从而造就了它在指称上的复杂性。又例如，在对汉语动结式复合词（如"跑累""晒死"）的分析中，他提出该类复合词的结果部分以轻动词 BEC 为核心，以表结果的词根为补足语，其标志语可由一个内论元填充。此外，动结式复合词涉及形态推导，使得两个成分发生了形态合并。这一分析首次实现了对动结式复合词和相应的连动结构的统一处理，另一方面也揭示了其与"得"字句的区别。

2.1.1.2.5　系统功能语言学与国内研究（胡壮麟）

在教学领域，胡壮麟于1981年暑假后，采用系统功能语言学理论为语言学方向本科生开设以"英语的语体"和"话语分析"为内容的课程；为文学方向的本科生开设以"（功能）文体学"为内容的课程；为语言学方向的研究生开设以"系统功能语法""功能语言学""交际语言学"等为内容的课程。

在科研领域，他出版了《系统功能语法概论》（合著，1989）、《语篇的衔接与连贯》（1994a）、《功能主义纵横谈》（2000）、《系统功能语言学概论》（合著，2005，2017）、《韩礼德学术思想的中国渊源和回归》（2018a）、

《新编语篇的衔接与连贯》(2018b)等论著,发表了60多篇以语言学理论为主题的论文。

他还在会议和学会发起、组织等方面作出了突出的贡献:1989年夏在北京大学召开首届系统功能语法研讨会;1995年7月在北京大学成立中国功能语言学研究会,任会长;同年,在北京大学召开第22届国际系统功能语言学大会;他曾被选为国际系统功能语言学学会国际委员会委员(1992—2002)。

其学术研究具有以下几个特色:1)自1983年起,在国内介绍韩礼德和系统功能语言学;深入讨论该理论的某些范畴,如语法隐喻、概率理论、意义的多模态建构、积极话语分析和批评话语分析的互补性等;不仅研究词法,也关注语义和语音系统;推动句子语法走向语篇语法。2)重视汉语研究,如汉语的语气系统、词序、语句和段落关系等研究;指导来自澳大利亚悉尼大学中国中心的学生爱德华·麦克唐纳(Edward McDonald)在北京大学英语系攻读硕士学位,为国外培养将系统功能语言学理论与汉语研究相结合的人才;1991年在日本东京举办的第18届国际系统会议(International Systemic Congress)上宣读论文《有关日语主位的若干问题》(Problems concerning theme in the Japanese language),推动日本功能语言学界的研究。3)自1991年起,提出韩礼德的理论渊源更多地来自中国学者,如王力、罗常培、高名凯等,也指出韩礼德受到中国革命的影响,善于用马克思主义的辩证唯物论来指导语言学研究。4)在学术研究态度方面,他一贯主张,研究者不应采取"唯我独尊""拉一派打一派"的治学态度,而是应在研究问题时,重点考虑何理论、何背景、何方法更为有效。为此,他积极拥护韩礼德在21世纪初提出的"适用语言学"理论。

2.1.1.2.6　和谐话语分析及翻译中的元功能对等原则(黄国文)

黄国文在系统功能语言学及生态语言学领域作出了突出的贡献。

1)他提出"功能语篇分析"(functional discourse analysis)涉及六个步骤(观察、解读、描述、分析、解释、评估),这形成了一种话语分析方法，这种分析方法被广泛应用于各种类型的话语和语篇分析中。这种方法后来被融入在中国语境下所构建的"和谐话语分析"（harmonious discourse analysis）中。和谐话语分析是外语研究本土化和问题导向的成果：其"哲学根源"是中国儒家文化和道家文化以及其他中华优秀文化；"研究目标"是探索语言与生态的相互关系和相互作用，揭示语言对各种生态关系（包括人类之间的生命可持续关系、人类与其他非人类有机体的生命可持续关系、人类与自然环境的生命可持续关系）的影响；"理论指导"是被称为马克思主义语言学的系统功能语言学；"分析步骤"是功能语篇分析涉及的六个步骤；"研究方法"是三维视角的（从上而下、从下而上、从周围环境）；"研究对象"是生态系统（包括社会系统）中的语言和语言使用与生态环境和社会环境之间的各种错综复杂的关系和相互作用。和谐话语分析中有一个称为"以人为本"的假定和三条原则（良知原则、亲近原则、制约原则），用于指导中国语境下的话语分析。和谐话语分析的提出，对于构建中国话语体系有着深远的意义。

2）率先在中国运用系统功能语言学理论研究翻译问题，尤其是古诗英译问题。他提出，可以采用系统功能语言学的元功能假说来考察翻译中译文与原文的对等过程，把经验功能对等、逻辑功能对等、人际功能对等、语篇功能对等作为衡量译文质量的标准。关于这四种功能对等的重要性，通过实例分析，他得出以下结论：经验功能对等最重要，其次是人际功能对等，接下来是逻辑功能对等，最不重要的是语篇功能对等。这就是"翻译中的元功能对等"概念。

3）在系统功能语言学理论框架下提出了功能句法分析的三个原则：以功能为导向的原则；多功能性原则；以意义为导向的原则。他认为功能句法分析的目的是考察形式是怎样体现意义的和形式分析是怎样为意义分析服务的。

2.1.1.2.7 语篇衔接与连贯一体化模式（张德禄）

张德禄以系统功能语言学为理论基础，构建了"语篇衔接与连贯一体化模式"，使语篇衔接理论与连贯理论融为一体，扩展了衔接与连贯研究的范围和视野。Halliday & Hasan（1976）提出了"衔接加语域"的语篇连贯理论框架，但把衔接的范围局限在语篇内部，把语篇和语境之间的衔接排除在外，因而难以解释语篇没有衔接机制但仍然连贯的现象。张德禄的研究构建了衔接和连贯一体化模式，利用语域与衔接共同确定语篇的连贯和连贯程度。

在研究视角上，该模式不是从衔接入手，而是以实现语篇连贯的条件为论述的基点。这样，控制语篇连贯的条件不完全在语篇内部，而是在多个层次上。该模式的基本框架是以语篇在语境中的作用为出发点，把语篇连贯的标准视为语篇在语境中实现最适切的交际功能，具有整体性特点，而衔接则从它构建的意义模式上实现这种功能，衔接机制从语言形式和分布模式上实现构建语篇连贯的意义，这样，语篇连贯需要满足两个核心条件：语篇的意义形成一个有机整体；语篇整体在语境中实现适切的功能。这样就需要把所有构建语篇整体意义的意义模式视为衔接，把实现衔接意义模式的机制视为衔接机制，把概念意义和人际意义之间的关系，跨类别、跨层次形成的意义关系，语言和其他模式形成的意义关系，语篇与语境的意义关系都作为衔接关系研究的内容，从而形成了衔接连贯一体化研究模式。该模式还探讨了衔接力、衔接关系类型和衔接原则等新的研究领域，有利于把语篇与语境的衔接纳入衔接与连贯理论框架中。

该模式研究形成了比较重大的成果，即专著《语篇连贯与衔接理论的发展及应用》（张德禄、刘汝山 2003）。该著作作为"外国语言文学高被引学术丛书"于 2018 年再版，并且被推荐到劳特利奇（Routledge）出版社出英文版（Zhang & Liu 2021）。张德禄发表相关论文 20 余篇，在 CSSCI 刊物上发表了书评，还有学者以《张德禄语篇衔接连贯研究的系统功能观及教学指导意义》（闵菊辉 2014）为题对该书的理论和应用价值作了比较深入的探讨。该书出版以来被大量引用，现已达到 2600 多频次。本研究曾获得 2002 年山东省社会科学优秀成果二等奖和 2003 年山东省高等学校优秀科研成果奖一等奖。

2.1.1.2.8 现在主义视野里系统功能语言学理论与应用拓展（彭宣维）

彭宣维致力于系统功能语言学理论及应用研究，其主要贡献体现在以下几个方面。

1）重构系统功能语言学模型，发展相应理论范式。第一，微观修正：根据研究传统，把主语纳入及物性范围，认为主语是及物性模式中体现基本参与者的名词词组，并重构和阐述了及物性系统。第二，中观增补：在人际功能的互动性和评价性的基础上，增添了权势范畴，指出词汇语法范畴是语体，确立了社会等级体系和权势语义系统的对应关系。第三，宏观拓展：鉴于学界致力于建立系统语法，忽略过程语法，其根据横组合可能涉及的范围将词汇语法上限从小句推到语篇，构建语篇的过程模型，指出语篇同时是语义和语法性质的。第四，另一个维度的宏观拓展：以批评话语分析和语用学为参照，以一致式和隐喻式及其连续统为基础，发展韩礼德的语法隐喻理论，系统构拟系统功能语言学的选择原则和策略系统，进一步体现它的适用性。最后，阐释认识论基础。根据韩礼德"过去寓于现在中"的基本观点，在体验性和长时工作记忆理论的基础上发展对现在主义的认识：现在是一种可以通过直接感知来加以确认的事件存续状态；过去分解后以基本元素和信息方式进入当下，是当下存续状态的充要条件，过去无外在对应实在，需通过记忆重构；将来是［现在过去］的现身潜势、所定方向与蕴涵范围，三者的关系为［现在过去（将来）］。这些努力拓展了系统功能语言学的理论前沿。

2）开展汉字和《说文解字》研究。建立汉字书写级阶系统的第一步——书写系统，研究《说文》词义的范畴化方式，拓展了系统功能语言学的应用研究领域。

3）创建评价文体学。以现在主义为基础原则，创建了评价文体学体系，阐述了以下观点：文学是以评价为特点、手段和目的的互动性艺术话语行为，文学性就是评价性，使文体学研究向前迈进了一步。

4）研制评价语料库。领衔研制了100万词次的评价语料库及其检索软件，尝试走出了一条大规模专业语料库的研制之路。

2.1.1.2.9 语言研究有机观及生态话语分析模式（何伟）

何伟致力于语言本体及对比研究，提倡功能语言学的融合、创新与发展；受复杂性科学思想的影响，强调语言有机观。借鉴生态学原理，将系统功能语言学理论拓展到生态语言学领域，创建"生态语法"，发展和构建了具有独立范式地位的"生态话语分析"模式，推动了新兴生态语言学学科的发展。

通过融合系统功能语言学领域的悉尼模式和加的夫模式，何伟对英汉句法现象进行了研究，构建了功能句法体系，见其与团队的论著《英汉功能句法专题研究》（2014）、《英语功能句法分析》（2015）、《汉语功能句法分析》（2015），以及其个人发表在《语言科学》（Language Sciences）、《语言学》（Linguistics）等期刊上的论文。何伟对经验功能重新进行范畴化，发展了及物性系统理论，见其与团队的论著《英语功能语义分析》（2017）、《汉语功能语义分析》（2017），以及其个人发表在《词》（WORD）等期刊上的论文。为更好地揭示语言的运行机制，何伟带领团队创建了规模达100多万字词的"英汉功能句法深度分析数据库"。

在此基础上，受复杂性科学思想的影响，何伟（2021）强调语言有机观：本体论上，语言是一个具有自然和社会属性的有机符号系统；认识论上，语言具有复杂性特征；方法论上，语言研究应采取下向、上向和环向三个路径。具体到语法描写与分析，何伟认为应采纳有机级阶思想、有机结构标准等，是简则简，是繁则繁。

何伟积极开展交叉学科、跨学科及多学科研究，推动生态语言学学科的发展。针对语言对环境的影响，何伟提出了"多元和谐，交互共生"生态哲学观；发展和构建了生态话语分析模式，指出该模式是在生态哲学观指导下的，基于功能取向的语言学理论手段，针对话语生态性的一种分析模式，目的是通过揭示语言对自然及社会环境的影响，提高人们的生态意识，改善人们的生态行为，促进生态系统的良性发展，也就是达到人与自然及社会的和谐共生。为推动生态话语分析的开展，何伟本人并带领团队借鉴生态学原理拓展了系统功能语言学三大元功能理论，构建了"生态语法"，发表了系列成果，包括专著《生态话语分析新发展研究》（2021）和《生态语言学探索》（2022）。

2.1.1.2.10 认知语言学国内研究及国际化进程（束定芳）

作为国内最早引进认知语言学的学者之一，束定芳在推动该理论流派在国内的发展及国内研究国际化方面，作出了突出的贡献。

1）积极推动认知语言学在国内的发展。2000年，束定芳出版了《隐喻学研究》，该书很快成为国内语言学领域一本高被引学术著作。2008年，出版了《认知语义学》。2013年，出版了《认知语言学研究方法》。以上著作为国内语言学界，特别是为汉语界中青年学者和研究生们提供了学习和了解认知语言学基本概念、基本理论和研究方法的文献资料。2001年，由束定芳任主编的《外国语》编辑部举办了首届中国认知语言学研讨会，国内近百位学者参加了此次会议，推动了认知语言学在中国的发展。2006年，在南京师范大学举办的第四届全国认知语言学研讨会上，中国认知语言学研究会成立，束定芳被推举为研究会会长。此后的十多年中，认知语言学研究会举办了多次研讨会，汇聚了全国外语界诸多的语言学中青年骨干，被誉为外语界最活跃的学术组织之一。研究会还与上海外语教育出版社合作，策划出版了"认知语言学系列丛书"和"认知语言学论文选集"等系列图书，为普及和推广认知语言学作出了积极的贡献。

2）积极推动国内认知语言学研究走向国际化。2011年，在研究会的积极努力下，第11届国际认知语言学研讨会在中国西安召开。会议由西安外国语大学承办，会议的成功举行大大提升了中国认知语言学研究在国际学术界的影响力。2015年，在英国纽卡斯尔召开的第13届国际认知语言学大会上，束定芳被推选为国际认知语言学研究会常务理事（Board Member）。2019年，束定芳、张辉、张立飞编辑的论文集《认知语言学与汉语研究》（*Cognitive Linguistics and the Study of Chinese*）由约翰·本杰明（John Benjamins）出版社出版，为国外同行了解中国认知语言学研究提供了途径。

2.1.1.2.11　汉语熟语动态在线加工模式及批评认知语言学研究（张辉）

张辉在认知语言学方面的学术贡献有二：一是他在国内外语界率先运用事件相关电位技术探讨认知语言学研究的"实证转向"，遵循了认知语言学研究的"汇流证据"原则，运用这一技术深入系统地考察熟语表征与加工的认知神经机制，标志性成果有《熟语表征与加工的神经认知研究》（2016）；二是他率先提出批评认知语言学研究领域，提出认知语言学的"社会转向"与"批评转向"，把认知语言学理论与批评话语分析有机地结合起来，相关代表性成果有《试论认知语言学与批评话语分析的融合》（张辉、江龙 2008）、《批评认知语言学：理论基础与研究现状》（张辉、杨艳琴 2019）、《批评认知语言学：理论源流、认知基础与研究方法》（张辉、张艳敏 2020）、《批评认知语言学视域下多语话语体系建构的探索》（张辉 2021）。

1）认知语言学的神经机制研究。张辉试图把"语言学的观点"和"大脑的观点"结合起来。所谓"语言学的观点"，是指语言学领域的学者们试图在语音、语义、句法和语用的层次上描写和分析熟语的特征，关注语言的模式和规律性。所谓"大脑的观点"，是指大脑是如何"看"语言的，关注大脑对熟语在线加工的认知过程以及这种认知过程背后的神经机制。张辉指出，我们应该在认知语言学理论分析的基础上运用事件相关电位技术探讨熟语表征和加工的时间进程和神经机制。

熟语研究方法在国内一直处于比较滞后的状态，与国际上的熟语研究形成了鲜明的对比，国际上的熟语研究更加注重熟语的在线加工及其神经机制，而国内的研究基本上是使用内省法对熟语进行静态的描写和分析，忽视对熟语在线加工和神经机制的研究。张辉突破现存熟语研究的藩篱，关注对熟语动态在线加工和神经机制的探讨，在某种程度上填补了国内在这方面的研究空白。

张辉开展的认知语言学方面的实证研究具有重要的理论价值。一方面，熟语属于凝固化较高的意义与形式配对的典型构式之一，研究不同类型的熟语在线加工和神经机制可以为语言学理论，尤其是认知语言学理论提供重要的证据。构式语法是认知语言学理论之一，其主要灵感来源于熟语［参见 Fillmore et al.（1988）］，菲尔墨（Fillmore）等学者在分析熟语现象的基础上首次提出了"构式"的概念。因此，研究熟语具有重要的理论价值。另一方面，对熟语在线加工和神经机制的研究可以丰富我们对大脑中语言加工和理解的认识。大脑对语言的理解并非完全以词的形式进行加工的，而有时是以语块（即熟语）的形式进行的。以语块为储存单位进行熟语研究，可以为心理语言学中的语言理解和加工模式提供重要的依据，对心理语言学理论的发展起到较大的推动作用。

2）批评认知语言学研究。张辉结合认知语言学与批评话语分析，在国内率先开辟批评认知语言学这一研究领域，对我们了解中西方话语体系、揭示西方公共话语所谓的报道"客观性"起到了非常大的作用。批评认知语言学主要探究与语言使用（usages）相关的概念结构以及这些概念结构在话语语境中所承担的意识形态或合法化功能。其重要的贡献在于：一方面反映了认知语言学研究的"社会转向"，另一方面也体现出批评话语研究的"认知转向"，对认知语言学和话语分析都作出了重要的贡献。目前张辉带领的团队已经开展了冲突话语、环境话语、战略情报话语与公共卫生话语等话语题材的研究，在认知语言学领域产生了较大的学术影响。

2.1.1.2.12 认知语言学理论的拓展与本土化（文旭）

文旭及其团队多年来致力于认知语言学研究，主要贡献体现在理论拓展与本土化两方面：

在理论拓展方面，将认知语言学与拓扑语言学相结合，提出了认知拓扑语言学，其主要研究内容包括认知拓扑等价观、认知拓扑连通观和认知拓扑连续观；将认知语言学与社会语言学相结合，提出了社会认知语言学，其主要研究内容包括社会认知功能的概念化、语言习得、语言使用、语言演化四个方面。

在本土化研究方面，依托国家社科基金重大项目"认知语言学理论建设与汉语的认知研究"（15ZDB099），立足汉语语言事实，探索汉语认知语言学理论体系的构建方式，推动认知语言学的本土化研究与汉语认知研究的国际化；系统地反思、批判与重构认知语义学、认知语法、构式语法等认知语言学理论，建立基于汉语的理论话语体系，实现认知语言学理论本土化的突破；在国内率先开展历时构式语法、认知翻译学、认知语用学、对比认知语言学研究，推进了认知语言学研究的纵深发展。

上述研究工作推进了认知语言学研究的理论拓展与本土化，在学界具有较大的影响力。相关研究成果发表于《中国语文》、《外语教学与研究》、《大脑与语言》（Brain and Language）、《语言科学》（Language Sciences）等核心期刊，其中多篇被人大复印报刊资料《语言文字学》《高等学校文科学术文摘》等转载，得到特拉格特（Traugott）、陆俭明等著名语言学家的高度肯定。出版认知语言学相关专著近10部；创办国际学术期刊《认知语言学研究》（Cognitive Linguistic Studies，约翰·本杰明出版社出版），发起国际认知语言学论坛（International Forum on Cognitive Linguistics，已举办12届），为国内外认知语言学研究者提供了高层次的学术交流平台，极大地推动了认知语言学的发展。

2.1.1.2.13 语言哲学研究及体认语言学（王寅）

王寅主要从事认知语言学、语言哲学等领域的研究，且尝试将两者有机地结合起来，努力打通语言学与哲学、汉语与英语之间的联系，其主要观点有三：1）每一个语言学流派都有其对应的哲学基础，认知语言学（Cognitive Linguistics，CL）是基于后现代的体验哲学建立起来的，它是语言哲学的延续，同时也推动了后现代哲学的发展。2）20世纪语言学界主要经历了三场革命：索绪尔的结构主义革命（仅关注"语言"）；乔姆斯基的转换生成革命（解释"语言"与"心智"的关系）；雷柯夫（Lakoff）等的CL革命（探索"语言""心智"与"体验"的关系）。这三场革命可谓步步为营，层次深入，从一个要素（语言）到两个要素（心智—语言），再到三个要素（增加了对"现实"的体验）。3）可运用语言哲学和 CL 的理论和方法进行英汉对比研究，此思路也适用于语言研究的诸多层面，基于其上还可建立数十门边缘学科。

王寅的学术贡献主要表现在以下两个方面：1）论述了 CL 的权宜定义、体验人本观、主客主多重互动模型（Subject-Object-Subject Multiplactive Model，SOS 模型）、AS 元认知机制、剖析认知过程、图式范畴理论、认知翻译学、认知修辞学、认知对比语言学、事件域认知模型（Event-Domain Cognitive Model，ECM）、命名转喻观、构式本位观等。2）发现国外 CL 的哲学视野尚不宽广，学科名称以偏概全，不少论述前后不一，为此尝试将其本土化为"体认语言学"（Embodied-Cognitive Linguistics，ECL）。他认为体认语言学的核心原则可概括为"现实—认知—语言"，语言源自人们对现实的"互动体验（体）"和"认知加工（认）"，突显了马列主义唯物论和后现代的人本观在语言研究中的基础性地位，以弥补索绪尔和乔姆斯基在这两方面的缺陷。四川外国语大学的体认团队在此基础上尝试建构"体认翻译学""体认语法""体认语义学""体认社会语言学""体认传播学""体认教学法"等。

2.1.1.2.14 语用学国内研究及语言模因论（何自然）

何自然出版了我国第一部语用学教材《语用学概论》（1988），1989 年组织召开了第一届全国语用学研讨会，2003 年牵头创建了中国语用学研究会，1994 年招收了全国第一位语用学方向的博士研究生（刘绍忠），2003 及 2005 年率先在国内外学界提出将模因论与语言研究相结合的语言模因论［见何自然（2005），何自然、何雪林（2003）］，牵头撰写了学界第一部系统论述语言模因现象及其本质的学术著作《语言模因理论与应用》（何自然等 2014）。语言模因论堪称本土化的语用学理论，将语言的模仿、复制、传播看成是语用实践的一种模式，重点关注当今中国语境下人际交往及社会活动中的语用模因现象，并合理解释其出现的动因。该理论还被广泛运用到中国语境下的翻译及语言教学等实践领域，有效地检验了该理论的合理性和解释力。此外，何自然主编出版研究会会刊《语用学研究》；与《浙江外国语学院学报》合作，为语用学研究开辟论文发表专栏；与暨南大学出版社合作，担任"语用学学人文库"主编。自1989年起，组织召开全国性语用学大会（每两年一次）及多届中国语用学专题论坛。其主要研究兴趣包括认知语用学、社会语用学、语言模因学、语用翻译学等。

自1978年以来，何自然在国内外发表学术论文逾200篇，独著或主编《语用学概论》(1988)、《语用学与英语学习》(1997)、《语用学探索》(2000，2012)、《语用学讲稿》(*Notes on Pragmatics*)(2003)、《语用三论：关联论·顺应论·模因论》(2007)，或合著《当代语用学》(何自然、陈新仁2004a)、《英语语用语法》(何自然、陈新仁2004b)、《新编语用学概论》(何自然、冉永平2009)、《语用学十二讲》(李捷等2011)、《语用新论：语言模因论文选》(何自然等2020)等。据中文社会科学引文索引（CSSCI）统计，多年来何自然的论著在本学科领域的论文中被引用次数均排在全国前列。何自然曾任国际著名学术刊物《语用学学刊》(*Journal of Pragmatics*)、《语用学》(*Pragmatics*)及《跨文化语用学》(*Intercultural Pragmatics*)的编委及特约审稿人，现为国际刊物《东亚语用学》(*East Asian Pragmatics*)、《网络语用学》(*Internet Pragmatics*)编委。

2.1.1.2.15　汉语现场即席多模态话语语料库（顾曰国）

长期以来，在分析哲学的影响下，西方语用学以书面句子为基本研究单位，阐释听话人是如何在有限的句子上下文里理解句子的语用意义。即使句子本源是口头谈话，也要把语音流转写成文字句子来研究。这种做法当然有利于简化问题，把注意力集中到某一点上。但是，该做法造成的后果往往是离开语言实际，闭门造车。1985年，顾曰国在英国兰开斯特大学撰写硕士论文时就看到其不足，并提出批评。其博士论文从批评语用学鼻祖奥斯汀的取效行为理论入手，提出以完整的言语行为为基本概念构建语用学。

所谓"完整的言语行为",是指现场即席话语活动。现场即席话语活动指根植于日常生活与工作的时空间中,自然而然发生的各种活动。现场即席话语活动最大的特点是自然多模态性、体验的充盈性,以及根植于当下的时空间性。为了深入研究,顾曰国构建了汉语现场即席话语多模态语料库(SCCSD),该语料库始建于1990年,至今30多年,在世界同类语料库中规模最大,活动类型最多,历时也最长。在SCCSD的支撑下,他提出了自己的方法论和相关研究模型。其方法论主要包括:1)多模态贴真建模;2)多模态语料的切分与标注方法论。其研究模型包括:1)语言古城模型——地面承载当下话语+超越当下的文字承载话语+空间承载媒体话语+网络承载混合话语;2)言思情貌整一与偏离分析模型。此模型已经用于孤独症儿童、犯罪嫌疑人、阿尔茨海默病患者等群体的语用与话语分析。

顾曰国的学术贡献主要表现在以下几个方面:1)建设了汉语现场即席话语多模态语料库;2)开展了多模态话语分析的理论与实践研究;3)在老年多模态语料库(SCCSD的子库)基础上提出了老年语言学研究的理论与方法。

2.1.1.2.16 基于"人情原则"的人际关系管理模式(冉永平)

汉语交际中面子、(不)礼貌等人际关系问题的语用学研究一直倚重西方学者提出的、植根于西方交际语境的各种理论模式,包括Goffman(1967)的面子观、Brown & Levinson(1978,1987)的面子论、Leech(1983,2014)的人际修辞论、Spencer-Oatey(2000,2008)的"和谐管理模式"等,西方语用学思想的引进与应用推动了我国的语用学研究,但同时也桎梏了我国语用学研究的创新发展。比如,汉语交际中与人际关系建构和管理紧密联系的"人情""情面"等本土化的语用资源,一直被语用学研究所忽略,这方面的研究几乎是空缺的。据此,冉永平结合人际语用学研究的前沿视角,针对西方语用学理论在阐释力方面的缺陷,系统探究了汉语文化中"人情"和"情面"的人际关系建构与管理作用,及其在人际语用方面的互惠性特征;提出了汉语交际语境下基于"人情原则"的人际关系管理模式；并通过人际冲突、矛盾调解等现实语境下的人情实践，验证了该原则与模式的有效性和阐释力。

冉永平所开展的创新研究有以下几方面的学术贡献：1）首次结合本土化的"人情原则"，从人际语用学的视角提出了汉语文化语境下的人际关系管理模式，能更好地阐释西方现有语用学理论无法说明的人际冲突、人际和谐、人际关系调解与建构等的语用理据。2）该模式把不同于西方面子论与礼貌论的"人情"和"情面"视为人际关系建构与管理的核心，体现了植根于本土化交际语境的人际语用思想。3）"人情原则"强调了汉语文化语境中人情、情面等交际实践的语用资源及作用，有别于西方学者在各种人际关系建构与管理研究中所强调的礼貌与面子。

2.1.1.2.17 基于常规关系的含意本体论（徐盛桓）

如果以其于1982年发表的《主位和述位》作为其语言学研究之始，徐盛桓的语言学研究可划分为以下几个阶段：1）20世纪80年代初到20世纪90年代初，其研究范围较广，涉及生成语言学、功能语言学、语法、语义、语用、语篇、语言研究方法等领域；2）20世纪90年代初，他主要围绕语用推理进行认知语用学研究；3）进入21世纪，他将"常规关系"研究同认知研究和句法、话语、修辞等研究联系起来进行认知语用学研究；4）2010年以后，开始进行心智哲学视域下的语言研究；5）近年来，主要通过对表征理论、分形理论以及量子力学理论等自然科学理论的移用与发展进行跨学科语言研究。

徐盛桓一贯立足学科前沿，坚持创新研究，深入探讨语言现象背后的机理，其研究涉及功能语言学、语用学、认知语言学等研究领域。他提出的常规关系理论、基于心理模型的语用推理机制、心智哲学与语言研究、分形论视域下的隐喻研究等理论思想为国内语用学和认知语言学研究提供了新的理论工具。

徐盛桓在语用学领域的学术观点和贡献如下：1）在介绍格赖斯会话含义理论的同时，对其加以修正和补充，并提出自己的含意理论，还提出了汉语含义的择象取义和引发有配两个特征；2）积极开展认知语用学研究，发展了基于心理模型的语用推理研究范式；3）积极将常规关系理论同认知研究和句法、话语、修辞等研究联系起来。

徐盛桓在认知语言学领域的学术观点和贡献如下：近年来通过融入认知科学、数学、物理学等学科的新思想、新观念、新理论，积极开展心智哲学、分形理论、表征理论、量子力学理论等视角下的语言研究，为认知语言学研究提供了一种新思维。他具体作了以下几个方面的研究：

1）开展心智哲学与语言研究。心智哲学与语言研究是指在心智哲学视域下进行语言学研究，将心智哲学领域的研究成果用于语言研究。通过发表《心智哲学与语言研究》（徐盛桓 2010a）、《心智哲学与认知语言学创新》（徐盛桓 2010b）、《语言研究的心智哲学视角——"心智哲学与语言研究"之五》（徐盛桓 2011）等系列论文，主持"心智哲学与语言研究"专栏以及创建"心智哲学与语言研究"研究团队等，积极探索心智哲学视域下的语言研究。可以说，这一探索是结合当代认知科学大背景、基于汉语语言特色开创出的一个新的汉语研究范式。

2）开展分形理论与语言研究。作为一种几何理论，分形理论是非线性科学的三种代表性理论之一。根据分形理论，一个"部分"以某种形式与其"整体"相似的那个部分就叫"分形"。基于大量的汉语语料，他探讨了喻体向本体的非线性转换（徐盛桓 2019）、隐喻喻体的建构（徐盛桓 2020a）、隐喻本体和喻体的相似机制（徐盛桓 2020b）等议题。应该说，从几何理论中的分形理论视角进行隐喻研究，是对隐喻研究的一个创新发展。

3）开展表征理论与语言研究。将"表征"概念用于语言研究，他以非字面义表达的隐喻为例，通过实例分析，建立一个{SCEP}四元组，对表征作出形式刻画，从而对其理论框架作出新的诠释，并提出"二阶表征"这一新机制，对当前语言表征理论研究中的不足作出了补充。

4）开展量子力学理论与语言研究。以类比隐喻为例，考察量子力学的非定域原则对这一类型语言表达的析解，开启了语言研究的一种新思维。

2.1.1.2.18　对比语言学知识体系创新研究（许余龙）

在没有国外同类著作可资参照的情况下，许余龙在研读大量国内外相关第一手研究资料的基础上，结合自己的研究，编著了我国第一部对比语言学通论性著作《对比语言学概论》(1992)。该书提出和构建了一个同时涵盖理论和应用两大方面的较为合理的对比语言学理论框架，并对其中的一些方法问题加以系统化，以便对具体的对比研究有一定的指导意义。全书注重理论的严密性、内容的系统性、阐释的逻辑性和表述的明晰性，特别是强调研究方法的可操作性。

在该书出版之前，国际上并无介绍理论对比语言学的专著，已出版的应用对比语言学专著 James（1980）的《对比分析》(*Contrastive Analysis*) 一书，也只是较为系统地阐述了对比研究与二语教学的关系，对应用对比研究的另一个重要领域——对比分析在翻译中的应用——则完全没有涉及。《对比语言学概论》填补了这些方面的空白，出版后成为首部较为全面系统地阐述理论和应用对比语言学的专著与教材。潘文国、谭慧敏（2006：151）认为，该书"不仅是中国，也是世界上第一部关于对比语言学的教材，第一次对对比语言学的定义、分类、理论和方法进行了比较系统的叙述"。而且，"在国际上对于对比语言学是不是一个独立的语言学部门始终存在着不同意见"时，该书颇具前瞻性地直接采用了"对比语言学"这一名称，"这一创新突破了西方的藩篱，对中国对比语言学的发展成熟更起了重要的作用"。经修订充实，该书改名为《对比语言学》，作为我国高等院校英语语言文学专业研究生系列教材之一出版（2001年第1版，2010年第2版），"使这本在我国标志对比语言学成为独立学科的著作更加系统和完善"（杨自俭 2004：5）。

同时，许余龙运用对比语言学的理论与方法，积极开展具体的、理论思辨与语言事实挖掘相结合的词法、句法、语篇和应用方面的对比研究，在 SSCI 和 CSSCI 期刊上发表了 48 篇相关学术论文，其中一些代表作被收入由高等教育出版社出版的《对比求真——许余龙学术论文自选集》(2021)。许余龙还在国内率先招收对比语言学研究方向的博士研究生，并与其指导过的学生共同撰写出版了《对比语言学十讲》(朱磊等 2019)、《英汉篇章回指对比研究——理论阐释与实证分析》(孙珊珊等 2021)等著作，从理论与实践两方面推动了国内对比语言学研究的发展。

2.1.1.2.19 对比语言学的历史与哲学探索（潘文国）

潘文国是继吕叔湘先生之后，最早开设汉英对比课程，招收硕博士研究生的学者之一。其《汉英语对比纲要》是本领域影响最大的著作之一；其《对比语言学：历史与哲学思考》的英文版 *Contrastive Linguistics: History, Philosophy and Methodology*（Pan & Tham 2007）在英国出版，受到国外同行高度评价。

潘文国的学术创新和贡献表现在以下几个方面：

1）历史研究：重新梳理了西方对比语言学史，把源头上推 130 多年，为国外学者所认可。首次整理中国对比语言学史，提出"一部中国现代语言学史就是一部汉外对比史"的命题。

2）本体研究：在世界范围内第三次定义了对比语言学。罗伯特·拉多（Robert Lado）将对比语言学定义为二语教学的手段；卡尔·詹姆斯（Carl James）将其扩大至为翻译和词典编纂服务；潘文国将其定义为通过对比和比较探求人类语言的本质，从而提出"对比语言学就是普通语言学"的命题。

3）体系和目标：将语言的自然、社会、人文三个属性，与科学研究的四个层次（哲学、理论、应用理论、应用实践）相结合，构建了对比语言学研究新体系。研究目标突破了求同、求异的二元对立，提出从异出发、异中求同的终极目标。

4）方法论：强调方法论在学科建设中的意义。构建了第一个对比语言学研究的方法论体系，填补了空白。

5）汉英对比：提出"换一种眼光"，变"从英到汉"为"从汉到英"；强调从事实出发而不是从体系或概念出发；提出"宏观指导下的微观研究"。构建了包括语言观、语言史、语言研究史、语言特征、语言基本单位、句子、语序、虚词、话语组织法、语言心理等在内的首个宏观汉英对比体系。

6）汉语本质探索：在对比的基础上，借助普通语言学理论，打通古今中外，提出了独具一格的"字本位"理论体系，构建了传统汉语语言学与当代西方语言学对话的平台。

2.1.1.2.20 英汉语时空性差异论（王文斌）

近十余年来，王文斌主要倾力于英汉语对比研究，其观点主要有三：1）目前学界所认同的英汉语差异主要表现在形合与意合、客体意识与主体意识、静态与动态、个体思维与整体思维、抽象思维与具象思维等十余种区别上，依然停滞于对英汉语差异的表象观察上，而深藏于这些表象差异背后的本质性差异在于英语的强时间性特质和汉语的强空间性特质。2）语言与语言之间具有相似性，这是人类语言的本质，而语言与语言之间具有差异性，这也是人类语言的本质。我们不能因语际具有相似性而忽视语际差异性的存在，也不能因语际具有差异性而轻忽彼此的相似性。3）若要深度透视某一语言的个性特征，对语言与语言之间差异性的研究较之对语言与语言之间相似性的研究更为重要。就英语和汉语而言，我们更需关切"英有汉无"和"汉有英无"的语言现象。

王文斌的主要学术贡献有四：1）通过对英汉语在词/字、短语、句子和语篇层面的考察，在国内外率先提出"英汉语时空性差异论"，认为英汉语的根性差异在于英语具有强时间性特质，而汉语则具有强空间性特质；2）力图在真正意义上将语言与民族思维两者紧密结合在一起，窥探英汉语的个性化特征；3）尽力突破现有研究范式，既重视语际之间的相似性，更重视语际之间的差异性，力图让语言个性来说话；4）在借鉴国外先进语言学理论的同时，力图突破西方语言学的分析框架，立足中国语言实际，提出具有中国风格的语言学观点。

2.1.1.2.21 超越主谓结构——对言语法研究（沈家煊）

西学东渐以前，中国人并没有"主谓结构"的概念。从《马氏文通》开始才有了这个概念，一直延续至今，讲汉语的语法几乎都是从主谓结构出发来讲的。然而一个多世纪来，国人也一直从汉语的真实情形出发，讨论这样做带来的问题及其解决办法，进而从根本上反思：汉语究竟有没有主谓结构？

沈家煊的专著《超越主谓结构》（2019），一方面，重在"破"。说汉语也有主谓结构，这充其量是一种比附，比附西方传统逻辑的主谓式命题。比附带来许多问题，该著对此进行的反思是步步加深的。该著先是在汉语里消解主语和谓语的对立以及动词的中心地位，然后意识到要超越静态的结构分析，突破句子的狭窄范围，从对话和互动的角度，从汉语流水型语篇的特性着眼，看汉语究竟是如何运作和传情达意的。

另一方面，重在"立"。《超越主谓结构》站在现代语言学的立场，参考国外语法理论的最新进展，对中国传统语文学关注的汉语现象和提出的重要概念，包括四字语、上下句、互文回文、重言叠词、排比对偶、顶真续麻、比喻典故、起承转合、偶字奇字、实字虚字、声象乎意、施受同辞等，重新加以审视和阐释；进而从"对"这个综合概念出发，系统论证汉语语法是基于对话的"对言语法"，支撑对言语法的是"对言格式"，"对言"既指对话又指对举言辞。比较而言，印欧语语法以主谓结构为主干，汉语语法以对言格式为主干。主谓结构是"以续为主、续中有对"，对言格式是"以对为本、对而有续"。对西方人来说，主语加谓语才表达一个完整的意思，才成为"完好形式"；对中国人来说，对举着说才表达一个完整的意思，才成为"完好形式"，不对言无以明义完形。

对言语法在三个方面超越主谓结构。其一，贯通字、句、章、篇，以篇为归宿。其二，综合语音、语形（句法）、语义、语用，以用为目的。其三，传情和达意融为一体，意义不仅是用句子表达命题，还是意图和情绪的传递。概括起来说，汉语语法是：字句章篇贯通，音形义用一体，传情达意不二。

对言格式把类聚关系以对称的形式展现在组合轴上，是汉语语法的结构性存在，对言的格式化是汉语的语法化。对言格式以成对的指称语并置（起指—续指对，简称"指语对"）为基础，表现为先易后难"有序对"，字句章篇"缩放对"，顶真递系"链接对"，音形义用"多重对"。

从语言的起源和演化来看，人类语言植根于对话对言，在演化过程中出现分叉，印欧语朝形成主谓结构的方向发展，汉语朝形成对言格式的方向发展。对言语法和对言格式更接近人类语言的本性和本源。汉语不是语言的"活化石"，它就是生机勃勃、长盛不衰的活语言。

从语言和思维的"相对论"看，对言语法和对言格式与中国古代的逻辑学（名学）有千丝万缕的联系，对言和对思密切相关。

对话对言不仅是一种言说活动，也是一种生命活动，一种存在的方式，"对言不在，生命不存"（*Dui*-Speech We Live By）。

2.1.1.2.22　宇宙观语言哲学、后语言哲学及"三带一"理论（钱冠连）

钱冠连重视学习西方语言学理论，立足理论建设，立足母语语料，立足创新，在语言哲学和语用学研究领域提出了独树一帜的观点。

1）1993 年至 2005 年，钱冠连始修宇宙观语言哲学。宇宙观语言哲学奠基在一个共同的理论框架之上：宇宙结构（秩序）、人体结构和语言结构（次序）大体上同构、相应。其标志性专著有三：《美学语言学——语言美和言语美》（1993）、《语言全息论》（2002b）及《语言：人类最后的家园——人类基本生存状态的哲学与语用学研究》（2005）。

《美学语言学——语言美和言语美》（1993）主要详解了两个支柱理论：一是言语美的特征和规律，二是语言结构、层次的审美选择。但语言美直接的表层显现却是言语美。

《语言全息论》（2002b）以生物全息律、语言全息律与系统论来解释以下内容：第一，语言内全息状态（语言系统内部，部分与整体全息；部分与部分包含着相同的信息；体系的每一个全息元在不同程度上成为整体的缩影）。第二，语言外全息状态（语言系统与外部世界的全息状态：语言结构与宇宙结构同构、相似、相套）。

《语言：人类最后的家园——人类基本生存状态的哲学与语用学研究》（2005）的主要思想是：人对于语言须臾不离的依赖状态，即人类的基本生存状态之一是，人活在语言中，人不得不活在语言中，人活在程式性语言行为中。正是以这三种样式的基本生存状态，我们如其所为地活着，我们如其所是地是我们自己，尤其是，我们以言说使世界中的某一物（实体或虚体）现身的同时，也使自己出场或现身。词语缺失处，无人出场。人在世上的出场比物的出场更具有意义。只有人的出场才能使物的出场成为可能。

杜世洪（2014：20）在评论时指出：

> 钱冠连的哲学思想是对古希腊宇宙观的发问与解答。古希腊哲学家虽然认识到了"宇宙的秩序"同"人类思想的秩序"类似，但似乎未找到这两种秩序联系的方法。钱冠连找到了捆绑这两种秩序的方法。
>
> 语言全息关系就是用来捆绑宇宙、人和语言的绳子。"钱冠连的绳子"还用来串起语词与世界的道理，把人的存在维系在程式性语言行为中。"钱冠连的绳子"是一项不容忽视的哲学贡献。

《语言全息论》（2002b）的英译本 *The Theory of Language Holography*（张琳译）于2021年由上海译文出版社和Springer出版社联合出版。其封面推介语为：

> The first book to combine the theories of language, philosophy, and cosmos. The first book written by a Chinese linguist but containing ideas no less enlightening than Western philosophy of language. A book rich in illumination for young scholars to think in a creative fashion.

意译为"第一本将语言、哲学和宇宙理论相结合的书。第一本由中国语言学家写就的，但其启迪作用不亚于西方语言哲学的书。一本启发年轻学者进行创造性思考的书"。

这三句话给出了相当高的评价，尤其是第二句，无异于承认《语言全息论》的哲学价值。

《语言：人类最后的家园——人类基本生存状态的哲学与语用学研究》（2005）先于 2007 年获得广东省哲学社会科学优秀成果奖一等奖；再于 2017 年获许国璋外国语言研究二等奖（一等奖空缺）；三于 2018 年进入国家社科基金中华学术外译项目（包括英、俄语）；四获商务印书馆 2019 年重印封面评价"21 世纪新经典"及"语言哲学研究必读作品"。该书的英译本 *Language: The Last Homestead of Human Beings*（褚修伟等译）于 2021 年在 Routledge 出版社出版。

2）由西方分析传统的哲学化出"后语言哲学"。后语言哲学，简言之，甩开分析哲学的老问题（Baghramian 1999；Martinich 2001），探讨汉语中出现的哲学问题，从汉语中找入口，从世界观（世界存在方式）中找出口。通俗言之，节外生新枝。钱冠连的工作在后半段，即化出后语言哲学。其代表作有《后语言哲学之路》（2015）、《后语言哲学论稿》（2019）。

3）提出"三带一"理论。钱冠连在著作《汉语文化语用学》（1997）中提出了"三带一"理论。"三"是指附着于人的符号束、语境和智力对语用含义推理的干涉。"一"指在上述三者的干涉下，一个多于话面（字面）的隐含意义出现了。《汉语文化语用学》自 1997 年首版出版以来，先后二版（2002a）、三版（2020），至 2021 年已二十余年，仍有海外读者诘于何处可求，亦有日本学界报道、问讯。该书曾被国家教委定为研究生教学用书；北京大学、南开大学、浙江大学等大学列其为各类学生必读书目；汉语界称其为"钱氏语用学"，并将其推衍为另类书目，述之、评之、研之者众；早有外语学者试译外语；1999 年获广东省社科三等奖。

2.1.2　中国应用语言学研究 70 年：创新成果及贡献

本部分通过已有创新成果案例的方式，展示、评价国内在应用语言学理论、方法论和实践方面的创新探索与成就。首先是讨论、构建应用语言学研究创新的标准，并在此基础上提出筛选创新成果案例的方法；其次是分类报告主要成果案例并进行阐释和评价。

2.1.2.1　创新标准和成果案例筛选方法

知识体系创新,是指既有的知识框架和理论体系不能正确反映新事物、新现象和新问题,而需要通过假设、实验/实践或逻辑构建自洽、有效知识体系的认识过程,旨在阐释事物发展的本质成因与深层机制。据此,应用语言学知识体系创新是指已有的关于语言学习和使用本质及规律系统化的认识(比如现有的概念、命题、范畴、方法论和实践指向)已不能完全反映或有效阐释中国应用语言学研究和实践,需要通过假设、实验/实践或逻辑构建新的有效知识体系的认识过程。课题组结合上述关于知识体系创新的一般性定义、大课题组关于知识体系创新标准的解读以及国内应用语言学知识体系创新发展的实际情况,提出应用语言学创新成果的分类原则,如下:第一类是创新研究,成果涉及引介并促成某领域在国内的建立和发展,有开山之功;第二类是原创理论,成果提出了新概念、新命题、新观点,且在国内外都产生了相当的影响;第三类是方法创新,成果在某一个研究领域里面,不仅在国内引进了新的方法,在本领域的国际范围内也具创新价值。

在上述标准和分类原则框架下,课题组召集应用语言学知识体系创新研究专家咨询组,请他们提名成果或学者名录并阐释入选理由[1]。同时,课题组通过分析相关学者 H 指数(H-index)进行信息识别,拟定参照大名单,并在名单基础上勾勒成果领域或范畴,以此在一定程度上实现筛选判断的多元互证。

2.1.2.2　理论与实践创新案例分析

新中国成立以来,一大批跨越了不同时代的优秀学者对中国应用语言学研究领域的发展作出了卓越贡献。其中老一辈的学者,如许国璋、桂诗春,对中国应用语言学研究的起步作出重大贡献。他们早期的研究成

---

[1] 课题组专家咨询组包括文秋芳(组长)、王初明、吴一安、周燕、徐锦芬、刘建达、程晓堂。

果可以追溯到许国璋1959年先后发表在《西方语文》和《外语教学与研究》上的《论外语教学中的"突击"》以及《基础阶段英语教学的特点》。文章讨论英语学习、语法教学等问题。1978年11月桂诗春在《光明日报》发表题为《要积极开展外语教学研究》的文章，提出要把语言学理论和研究成果用于指导外语教学，应将语言教学视作一门科学来对待。这一倡议推动了我国外语教学研究学科意识的确立和发展，同时也为中国应用语言学知识体系建构涂上了"外语教学研究"的底色。在随后的几年里，桂诗春先后发表了《我国应用语言学的现状和展望》（1980）、《我国应用语言学研究的广阔前景》（1984）、《什么是应用语言学》（1987）以及其他相关著述。这些成果代表了中国应用语言学的开创性成就，为应用语言学在中国的确立和发展立下开山之功。

进入20世纪90年代以后，文秋芳、王初明、黄国文、杨惠中、吴一安、胡文仲、孙有中、刘建达等学者对中国应用语言学的发展作出了巨大贡献。他们均是近30年总发文量多、总被引高以及篇均被引次数高的学者。当然，他们中的一部分不仅在应用语言学领域作出了突出贡献，在其他邻近学科领域也有较高成就。比如黄国文教授在理论语言学领域、胡文仲教授在文学领域，都有很高成就。

2.1.2.2.1　应用语言学在中国的发端和发展

1）中国应用语言学的奠基者及其主要贡献[1]

桂诗春先生（1930—2017）是著名的外语教育家和中国应用语言学奠基人。他一生涉猎广泛，著作等身，不仅是应用语言学多个领域的开拓者，还是把中国外语教育提升到应用语言学科学高度的领航者。桂先生的主要学术成就见诸于应用语言学、语言测试、心理语言学、语料库语言学、语言学研究方法以及语言学本体等领域。这六个研究领域互联互通，反映了桂先生笃实的跨学科学术贡献及学术影响力。

---

[1] 广东外语外贸大学桂诗春语言高等研究院李金辉教授执笔撰写本节，纳入本报告时略有删节。

桂先生首先致力于在中国建立语言学和应用语言学专业,建立学术梯队、引进图书资料、招收硕士生和博士生、举办研究生班、举办国内外应用语言学研讨会,等等。1978 年桂先生在《外语教学与研究》复刊号上撰写《关于开展外语教学研究工作的几点意见》和在《光明日报》上发表《要积极开展外语教学研究》、1979 年在《外国语》上发表《开展应用语言学研究 努力提高外语教学质量》等文章,提出要引进应用语言学学科,并创建符合我国实际的应用语言学体系,谋划我国外语教学研究工作蓝图。桂先生于 1988 年出版专著《应用语言学》,吸收现代科学研究理论方法,总结国内外应用语言学研究,提出应用语言学系统观(使用系统科学的理论和方法研究应用语言学),使应用语言学建立在更为科学的基础之上,奠定了中国应用语言学学科的基石。2000 年,广东外语外贸大学外国语言学及应用语言学研究中心被评为教育部人文社科重点研究基地。2015 年,桂先生在《现代外语》上发表《我国英语教育的再思考——理论篇》和《我国英语教育的再思考——实践篇》两篇力作,从理论和实践角度深刻反思改革开放以来的中国外语教育,结合中国外语教育实际,讨论长期影响我国外语教育的语言学理论基础、外语教育定位、教师发展、社会导向等关键问题。三十多年间,桂诗春先生产出的学术成果基本都是围绕应用语言学系统观而展开的,从理论到实践再回到理论,把国家需要和个人学术兴趣结合起来,使外语教育研究逐步从零散的感悟走向了系统的追问和构建。这些思想在其后数十年的实践中都得到了印证,足见桂先生的远见卓识。

在语言测试方面,桂诗春先生于中国改革开放之初就率先研究怎样结合中国实际引进现代测试理论。他主持设计了 EPT(English Proficiency Text,英语水平考试)和 MET(Matriculation English Test,高考英语标准化考试),主持设计并开发了 GITEST 软件,还专门对测试中的猜测因素进行了实验性研究。EPT 是中国有史以来第一次把考试作为一门科学建立起来的全国性考试,也是我国首个获得国际承认的考试。1986 年出版的

《标准化考试——理论、原则与方法》一书，篇幅不长，在我国教育考试史上却是第一次对 MET 标准化考试进行了全面且深入浅出的介绍，对标准化试卷的设计过程、试题项目分析方法与试题质量控制，以及常模建立、分数等值处理、标准分的计算方法、分数报道方式和分数解释等进行了详细的描述，确立了教育考试的心理与教育测量学学术属性，为新时期教育部启动的《中国英语能力等级量表》的制定奠定了基础。

在心理语言学方面，桂先生最感兴趣的课题是与应用语言学紧密关联的中国学生英语学习心理。他主持的国家项目"中国学生学习英语的心理语言学研究"，获得教育部人文科学与社会科学优秀成果二等奖、国家社会科学基金优秀成果三等奖。为此，桂先生撰写了 5 本专著，分别为：上海外语教育出版社出版的《心理语言学》(1985)、《新编心理语言学》(2000b) 和《什么是心理语言学》(2011)，以及湖南教育出版社出版的《实验心理语言学纲要》(1991) 和《中国学生英语学习心理》(1992)。这些著作通俗易懂，既概述了心理语言学的起源和发展历史，还结合实例对心理语言学的理论模型、研究方法及研究成果展开了极富见解的讨论。例如，《实验心理语言学纲要》从认知科学和实验科学的角度介绍了心理语言学的新进展，认为认知科学与心理语言学的合流是大势所趋，加强这方面的研究对实现人工智能大有裨益。

在语料库语言学方面，桂先生是当代中国语料库语言学领域的开拓者和引领人之一。2003 年他与杨惠中合著了《中国学习者英语语料库》(即 CLEC 语料库)(上海外语教育出版社)，2005 年和杨惠中、杨达复合著了《基于 CLEC 语料库的中国学习者英语分析》(上海外语教育出版社)，2009 年他撰写了专著《基于语料库的英语语言学语体分析》(外语教学与研究出版社)。CLEC 语料库是国家哲学社科"九五"规划项目的成果之一，是世界上第一部正式对外公布的含有言语失误标注的英语学习者语料库。根据语料库来研究中国学习者的言语失误特征，分析中国学习者英语失误的认知模型，从词汇感知错误、词际层面的词汇语法错误和句子层面的句法错误等三个层面对学习者的言语失误进行分析，这一系列研究在国际上享有盛誉。语料库是现今流行的大数据的雏形，语言学研究中的大数据处理需要统计手段的参与；同时，语料库建设需要广泛使用计算机工具，而基于语料库描述所发现的问题又需要开展实证研究来验证，需要借用自然科学的实验手段来开展语言学和应用语言学的研究。从这个意义上看，CLEC 语料库的建立和研究过程是中国应用语言学研究方法上的大突破和大汇总，其影响深远而持久。

在语言学研究方法方面，当时我国外语研究人员没有足够的科学方法来支持他们的研究。自 1978 年呼吁用科学的态度开展外语教学研究以来，桂先生在多处文章和著述中都指出了掌握科学研究方法的重要性。1997 年，他和宁春岩合著了《语言学方法论》（外语教学与研究出版社），探讨理论方法、描写方法和实验方法及其理论基础。应用语言学属于文理交叉学科，是一门实验性科学，其研究范围、涉及领域广泛，尤其是对教与学过程的观察和研究，需要科学的研究方法来厘清学习过程中的诸多因素及其之间的关系。桂先生特别指出要注意研究方法和研究手段的现代化，借助新工具来扩大视野，应用语言学的许多重要结论是靠科学实验的方法求导出来的，强调应用语言学的研究方法从不同学科引进，任何一个学科的发展都会引起应用语言学的重大变革。所以，要让应用语言学在中国扎根，必须讲究其研究方法。在这方面，桂先生也是引航者。

在语言学领域，桂先生对词汇学尤感兴趣，对语法和语用学也有所涉猎。2013 年的专著《多视角下的英语词汇教学》（上海外语教育出版社）广泛吸收国内外关于英语词汇教学的研究成果，所探讨的视角具有多样性，如词汇的深度和广度、词汇发展、英语历史、词汇评估、词汇的作用、词表、语料库、专门用途词汇、心理结构及其词汇形态结构等，除此之外还对我国目前词汇教学中的普遍问题进行了探究，提出建立科学词汇观的作用与意义。

本节主要从六个方面梳理了桂诗春先生一生的探索与实践及其对中国应用语言学学科发展的深远影响。桂先生的研究范围从直接参与教育部启动的外语测试改革所引发的语言能力研究、测评手段、测评质量监控和统计方法，到针对语言自身的词汇、语法、语音、语篇、学习者诸因素等方面，所牵涉学科覆盖语言学与应用语言学、数学、计算机、哲学、社会学、心理学、教育学、统计学等。由此引发的多学科交叉性思维激发了先生的研究兴趣和动力，并引导着应用语言学向着纵深发展。从引入借鉴社会学科的调查分析、借助自然学科的实验方法开展心理实验，到借助计算机化的语料库语言学开展基于大数据的语言学和应用语言学研究，桂先生对中国语言学和应用语言学在研究方法上的推进可谓大智大侠之举，其影响必将惠及千千万万的后来人。

2）语言、社会与文化：许国璋先生语言研究与外语教育思想综述[1]

许国璋先生是我国著名的语言学家、语言教育家和语言哲学家，为新中国的语言学研究和外语教育事业作出了卓著贡献。纵观先生的著述，重要特征之一是他对"语言及语言学问题思考的哲学深度"。许国璋先生在《语言的定义、功能、起源》一文中指出，"语言是人类特有的一种符号系统，当它作用于人与人的关系的时候，它是表达相互反应的中介；当它作用于人和客观世界的关系的时候，它是认知事物的工具；当它作用于文化的时候，它是文化信息的载体和容器"（许国璋 1986b：15）。这一观点同时体现了语言的符号性、工具性和社会性，尤其强调语言作为社会符号系统对历史文化的传承性，克服了把语言作为单一"交际工具"或"思维工具"的片面认识。许国璋先生对于语言、文化与社会发展间联系的深度思考尤其体现为他对中国当代语言学研究和外语教育问题的现实关怀。

许先生认为，"语言是一种社会力量"，外语教育政策方针、培养目标和教学方法的实施都必须符合国家利益（许国璋 1999）。新中国成立以来，许国璋先生结合国家和社会发展的特点对外语人才培养提出了与时俱进的要求。他指出，外语学习具有过程性，应"三年一贯"地夯实语言基础，加强语音、语法、词汇训练，兼顾口笔语实习（许国璋 1999：48）。他所

---

[1] 本部分由课题组撰写，感谢北京外国语大学王克非老师提供宝贵的参考资料和关键性审读意见。

编写的《许国璋英语》影响巨大。该书根据中国英语学习者特点，精选富有语言学习价值和文化内涵的材料进行改写，课文、语法、练习紧密相连、环环相扣，循序渐进地促成学生语言能力发展。改革开放后，许先生指出语言是学习先进科学文化知识、推动社会生产力发展的重要媒介，新时期应培养各行各业"既通外语又通本行业务"的人才（许国璋 1999：53）。

在语言研究方面，许先生倡导跨学科范式。他从理性与哲学的角度出发，探讨西方各语言学流派间的对立与联系，并用现代语言学的观点重新审视中国语言学的研究积藏。他呼吁理论与实践相结合，尤其要将西方语言学理论运用到解决中国本土语言学研究的实际问题中去（许国璋 1999）。他指出，语言学研究"首先要对国外新的语言学理论加以分析和比较，做出我们自己的判断；更重要的是要结合汉语的研究加以验证，写出结合中国实际的论著"（许国璋 2001：382）。这种问题驱动、扎根本土、超学科的语言研究范式在当今仍具有重要价值。

许国璋先生一生忠于新中国外语教育与研究事业，他孜孜不倦的探索精神和深重的社会责任感为后世留下了宝贵的精神财富，他对语言研究范式及外语人才培养方式的构想为中国外语研究与教育事业奠定了基础。

2.1.2.2.2 外语教学理论和实践：从引介到原创

1）交际教学的本土化和拓展[1]

以"交际能力"作为语言学习目标的交际语言教学理念（communicative language teaching, CLT）于 20 世纪 70 年代初在欧洲产生，用以应对"欧共体"内日益频繁的多语种及跨文化交流。这种全新的语言教学理念强调语言学习不仅是为了获得词汇语法知识，更是为了获得参与交流、传达信息的能力（即交际能力）。彼时的中国，正值改革开放前夕，对外语人才的需求极为迫切。1979 年广州外国语学院（现广东外语外贸大学）李筱菊教授率先引入交际语言教学体系，组织国内外专家，历经八年课堂实践

---

[1] 致谢广东外语外贸大学李筱菊外语教师发展中心胡潇译博士、张欣教授执笔撰写本部分，纳入本报告时略有删节。

和悉心打磨，编写了中国乃至世界第一套采用交际语言教学理念的英语教材《交际英语教程》(*Communicative English for Chinese Learners*, CECL)（1987）。交际语言教学体系的建立结合中国国情与英语教学实践，是由语言知识能力、语用能力和认知感受能力相互作用而产生的"全人发展"理论体系，被语言学家尤金·奈达（Eugene Nida）称为"一场教育革命"。

在改革开放之初，在国人尚身陷"哑巴英语"困境之时，李筱菊教授建构的中国特色交际教学理念，以及以此升华的"全人发展"英语教育思想，可谓是我国外语教育史上一次开创性的突破。20世纪80年代初，国内语言界还在消化以掌握学科知识体系为目标的各种教学方法，《交际英语教程》的面世及实践创新，引导外语教学的重心从语言知识的教授转向语言交际能力的培养。该教材自1987年出版使用后，不断充实完善，与时俱进。2001年修订版出版，2002年获评全国高等院校优秀教材一等奖。交际教学的基本性质是"通过运用学语言"，其所提倡的"在做事过程中学习""以学习者为中心"等一系列开创性教学理念是对中国"传授式""以教师为中心"传统教学理念的革新（何安平、李华 2012）。

21世纪初，"交际教学"这一理念已获外语教育界的广泛认可和推行。李教授以此为基础，进而提出"全人发展"的人文主义外语教育观，将外语教育定位为人的教育，视外语学习者为完全的人（whole person），把培养用外语进行思想感情交际的人作为外语教学的宗旨（李筱菊 2010）。当下回看，"全人发展"的外语教育哲学观无疑颇具前瞻性和引领性，为新时代人文学科和外语教育所面临的工具理性拷问和科技挑战困境提供了有益的理论指引和实践突破。

中国特色的交际语言教学法和"全人教育"理念，以其特有的生命力贯彻于我国的英语教育大纲、教材编写和语言教学实践中，实现了从培养怎样的"能力"到培养怎样的"人"的转变，折射出我国近半个世纪以来外语教育理念创新发展的历程，也必将为新时代全面人才培养继续作出贡献。

2）产出导向法，提高大学生英语应用能力的理论与实践创新[1]

"产出导向法"（production-oriented approach，以下称 POA）是由北京外国语大学中国外语与教育研究中心团队经过十余年探索，在理论与实践双向互动中创建的符合中国国情的外语教育理论与实践体系（文秋芳 2015，2017a，2017b，2017c，2018a，2018b，2018c，2020）。

该体系包括三部分：教学理念、教学假设和以教师为主导、师生共建的教学流程（见图 2.1）。教学理念包括"学习中心说""学用一体说""文化交流说"和"关键能力说"；教学假设涵盖"输出驱动""输入促成""选择学习"和"以评为（wéi）学"；教学流程由驱动、促成和评价若干循环构成，在整个过程中教师要恰当地发挥主导作用，同时要充分调动学生的主观能动性。这三部分的关系是：教学理念决定教学假设和教学流程的方向和行动目标；教学假设受教学理念制约，同时也是决定教学流程的理论依据，是教学流程检验的对象；教学流程一方面要充分体现教学理念和教学假设，另一方面作为实践为检验教学假设的有效性提供实证依据。

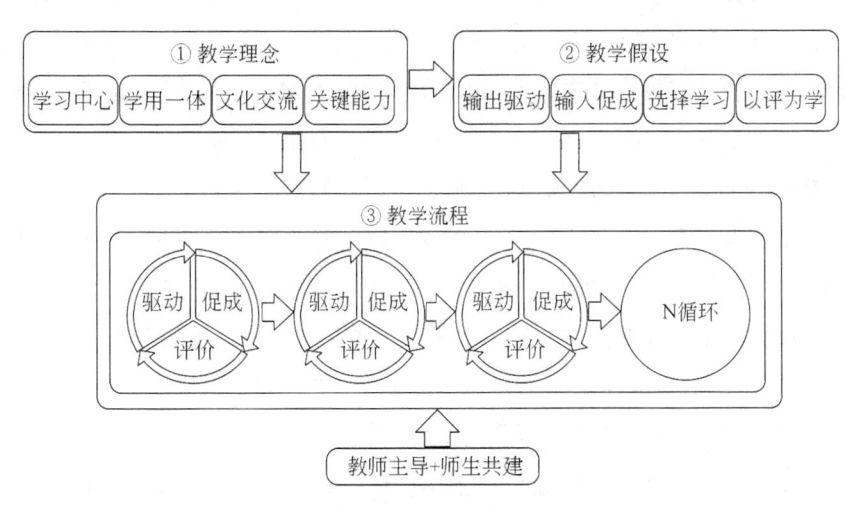

图 2.1　POA 理论体系

---

[1] 致谢北京外国语大学文秋芳产出导向法研究团队毕争执笔撰写本部分，纳入本报告时略有改动。

POA 的创建是为了解决我国外语教学中存在两个根本问题："学用分离"和"文道分离"，即"输出与输入分离""语言技能训练与人格塑造分离"。该理论的创新性体现在三个方面：（1）融通中西理论精华。汲取中国传统教育理论与西方教学理论精华，融合课程论和二语习得理论视角，提出以输出为驱动、以输入为促成、以产出为结果的教学方法，强调"学用一体"。（2）构建理论和实践一体化体系。理论方面，既有主理论，也有"辩证研究法"等子理论；实践方面，既有总体教学原则，也有对各教学环节及教材使用的详细指导建议。（3）突出外语教育的育人功能。将培养学生全面发展所需的关键能力作为外语教育的培养目标。

POA 的发展大致经历五个阶段，从"输出驱动假设"到"输出驱动—输入促成假设"，再到"产出导向法"及其两次修订，逐步形成了"学用一体、文道相融、教师主导"的教学理论与实践体系。

实践应用方面，POA 已在多所高校付诸实践，并取得明显成效。POA 不仅应用于英语教学（如毕争 2019；陈浩 2020；邱琳 2019；孙曙光 2019；张文娟 2017），也在对外汉语教学（如朱勇、白雪 2019）和非英语语种专业教学中进行了尝试（如董希骁 2019；汪波 2019；詹霞 2019）。同时，来自韩国、泰国、罗马尼亚、匈牙利、印度尼西亚等国的学者也在积极实践 POA。POA 团队通过教师培训进行教学指导与示范，切实帮助一线教师提高教学和科研能力，形成良好的社会效益。同时，团队发表 40 余篇期刊论文，完成五篇博士论文，出版两册教材，并将出版六部专著；2017、2018 年分获北京外国语大学和北京市教学成果一等奖；参加国内外学术研讨会 20 余次，举办六届创新外语教育在中国国际论坛，在国内外学界均产生一定影响，实现了文化效益。

教学实践表明，POA 能够使教学更有针对性，各教学活动目标明确，教学过程循序渐进、环环相扣，教学评价有的放矢、巩固所学，从而整体上提升了英语课堂教学的效果和效率。POA 在理论与实践方面还需进一步完善，包括优化驱动、促成、评价活动设计，扩大教学实践应用范围，加强POA薄弱环节的研究，如创新能力培养、英语信息深加工等。

3）续论，新兴的语言习得观[1]

续论是历经十几年探索外语教学理论和高效学习方法的结晶。该论认为，语言是通过"续"学会的，高效率学习是通过"续"实现的。"续"指说话者在语言交际中理解并承接他人的表述，阐述自己的思想。"续论"的促学原理是利用语言理解与语言产出前高后低的不对称（如我们能够读懂但写不出《红楼梦》），借力两者互动而产生的拉平效应，以"续"为拉平的引擎，近距离强力拉高语言产出水平，将别人的语言高效转化为自己会用的语言。本成果最突出的理论贡献是深化了经久不衰的外语教学互动理论，指出"续"是互动的源头并维系互动，互动促学实则是以"续"促学，积极主动自觉去"续"，可使语言学习效应最大化。

"续"运作于理解和产出之间。理解的主要途径是"听"和"读"，产出的主要方式是"说"和"写"，所理解的来自他人提供，所产出的源于自己创造。在"续"的驱动下，学习者在创造内容的过程中自发学用他人的语言。如此"创造性模仿"源于理解与产出永恒的不对称性，而"续"使不对称性成为拉平的不竭学习动力源。基于上述理念设计含"续"的语言学习方法有数十种，含一共同点：提供不完整的优质语篇，刺激学习者以其为模板去补全、拓展和创造内容，据此与高水平的语言输入拉平协同，"说""写"能力随之快速发展起来。

续论由我国学者原创，其主要贡献在于：（1）从新的视角阐释语言习得机理，助力改变我国外语教学长期跟跑国外理论的局面。（2）指导开发了高效实用、操作简易、以"续"促学的一系列外语教学新手段，包括续说、续写和续译等续作，应用前景广阔，为破解外语教学和学习费时低效的困境提供了新思路和新方法。

续论的影响力不断扩大。由于续作的促学效果在语言教学实践中得到反复验证，应用范围不断拓展，目前已从大学推广到一些中小学，从

---

[1] 致谢广东外语外贸大学王初明教授执笔撰写本部分，纳入本报告时略有改动。

英语教学推广到其他外语教学（含对外汉语），并且还被我国高考英语试卷采用。研究成果发表在国际和国内的重要期刊上，如在应用语言学国际顶级期刊 *Applied Linguistics*（2015 年第 5 期）首篇位置发表，评审人认为该研究成果具有高度原创性（highly original）。国际著名心理学家马丁·皮克林（Martin Pickering）认为，"续论是理论研究与语言教学的完美结合，令人惊叹"；原外语教学指导委员会成员秦秀白教授认为，"续论是二语习得理论的系统性的概括和高度升华，体现了中国二语习得理论的创新成果，会被越来越多的学者认同和采纳"。

4）人文英语教育论与思辨英语、跨文化英语教学原则[1]

针对高校英语专业语言技能课程教学改革，孙有中提出"人文英语教育论"，其基本内涵是：在高校英语专业技能课程教学中，通过语言与知识的融合式学习，构建合作探究学习共同体，同步提高语言能力、思辨能力、跨文化能力和人文素养。该教学理念主张：（1）语言课程应与人文英语教育紧密结合。（2）语言能力包含思辨能力和跨文化能力。（3）语言教学是一个合作参与的社会文化建构过程。英语专业技能课程教学最终应实现：语言学习与人文教育融为一体，思辨能力与跨文化能力同步提高。该理念超越了传统的交际英语教学法，指明了高校英语专业技能课程改革方向，在教学实践中得到广泛应用。该理念在世界外语教育领域具有一定的领先性。

为了深入实施人文英语教育理念，孙有中提出"思辨英语教学原则"（TERRIFIC）和"跨文化英语教学原则"（CREED）。前者包括：对标（Target）、评价（Evaluate）、操练（Routinize）、反思（Reflect）、探究（Inquire）、实现（Fulfill）、融合（Integrate）、内容（Content）；后者包括：思辨（Critiquing）、反省（Reflecting）、探究（Exploring）、共情（Empathizing）和体验（Doing）。

为了全面推广人文英语教育理念，孙有中组织编写了《大学思辨英

---

[1] 致谢北京外国语大学孙有中教授执笔撰写本部分，纳入本报告时略有改动。

语教程》，涵盖听说读写四个系列，共 16 册。该套教程被广泛采用，为促进我国高校英语专业教育教学改革和高层次国际化人才培养作出了贡献。

5）中国外语教师教育与发展素质框架[1]

该成果基于一项规模性实证研究（2001—2005），构建了我国高校优秀英语教师的四维度专业素质框架。这四个维度分别是：外语教师职业观与职业道德、外语教学观、外语学科教学能力、教师学习与发展观。各维度的内涵如下：（1）热爱外语教师职业，肩负"教书育人"的双重使命；敬业、认真、责任心强；真心喜欢、关爱和尊重学生；秉承学高为师、身正为范的职业精神，致力于发展学生的整体专业素质。（2）视教师为教学主体＋主导，学生为学习主体，外语为承载目的语文化与思维的符号体系，兼具工具和人文双重属性；视外语学习为学习者知识建构和人格化的过程，外语教学为教师对课程、目的语、学生、外语学习规律、学习环境、课堂管理之间辩证关系的把握。（3）外语学科教学能力融通外语学科和外语教学两类知识体系，前者是充分尊重和适合外语教学特点和规律的外语学科知识，后者是充分尊重和适合外语学科知识特点的实践性教学知识；基于研究素材，课题组推出了外语学科教学能力的十项标准性内涵（吴一安、王文峰 2007：144）。（4）热爱外语教师职业是教师学习与发展的动力源，衍生出教师对知识不断追求、对教学不断反思与改进的自我专业发展意识；为提高教学质量而开展的科研和理论学习，使教师得以开拓研究性变革实践，成为自我更新型的终身学习者。该成果还论证了各个维度之间的关系。（同上：125-155；吴一安等 2008）

该成果的研究背景涉及在二十世纪和二十一世纪交替时段我国教育领域的深化改革。彼时课题组推出了外语教育基本要素的新构想，即构成外语教育的基本要素是外语教师、学生、目的语和教学环境，其中教师是外语教育的主体，是使外语教育得以实施的最主要社会力量（吴一安、王文峰 2007：125-155）。自改革开放以来，聚焦学生及其学习的二语习得研

---

[1] 致谢北京外国语大学吴一安教授执笔撰写本部分，纳入本报告时略有改动。

究和聚焦语言的语言学研究，逐渐成为外语教育教学研究的重要关注，然而对语言教师的研究甚少，系统性二语/外语教师研究尚未起步，环境研究缺失。项目组有幸获批教育部人文社科重点研究基地重大科研项目"中国高校英语教师教育与发展研究"（01JAZJD740010），交出了我国第一份系统性研究中国外语教师教育与发展的答卷。

该成果的理论价值在于：（1）在研究思路上超越了行为主义的狭窄视野，吸纳认知论、建构主义和解释学的理念和方法论，把对教师行为的探究拓展至其行为背后的精神世界。（2）为我国外语教师资格认证、评价体系以及教师培训改革，提供了重要理论依据、目标导向和内容参照。（3）有力支持了外语教师发展目标和过程相互兼容，外语教育既具有服务于社会经济发展的工具性，又兼具其自身人文价值的教育观念（吴宗杰 2005）。课题的实证性研究过程，展示了优秀英语教师的教学行为特点和教学决策背后的精神支撑，这不仅为广大教师树立了行为和精神典范，也为之提供了可行、有效的专业发展思路。

6）基础外语教育的本土创新：标准和内容[1]

四部国家基础教育英语课程标准[《全日制义务教育普通高级中学"英语课程标准"（实验稿）》《普通高中英语课程标准（实验）》《义务教育英语课程标准（2011年版）》和《普通高中英语课程标准（2017年版）》]的研制和修订，揭开了二十一世纪我国基础教育英语课程改革的新篇章。这四部课程标准首次明确阐释了我国基础教育英语课程的课程性质、课程理念、课程目标、课程内容、教学方式与评价方式，全方位地推进了新世纪基础英语课程改革的创新步伐，实现了中小学英语课程目标从双基向综合语言能力、再向英语学科核心素养的重大转变，引领了中国基础外语教育的深度改革，实现了基础英语课程的跨越式发展。这四部课程标准的研制和修订，都深深植根于中国国情和全国两亿中小学生的英语学习需求、环境和条件，为提高我国中小学英语教育质量贡献了可行的改革与实施方案。

---

[1] 致谢北京师范大学王蔷教授执笔撰写本部分，纳入本报告时略有改动。

特别是《普通高中英语课程标准（2017年版）》提出的英语学科核心素养目标，将立德树人融入课程目标与内容之中，第一次提出了课程实施途径的中国主张，即六要素整合的英语学习活动观，凸显出中国基础英语教育发展的独特性、先进性与创新性。与其配套的高中英语新教材，融课程理念和目标于教学内容与活动中，为落实学生的英语学科核心素养创造了重要的中介工具，使其成为对英语课程改革和教师专业发展的有力支持。新课程的实施与新教材的使用必将为提高我国国民外语素养、服务国家发展的战略目标作出重要贡献。

7）中国基础阶段英语教育本土教材研发[1]

基础阶段本土英语教材研发是中国应用语言学研究和实践中浓墨重彩的一笔，经历过三个历史阶段。

第一个重要阶段是1949—1977年。新中国成立伊始到改革开放前，我国中小学的英语教育随着政治和经济形势的变化与发展，走过了一条迂回曲折的道路。新中国成立初期"重俄语、轻英语"，教育部除了沿用经改编后的旧教材和委托外语院校和师范院校英语系教师业余编写的教材以外，少有研究。1959年后英语受到重视。教育部委托人民教育出版社编制英语教学大纲和教材，人民教育出版社在总结中外英语教材历史经验和调查研究的基础上，于1963年编制了大纲和教材。初中教材在全国范围内普遍使用，受到了好评。这一时期的英语教材所采用的教学方法主要是以结构主义为基础的听说法，加上传统的语法—翻译法。教材的内容以反映革命文化为主，突出思想政治教育。20世纪70年代初期，各地自编教材，由于过分强调突出政治思想教育，忽视了语言教学规律，致使质量普遍低下。

第二个重要阶段是改革开放开始至20世纪90年代。改革开放形势下，英语教育受到史无前例的重视，从1977年恢复高考时外语成绩仅为参考，到1983年起按100%计入总分，后来外语被列为必考科目之一。

---

[1] 致谢人民教育出版社刘道义编审执笔撰写本部分，纳入本报告时有改动。

教育部组织编写教学大纲和通用中小学英语教材，稳定了教学秩序，提高了教学质量。这套教材有两个突出特点：（1）充分考虑中国学生学习英语的困难和特点（如语言环境缺乏、教师水平低、课时不足、班级过大、母语与英语差异大等），也吸收了国外引进教材的优点，选材多为英美经典文学作品，贯彻"寓思想教育于语言教学之中"的原则，正确处理了思想教育与语言教学规律的关系。（2）教材以行为主义、结构主义为理论基础，重视基础语言知识和技能训练，低年级采取句型操练和课文结合的方法，高年级以课文为主教学语法，沿用听说法、直接法和语法—翻译法。1985年，国家教育委员会开展了全国中学英语教学调研工作。调查表明，中学英语水平有明显提高，高中生进入大学具有约 1,800 个词的基础，从此结束了国内大学英语从零起始教学的状况，但也发现一些突出的问题，如学生英语水平低下、语言运用能力差、教材教法陈旧，亟待改革。

第三个重要阶段是 1991—2000 年。1986 年，国家教育委员会启动了第一轮课改，首先展开九年义务教育教学大纲和教材的研制工作。1988 年提出"在同一基本要求下教材多样化"的政策。人教社与英国朗文出版社合作编写初、高中英语教材开创了中外合编英语教材的先河。合作遵循"以我为主，洋为中用，互为补充"的原则，教材编者吸收了交际法，并充分考虑我国教学实际，采取了结构与功能结合的方法编写。最终该套教材有如下特点：（1）重视语言功能，创设比较真实的情境，编写反映学生生活的故事。（2）在综合训练的同时加强听说活动，增强互动性。（3）教材编排体系采取直线式与循环式相结合的模式，增加了语言的复现率。（4）高中教材选择了具有时代感的话题，使语言与文化紧密结合。自此，国内基础段英语教材研发在理念上实现了从突出知识结构到突出运用语言达到培养学习者交际能力的转变。

新世纪的到来也开启了国内基础段英语教材研发的新阶段（2001 年至今），教育部正式启动新一轮基础教育课程改革，提出"以人为本"的素质教育和培养创新精神和实践能力的要求，强调"立德树人"，明确英语学科工具性和人文性并重，要求教材体现学科核心素养。为了加速提高外语水平,教育部要求积极推进小学开设英语课程。这一阶段的英语教材具有以下特点:(1)科学化。教材的开发、使用、调查、评估、修订是不断科研的过程;教材的内容、结构和体系符合学生的身心发展和国情;教材具有学科融合、科学性强的特点。(2)多元化。所采用的教学途径和方法是根据中国语境"兼收并蓄,各取所需",不拘泥于某一种方法,既有基于建构主义的任务型教学,也不排除语法—翻译法、教材分必修和选修、必学和选学,以适应学生的不同层次要求;编制多套教科书。(3)系列化。除了学生和教师用书,还提供活动手册、听说读写的辅助教学材料,以及音频视频、多媒体和多模块教学材料,形成系列配套的"教学包";多模态教学资源增强了教材的选择性、拓展性、灵活性和开放性。(4)数字化。利用信息技术、人工智能开发了同步的网络版、手机版、平板数字教材,专项技能 APP,诊断式学习平台等。

总体来看,经过 70 年四个阶段的发展,中国基础阶段英语教材研发在方法上经历了教材使用调查研究、教材实验、教材史研究、本土教法研究、国内外教材比较,到近几年应用语料库研究成果。其成果对国内英语教育与教学所产生的影响巨大且深远:(1)显著提高了国内基础阶段英语教学整体质量,高中毕业生词汇量达到 3,000 多,特别加强了运用语言的能力,以此来促进学生学习方式的改革。(2)促进学生学习方式的改革,提升了英语学科的育人功能。(3)推动外语测试改革,增加听力和口语测试。(4)提高了中小学英语教师的教学能力。(5)促进信息技术、人工智能与英语教学的高度融合。(6)在国内实现小学学段开设英语课。由于历史原因,英语学科基础比较薄弱,基础阶段的英语教学质量还远不能满足国家发展的需要,仍存在诸多问题,如教材不能满足各地发展不平衡的需求,教师使用教材的有效性不高,而且教材研制尚有诸多矛盾与问题亟待解决,需要深化改革。

本土教材研发的方法经历了从百年教材史研究到语料库研究阶段,教材研发的意义表现在:(1)显著提高了基础英语教学质量,高中毕业生词汇量达到 3,000 多,特别加强了运用语言的能力。(2)促进了测试改革,增加听力和口语测试。(3)提高了教师教学能力,促进学生学习方式的改革,成功地在小学开设英语课。(4)促进了信息技术、人工智能与英语教学高度融合。

8) 与外语教育相结合的跨文化交际理论与实践在我国的发展[1]

跨文化交际于20世纪50年代末在美国诞生,主要为解决文化差异问题,于80年代发展成为一门具有自身理论体系的系统学科,将语言、文化与交际的紧密联系揭示出来,使学界从理论层面意识到语言学习和文化学习的密切联系。胡文仲作为我国跨文化交际研究领域的先驱,于20世纪80年代开始从事跨文化交际学的研究,积极向国内引介国外跨文化交际领域研究成果,先后出版了《跨文化交际学概论》《超越文化的屏障》《跨文化交际教学与研究》《跨文化交际学选读》《文化与交际》等多部专著、教材和论文集,对跨文化交际学这门学科的分野,跨文化交际学在人文学科中的地位,以及跨文化交际学的理论建构都有重要论述,作出巨大贡献。他指出"不同文化之间的交际是一门边缘学科,它涉及人类学、社会学、民族学、语言学(社会语言学)、民俗学、文化学以及外语教学理论与方法等多种学科"(胡文仲1985a:43)。此后,跨文化交际学在国内受到关注,得以迅速发展。

我国外语教学曾一度偏重于语言结构知识的传授,导致培养的人才在走向世界的过程中产生文化不适应甚至文化休克的现象。胡文仲教授将跨文化交际领域的研究和外语教育结合起来,显示了我国应用语言学和外语研究的一个新的动向,标志着国内学者开始关注文化因素在外语教学中的作用,关注外语教学对于跨文化能力培养所肩负的责任和使命。其较早的相关论著和论文包括《文化差异与外语教学》(1982)、《文化差异种种》(1985b)和《不同文化之间的交际与外语教学》(1985a)等。1988年,胡文仲主编论文集《跨文化交际与英语学习》,涉及词的文化内涵、中英谚语对比、交往习俗、非语言交际、教学方法与原则以及对于跨文化交际学的概括介绍,这应该是国内学者首次就跨文化交际的问题从不同角度

---

[1] 本部分由课题组撰写,感谢胡文仲教授修改和提供定稿意见。

所作的论述。1994年，胡文仲主编的《文化与交际》首次将社会语言学、文化语言学、语用学、翻译学、对外汉语教学和外语教学在文化与交际方面的研究成果收入一集，开启并倡导了学科的融合贯通。胡文仲和高一虹在专著《外语教学与文化》（1997）中提出外语能力的微观、中观、宏观的三层模型（语言能力—交际能力—社会文化能力），这对于外语教育政策的导向意义重大。其中，"社会文化能力"概念是对海姆斯（Hymes）"交际能力"的拓展和深化，把外在的跨文化交际能力延伸至人们通过对母语文化和异文化的理解、评价和吸收而达到的内在人格的整合和完善。如果说传统的交际能力是外语教学的最终目标的话，那么，社会文化能力则是外语教育的最终目标，它将交际能力的提高与人的素质培养这一整体目标结合起来。在跨文化交际能力被各类各层次外语教学普遍列入教学目标时，胡文仲（2013）及时指出，目前我国外语教育存在着将跨文化交际能力培养泛化和简单化的倾向，在某些教学阶段对跨文化交际能力要求过高，并指出在大中小学的外语教学大纲中，对培养跨文化交际能力如何要求和落实需要更细致的论证与安排。1995年，哈尔滨工业大学召开了跨文化交际国际研讨会，成立了中国跨文化交际学会，胡文仲被推举为首届研究会会长。胡文仲将跨文化交际与外语教育结合起来，引领了外语教育的文化转向和理念革新，为我国培养合格的国际化人才作出了理论层面和实践层面的重要贡献。

  胡文仲就语言规划和政策也提出过极其重要的建议。胡文仲（2001，2011）指出，我国文字改革委员会或国家语言文字工作委员会的工作从来都不涉及外语的地位以及外语的使用和教学。而政府部门在半个世纪中对于外语教育也从未制定过长期的规划，更没有设立专门的机构管理这方面的工作。例如，在通用语中，何者为先，各通用语种按照重要性应如何排列，各自应占什么比例，每个语种应该设立多少专业点等重大事宜从未制定过长期的规划，也没有设立专门的机构管理这方面的工作。他建议成立类似国家语言文字工作委员会的组织，通过政府和专家的工作制定相应政策和规划。这对于我国外语教育的科学发展至关重要。

胡文仲在我国从事外语教育和研究近60年，奠定了我国跨文化交际领域研究的基础，开辟了应用语言学的新方向，为我国语言政策与规划指明了方向。不仅如此，他在推动中国应用语言学进入国际应用语言学界、助推中国英语教学研究会进入国际应用语言学学会等方面也作出过重要贡献。

2.1.2.2.3　外语测试本土理论创新与实践：大学英语四、六级考试（CET）研发和《中国英语能力等级量表》

1）大学英语四、六级考试（CET）研发[1]

大学英语四、六级考试（以下简称CET）是由教育部高教司自1985年起组织自主开发和实施的一项教育考试，目的是为了推动《大学英语教学大纲》的贯彻实施，推动我国大学英语教学，为提高我国大学生英语水平更好地满足国家改革开放需要的目的服务；为此提出了具体要求："精心设计、精心组织、精心施考"，"努力建设成有中国特色的、达到国际教育测量学专业标准的、与国际接轨的英语语言测试体系"。

CET的设计开发严格按照国际教育测量学专业标准的要求：分数具有可解释性、分数经过等值处理具有可比性、采用科学方法命题审题（从来不采用入闱关门命题的方法），从而使试题在考前就获得难易度、区分度等数据以确保试题质量，保证考试的信度和效度达到教育测量学的要求。

CET的设计开发除了严格按照国际教育测量学专业标准的要求外，还具有如下特点：

具有鲜明的中国特色，具体表现在七个方面：（1）作为教学考试，严格按照"大学英语教学大纲"规定的教学目标测量学生英语水平。（2）采用尺度相关—常模参照方法用标准分报道考生成绩，分数记录了考生成绩的所有信息，且解释直观、便于理解。（3）重视主观题与客观题的结合与平衡，既保证了测试信度与采样宽度、又测量了考生的语言表达能力

---

[1] 致谢上海交通大学杨惠中教授执笔撰写本部分，纳入本报告时略有改动。

并有利于对教学的反馈。(4)每次考试后将大量信息反馈给各高校,为进一步改进教学提出了可能的方向,这种考后信息反馈是国外大规模考试不做、也做不到的实事。(5)开发了一套提高作文阅卷信度的科学方法,保证阅卷员本人评分一致性、阅卷员之间评分一致性和阅卷点之间评分一致性。(6)广大一线教师积极参与考试过程,包括作文阅卷、口语考试等。(7)建立了健全的考务管理和运作系统,做到了试题编制标准化、考务实施标准化、阅卷评分标准化、分数转换与解释标准化,使 CET 成为一项质量稳定的考试,有力地推动了我国大学英语教学。1993 年"大学英语考试的设计、实施及研究"项目获得国家教委颁发的全国普通高等学校国家级优秀教学成果一等奖。

CET 自 1987 年 9 月实施第一次四级考试、1989 年 1 月实施第一次六级考试以来,考试规模不断扩大。从 1999 年 5 月起,开始实施"口语考试"(CET-SET),这标志着 CET 是一项相对完善的语言测试。

根据大学英语四、六级考试委员会的统计数据,自 1987 年至 2018 年,累计有 3,950 多万名学生达到了四级要求,其中又有 1,750 多万名学生达到了六级要求。这些学生的阅读速度分别达到每分钟 70—100 词和 90—120 词,这是具有实际应用价值的英语阅读能力,他们可通过阅读英语文献获取本专业所需信息,为各行各业的发展建设服务。

CET 与时俱进、不断改革、重视科学研究,具体表现在六个方面:(1)及时体现大学英语课程对学生英语能力要求的变化。(2)开展效度研究。(3)重视研究测试与教学的关系,不断完善考试内容与形式,改进考试对教学的后效。(4)建立了大批语料库,对学生实际英语能力及其发展规律进行深入的实证研究。(5)广泛应用信息技术,建立了一套完整的质量控制系统,保证了考试的心理测量学专业水准。21 世纪初,还开发了主观题在线评分系统、计算机化口语考试系统等。(6)积极开展考试社会学研究。

同时 CET 考委会重视与国际语言测试界的学术交流,经常在国际学术会议上报告研究成果,以便国际语言测试界更好地了解 CET,也使

CET 能紧跟国际语言测试研究的步伐。考试涉及一个国家的教育主权，中国学者有能力独立自主地开发达到心理测量学专业标准的语言测试项目，准确地评价学生的英语能力。

CET 考试是一项具有中国特色的考试。30 年来，它经历了风风雨雨，但坚持改革和自我完善的宗旨不变，坚持为大学英语教学服务的初心不改。迄今为止，考试做到了"命题的科学性、评分的一致性、组织的严密性、成绩的可比性"，从而得到了社会公认，并且引起国际语言测试界的重视。CET 的设计基于我国改革开放对大学生英语能力提出的要求，其发展得益于我国英语教学理论和实践水平的不断提高，以及语言测试领域对效度越来越深刻的理解。随着改革开放的深化，我国的英语教育还需要进一步提升质量，考试也要不断改革和发展，需要考试研究者对信度和效度的不断追求，希望我国自主品牌的考试能够更加稳步地发展，并尽早走出国门、面向世界，为中国了解世界、世界了解中国作出突出贡献。

2)《中国英语能力等级量表》[1]

在中国特色社会主义进入新时代之际，党中央、国务院对外语教育的改革与发展提出了新的要求（中华人民共和国国务院 2014），强调要加强外语能力测评体系建设。外语能力测评体系建设的首要任务是制订统一的外语能力标准（刘建达 2015a）。能力标准能推动各级各类外语教学、学习、测试的协调发展，实现"车同轨"（刘建达 2015b）。《中国英语能力等级量表》（以下简称《量表》）就是这项工程的首项成果。

在对目前我国英语学习者的英语水平、英语学习、教学与测评的现状进行深入调研（张文霞等 2017）的基础上，《量表》研制组创新制定和建设了适合我国英语学习者的量表理论框架、能力指标体系、描述语库、能力分级原则等（刘建达、韩宝成 2018），近 200 位专家、学者在全国 1,500 多所大中小学开展量表能力描述及能力分级实证研究，收集覆盖各学段的 16 万学习者英语能力及教师评价数据，多次广泛听取意见，历经三年多

---

[1] 致谢广东外语外贸大学刘建达教授执笔撰写本部分，纳入本报告时略有改动。

时间的实证研究和充分论证，成功研制出我国首个外语能力等级量表。《量表》经国家语言文字工作委员会语言文字规范标准审定委员会审定，已由教育部、国家语委签发实施（中华人民共和国教育部、国家语言文字工作委员会 2018）。

《量表》包含三千多条描述语，以语言运用为导向，建立了多层级的能力指标体系，分"基础""提高""熟练"三个阶段，共设九个能力等级，是我国首个覆盖教育全学段的英语能力标准，对提升外语学习、教学、测评质量，促进各学段衔接，推动外语教育"一条龙"建设将发挥重要作用。

《量表》的研制在多个方面都有所创新。研究团队创新构建了适应中国英语学习者的量表理论框架，独创近百套试卷平行和垂直等值模式，首次系统构建口译和笔译量表，首次系统构建促进语用能力发展的语用能力量表。这些弥补了一些国际语言标准的空白，受到国际同行高度赞誉，体现了中国语言标准研究的软实力。为了提升我国语言能力标准的国际影响力，推动教育技术标准的国际对接，《量表》的英文版也已正式对外公布，受到国内外学者的广泛关注，得到国外考试机构的高度重视，国际著名的英语考试，如雅思、托福等，都已经完成与《量表》的对接研究工作。此次对接建立了语言测试与《量表》对接的规范，有力地推动了国内语言测试的改革，促进考试质量的提升。

《量表》可以为我国的英语学习、教学、测评提供一个统一的参考标准，随着《量表》在以后的应用中不断完善，相信《量表》一定会很好地发挥它应有的作用。

2.1.2.2.4 英汉双语词典的独立研制、编纂[1]

辞书编纂是一项重要的文化基础建设工作，从一个侧面反映国家的文化实力。英汉双语辞书研制、编纂是应用语言学的重要组成部分，体

---

[1] 致谢复旦大学高永伟教授执笔撰写本部分，纳入本报告时有改动。

现国家应用语言学的发展状况。《英汉大词典》(以下称《词典》)是中国本土学者自主研编的第一本大型综合性英汉词典。1991年出版的《词典》以独立研编(而不是译编)为指导方针,自建第一手资料语库,博采英美百余种英语词典和其他工具书之所长,有选择地利用前人的文化积累,体现了国内英语语料库建设和学术研究的成果和水平。该词典的研制和编纂有以下特点:(1)顺应20世纪60年代以来国际辞书编纂重客观描述的大趋势,在收词、释义、举例、词源说明等方面都侧重客观描述各种不同品类的英语以及英语在不同文体和语境中实际使用的状况,并如实记录词义及词形在源流动态中的递嬗变化,尽量避免作孰优孰劣的评判和孰可孰不可的裁断。(2)在继承优良传统的基础上力求创新,除收录大量的基本词汇外,还根据自行建立的第一手语料库,广收新词新义,客观真实地反映英语语言的最新发展。(3)释义力求准确、完备、多例证、加注词源。多义词释义的排列采取常用义在前,次常用或不常用义在后的顺序,便于读者查检。释义文字力求英汉对译等值,必要时附加说明,让使用者进一步了解词义。词语释义后设有较为丰富的例证,作为释义的补充和延伸,或指示词语的用法,或丰富词典的内容。加注词源说明是《词典》的创新点。(4)为了紧扣中国读者的需要,尽量客观又忠实地描述词义,《词典》基本采用准英汉等值对应语适当结合逐字翻译的方法。(5)《词典》在创造译名方面也作出了积极的努力。双语词典的难点是文化局限词,即在英语环境中常见而在汉语中尚不存在对应词的事物。以往的英汉词典在处理这种词时往往一知半解地解释一下或者移译英语词典的释义。

《词典》最大的贡献在于创新,这种创新体现在诸多方面,其中最重要的是自建第一手语料库,走独立研编的艰苦道路。《词典》选择独立研编的道路并由此走向成功并非偶然:国内外语言学的发展及其研究成果的推广为其提供了理论上的依据和准备;国内语料库的建设为其提供了丰富的资料来源;《新英汉词典》等的编纂工作积累了一些经验而且培养了一批行家里手。由于编写组投入大量人力去广泛阅读英语报章书刊,建成了为词典编纂服务的第一手语词资料库,使之成为我国英汉词典编纂史上一项开创性的工作,为之后的英汉词典研制和编纂树立了榜样。

2.2 中国外国文学研究 70 年：创新成果及贡献

毋庸置疑，自新中国成立以来，由于社会、政治、经济、文化的重心和需求的变化，外国文学研究在不同历史时期朝着不同的方向展开，研究深度和研究范围逐步拓展、渐入佳境。任何研究成果都离不开背后长年累月默默耕耘的学者，此处以 20 位在外国文学研究领域作出了突出贡献的代表性学者为例。

2.2.1 中国立场的英国文学研究倡导者（范存忠）

范存忠先生在长达近 60 年的学术生涯中，致力于英国文学、比较文学的研究，取得了一系列高水平、有影响力的成果。新中国成立后，范存忠先生自觉用马克思主义来指导自己的学术研究，这体现在他对英国作家作品的研究上。范存忠先生在研究工作中坚持实事求是的原则，不盲从教条，持论公允，这在当时的历史条件下实属难能可贵。范存忠先生关注彭斯 18 世纪 90 年代创作的革命性作品，认为只有比照作品的历史背景，才能充分理解它的意义，并强调文学研究要在详尽占有材料的基础上，结合当时的历史条件与作者的思想倾向加以考虑。因此，他的观点不仅令人信服，经得起时间的考验，而且还突破了西方学者的局限，体现了中国学者的文化立场，是改革开放前老一辈学者探索中国特色外国文学研究道路的优秀代表。

范存忠先生的研究走在了时代前面。他关注中国文学与文化对西方的影响，把视角投向中西文化交流的起始阶段，通过系统考察 18 世纪重要的文学家、思想家、评论家的相关论著，揭示了中华文明在西方哲学思想、政治体制、文学戏剧、生活风尚等领域引起的变化。早在 20 世纪 40 年代，范存忠先生便去英国牛津大学讲学，并在《英语研究评论》(*The Review of English Studies*) 上发表了若干文章。在英国产生的影响使他成为最早走向世界的中国学者之一。范存忠先生去世后出版的《中国文化在启蒙时期的英国》（1991）研究了18世纪英国对中国文学与文化的接受过程，获首届高等学校人文社会科学研究优秀成果一等奖，已故南京大学名誉校长匡亚明教授称该书为"研究中英两国文化交流的不朽之作"。

2.2.2 古希腊文学研究的开拓者（罗念生）

罗念生在古希腊文学的研究和翻译领域作出了巨大贡献，一生翻译了包括荷马史诗和三大悲剧家剧作在内的古希腊文学作品近千万字。古希腊语本身难度较大，同时，古希腊文学作品抄本古老、内容深奥、典故繁多，给翻译和研究带来了诸多困难。许多人在困难面前退却了，而罗念生却毕生致力于斯，坚持了六十多个年头，为我国古希腊文学学科奠定了基础。

罗念生在翻译上追求"信、达、雅"兼顾。他将诗体原文用散文译出，又努力使其不失韵味。他为统一古希腊专用名词的译音，编写了比较合理的对音体系。根据周恩来总理生前关于辞书出版的指示，罗念生与水建馥等同志奋斗五年，完成了《古希腊语汉语词典》的编纂工作，填补了我国辞书领域的又一空白。

《论古希腊戏剧》（1985）和《古希腊罗马文学作品选》（1988）是他的代表作，这两部作品为我国的西方古典学奠定了基础。前者是他在大量翻译和注疏古希腊罗马文学经典时整理的跋序文集，其中不少内容来自注疏。罗念生秉持"人同此心，心同此理"的理念，从中国古典学与西方古典学的双重视角来发掘西方文明丰茂的根系。

2.2.3 德国文学研究的奠基者（冯至）

冯至曾被鲁迅誉为"最为杰出的抒情诗人"。1964年冯至任中国科学院外国文学研究所所长，从事德国文学研究，为我国德文学科的发展奠定了基础。在1978年主持召开的全国外国文学研究工作规划会议和中国外国文学学会成立大会上，冯至当选首任会长，为此后外国文学学科的发展作出了开创性贡献。他的学术代表作有受到毛主席好评的《杜甫传》（1952）、两卷本《德国文学简史》（1958）、两卷本《论歌德》（1986）和十二卷本《冯至全集》（1999）。

冯至承继了"体""用"思想和"拿来主义"，自觉恪守"吸收外来养分"以壮国学的治学方法。这个提法本身即表明，外国文学研究的主体是中国，以服务中国为目的，因此为中国的广大读者和作家所接受。冯至的主要学术著作《杜甫传》《论歌德》等都是贯彻这一方法的结果。同时，他主张严谨求真、尊重科学、言之成理、持之有据。

2.2.4 法国文学研究的开创者（李健吾）

李健吾一生先后创作、改编了近50部剧作，被称为具有浪漫主义特征的剧作家。李健吾是中国最早从事外国文学研究的作家和学者之一，于1925年开始发表译作。1931年，他赴法国留学，从事文学研究，1933年回国后翻译了福楼拜的名作《包法利夫人》（1934），其精湛的翻译使得该译本经久不衰。1935年，李健吾出版专著《福楼拜评传》，开创了外国文学作家评传的先河，也奠定了其在国内法国文学研究界的地位。40年代，李健吾改编了法国剧作家萨尔杜的多部剧作，在原作的基本构思中充分融入中国现实元素，将背景、情节、人物彻底中国化，剧作的演出因此大受好评。

1954年，李健吾从上海回到北京，投身外国文学翻译与研究。李健吾专事福楼拜研究，并翻译了其几乎所有著作。他也是国内最早系统翻译司汤达作品的译者，此外还译有巴尔扎克、雨果、罗曼·罗兰、莫里哀等名家作品。李健吾的外国文学评论与研究不对西方学者的观点亦步亦趋，而是以一个融贯中西的中国文人和现代知识分子的眼光，对作品进行鞭辟入里的研读和分析，在融入自己对生活和艺术的发现的基础上，旁征博引，形成独到见解。李健吾还译有高尔基戏剧作品7部、契诃夫独幕剧1部、托尔斯泰戏剧作品7部、屠格涅夫戏剧作品4部。

在外国文学领域，李健吾将创作、翻译和研究有机融为一体，兼有作家、译者和学者多重身份，三者互为滋养。20世纪80年代出版的《李健吾戏剧评论选》(1982)、《李健吾剧作选》(1982)、《李健吾文学评论选》(1983)、《李健吾创作评论选集》(1984) 等著作充分展现了李健吾的文学才华以及其毕生在文学创作、翻译和研究领域所取得的卓越成就。

2.2.5　中法文学交流的推动者（罗大冈）

罗大冈的学术生涯可以分为两个阶段：旅欧期间，罗大冈以翻译和传播中国文学与文化为己任；回国之后，则以教授、翻译和研究法国文学为主要工作，为我国外国语言文学的学科建设和发展作出了杰出贡献。罗大冈在法国时以法文创作诗歌，归国后继续翻译和研究法国诗歌，其诗歌译著有《艾吕雅诗钞》(1954)、《阿拉贡诗文钞》(1956)、《拉法格文学论文选》(1962)、《革命前后的法国语言》(1964)，主要小说译著有孟德斯鸠的《波斯人信札》(1958) 和罗曼·罗兰的长篇小说《母与子》(上、中、下三册，1980—1987)。罗大冈也是罗曼·罗兰研究专家，著有《论罗曼·罗兰》(1979)。罗大冈在文学翻译工作中一丝不苟，他的文学评论也植根于扎实的文献阅读和严谨的学术研究，反对人云亦云和哗众取宠。

罗大冈与法国文化界一直保持着友好的学术交流，曾与法国著名诗人克洛德·罗阿 (Claude Roy) 共同翻译中国古诗。作为国内知名且法文造诣首屈一指的法国文学研究专家，罗大冈自20世纪50年代起承担了萨特、波伏娃等多位法国知识分子访华的接待任务。他在1981年和1983年两度受邀赴法国讲学，不仅介绍了法国文学在中国的情况，也向法国人介绍了中国文学，将中国学者的声音传播到法国学术界，为中法文学文化交流作出了重要贡献。正因如此，罗大冈于1981年被授予巴黎第三大学荣誉博士称号和法兰西学院荣誉奖章。

2.2.6　独树一帜的莎士比亚研究者（卞之琳）

卞之琳曾师从胡适和徐志摩，被公认为我国新文化运动重要诗派新月派和现代派的代表诗人，同时也是外国文学研究，尤其是莎士比亚研究领域的杰出人物，为中国外国文学学科建设作出了重要贡献。

卞之琳不仅具有极高的语言天赋，在中文、英文、法文上都颇有造诣，而且中外兼修、古今贯通。他在大量阅读英国文学的同时，关注法国象征派诗人波德莱尔、魏尔伦、马拉美和瓦雷里，对温庭筠、李商隐等传统婉约派也多有继承，可谓外迎英法近现代诗潮，内承中国古典诗学；进而甚之，他对外国文学，尤其是莎士比亚等西方作家进行了极其个性化的深入研究。

虽然卞之琳的研究方法也带有时代的局限，但其代表作《莎士比亚悲剧论痕》（1989）运用了马克思主义方法——辩证唯物主义和历史唯物主义，蕴含着许多真知灼见。譬如，他批评我国一些学者在翻译、研究外国文学时丧失了对母语的艺术张力的判断和鉴别。又如，他认为莎士比亚悲剧最基本的倾向是反映封建制度与资本主义交叉发展时期后者所体现的两面性：既反抗丑恶现实，又不断与现实妥协合流。再譬如，他认为悲剧的核心问题——理想与现实的矛盾，恰好说明了欧洲文艺复兴运动时期社会和一般作家之间的主要矛盾，而莎士比亚戏剧是现实主义和浪漫主义两种基本艺术风格相结合的典范。总之，在评介外国文学作品的过程中，卞之琳十分强调"融古化欧"，即既不照搬照抄、食洋不化，也不语必奉典、食古不化。

2.2.7 中国比较文学研究的开拓者（钱锺书）

钱锺书在文学研究和创作方面成就卓越，尤其在科学地扬弃中国传统文化和选择性借鉴外来文化方面堪称典范。

钱锺书博览群书，毕生探寻人类"文心"、摸索文学的基本规律。他在而立之年创作《谈艺录》（1948），年过六旬写作《管锥编》（1979），提出了"散为万珠""聚则一贯"的文艺见解。所谓"东海西海，心理攸同；南学北学，道术未裂"，他在中外文学阐释、鉴赏、比较等方面的见解独树一帜，为深入研究古今中外文学提供了有益的方法。

钱锺书在文艺理论与比较文学研究方面作出了突出贡献。其一，《管锥编》是对古今中外文学进行通览和平行研究的成果。其二，他以非体系性研究实践对位或反衬现代西方理论，追寻文学的内在规律，如《七缀集》之《中国诗与中国画》。其三，他视文学为心理表征，并在心理层面融通文、史、哲和中外文化。其四，他拥抱辩证性思维，反对形式主义和极端化倾向，并用诗的神韵之和替代传统的形式与内容之分，如《七缀集》之读〈拉奥孔〉》。

与此同时，他重视继承与借鉴、守正与创新、传统与现代、东方与西方关系的辩证统一，以开阔的视野和包容的精神观照中外文学文化，表现出清醒而深邃的洞察力。他既不拒绝任何理论，也不盲从任何学说，毕生致力于确定中国文学艺术在世界谱系中的恰当位置，促进中外交流互鉴。由是，他既深刻地阐发了中国文化精神的深厚意蕴和独特价值，也贴切地指出了其历史局限性和地域局限性。他既批评国人由于某些幻觉而对本土文化的妄自尊大，又毫不留情地横扫西方由于无知而产生的中心主义偏见，为构建同心圆式人类命运共同体提供了可资借鉴的研究向度。

总之，"打通中西文化传统，在极为广阔的学术视野里来探讨人文学科的各方面问题，可以说是钱锺书治学方法最重要的特点，也是他对中国现代学术最重要的贡献"（张隆溪 2010：5）。

2.2.8　东方文学研究的引领者（季羡林）

季羡林在学术上涉猎广泛，在多方面取得了杰出成就。他的研究从语言出发，涉及语言学、文献学、宗教、历史、外国文学、中国文学和比较文学等多个领域的问题。他特别关注并极力推进东方文化研究，提出了东西方文化在思维模式上的差异——东方文化是综合的而西方文化是分析的。季羡林主要聚焦于中印文学的比较研究和批评，他始终认为，中国和印度作为两个有着古老文明的大国，在文学上有着十分密切的关系。

在外国文学作品翻译方面，季羡林也作出了杰出的成绩。他最早翻译的印度古典梵语文学名著包括《沙恭达罗》（1956）、《五卷书》（1959）

和《优哩婆湿》（1962）。"文革"期间，他将印度古典长诗《罗摩衍那》全文译成中文。该作于"文革"后出版，共七篇八册，可谓鸿篇巨制。

季羡林一生发表过许多学术论文，出版了多部学术专著，其中包括《罗摩衍那初探》（1979）、《佛教与中印文化交流》（1990）、《比较文学与民间文学》（1991）、《蔗糖史》（2009）等，以及与其他学者合作的《大唐西域记校注》（1985）和在德国出版的《中国新疆博物馆藏吐火罗语〈弥勒会见记〉残本》（*Fragments of the Tocharian A Maitreyasamiti-Nataka of the Xinjiang Museum, China*, 1998）。在教学与研究之余，季羡林还创作散文，其散文语言优美，布局精致，意境清远。他的回忆录《留德十年》（1992）和《牛棚杂忆》（1998）在国外有英文、德文译本，影响较大。

2.2.9 比较文学研究中国学派的推动者（杨周翰）

杨周翰是我国比较文学学科奠基人之一。他的个人学术代表作是《十七世纪英国文学》（1985），然而，若论及对国内学术界的影响，则不得不提他与吴达元、赵萝蕤共同主编的《欧洲文学史》（上、下两册，1979 修订本）。这套诞生于 20 世纪 60 年代的欧洲文学史，是新中国成立后第一部由国人自己编写的外国文学史著作，也是首部供高等院校使用的统编教材。改革开放后，杨周翰最早提出要摆脱苏联的影响，构建中国话语，发出中国声音。

1978 年全国外国文学研究工作规划会议后，杨周翰组织了国内学界的一众顶尖学者，重新修订了《欧洲文学史》。直到 20 世纪末，这套文学史一直是我国高校中文和外文专业使用的核心教材。此外，会后他又率先做出了两个具有全局性影响的大动作，旨在促使中国的外国文学研究迅速与国际学术接轨。

一是牵头召集了一批莎学学者，将他长期以来留心搜集的国外莎学研究主要学派的代表论文翻译成中文，汇集成 80 万字的两卷本《莎士比亚评论汇编》（1979），为国内停滞多年的莎学研究提供了急需的第一手参考资料。二是让长期被埋没的比较文学学科重见天日。杨周翰广揽人才，建立了一支有志于从事比较文学的学科队伍。中国的比较文学学科在改革开放后不到十年内，迅速成为"显学"，成为国际比较文学界一支令人刮目相看的生力军，这一切与杨周翰的深厚学养和勤力示范是分不开的。

同时，他撰写了一系列高质量的学术论文，后辑集为《镜子和七巧板》（1990）。这些论文在国际比较文学学会宣读发表后，受到国际比较文学同行的高度赞誉。自1982年起，他连续两届被选为国际比较文学学会的副主席。1985年，中国比较文学学会在深圳成立，标志着比较文学在国内得以复兴，杨先生出任该学会的首届会长。

2.2.10 自成一体的英国文学史研究者（王佐良）

王佐良一生致力于外语教育与外国文学研究事业，为我国外语学科建设和外国文学研究的发展作出了卓越贡献。他的英国文学研究视野开阔，将其对文学的敏感与对西方历史、文化、语言的深刻见地融为一体，成果丰硕。他高度重视选本编撰工作，1962—1965年他与李赋宁、周珏良共同主编了《英美文学活页文选》，为新中国外国文学研究的人才培养立下汗马功劳。王佐良翻译了不少脍炙人口的彭斯诗歌和培根散文，还参与了《毛泽东选集》第一至四卷的英译工作，其翻译理论主要收在《翻译：思考与试笔》（1989）和《论诗的翻译》（1992）中。年轻时，王佐良曾创作诗歌、小说，晚年则以散文创作为主，风格简劲高旷。他的学术文章讲究文采，强调可读性，这成为他突出的个人风格。

英国文学史的研究与撰写可谓王佐良学术历程的高峰。他关注断代诗史，探讨了英国浪漫主义诗歌的兴起和发展、重要诗人及其主要作品的思想和艺术特色。王佐良对断代诗史的研究不仅是英国浪漫主义研究的重要成果，也是文学史写作方面难能可贵的探索和贡献。在断代史研究的基础上，他与周珏良主编了五卷本《英国文学史》（1994—2006）。这是由多位学者合作的大部头国别文学史巨制，包括李赋宁著《英国中古时期文学史》（2006），王佐良、何其莘著《英国文艺复兴时期文学史》（1996），吴景荣、刘意青主编《英国18世纪文学史》(2000)，钱青主编《英国19世纪文学史》(2006)和王佐良、周珏良主编《英国20世纪文学史》(1994)。该系列文学史延续了王佐良在外国文学史写作中坚持中国特色的风格和探索，有着划时代的意义，标志着叙述与研究英国文学史的中国学派的形成。此外，王佐良还独立撰写了单卷本《英国文学史》(1996)。

2.2.11 俄苏文学研究复兴的推动者（陈燊）

陈燊曾任"二十世纪欧美文论丛书""现代文艺理论译丛"等丛书、文集负责人，著有《同异集：论古典遗产、现代派文学及其他》(1989)等论文集。其参与主编的"外国文学名著丛书""外国文艺理论丛书"和"外国文学研究资料丛书"（简称"三套丛书"）是改革开放之后中国外国文学研究领域实施的重大基础建设工程。三套丛书的出版，对改革开放之后我国外国文学研究的复苏具有重要意义。

陈燊认为，研究一个作家，尤其是古典作家，"应该严格依据作家的创作及有关材料，遵循他当时的思维方式，而不要把当下的一些'新理论'强加在他们的身上……更不应该标新立异，架空立说，把自己臆想的'理论''公式'强加于作家"（中国社会科学院青年人文社会科学研究中心2007：1081）。他参与了文艺理论界尤其是关于现代派的论争，认为"文章应为时而作，而不能蜷曲在自己的书斋里"（同上：1083）。陈燊批判现代派文学所宣扬的个人主义、自我中心等思想，认为这对我们国家特别是年青一代的思想有腐蚀作用。

在总结治学经验时，他强调外国文学研究的两个"必须"：一是必须常背古文、古诗；二是必须要关心社会意义，要有学术良心，即承担社会责任、实事求是，"要符合其本来面貌，不能为了迎合刊物或出版家，为了出版、发表而不讲原则"（同上：1086）。

2.2.12 西方现代主义文学研究的推动者（袁可嘉）

作为诗人，袁可嘉在20世纪40年代步入诗坛，创作初期就写出《沉钟》这样的优秀诗篇，为中国新诗形式与内容的革新作出了重要贡献。40 年代后期，他将西方现代派文学精髓与中国传统相结合，撰写了《新诗现代化》《新诗戏剧化》等一系列文章，倡导走"中国现代主义"的诗学道路，推动了中国现代主义诗潮的蓬勃发展。

作为翻译家，袁可嘉有诗歌、文论、小说、剧本多种体裁的译作。他曾翻译过叶芝、彭斯、布莱克、艾略特、庞德、燕卜荪、里尔克、希尼、威廉斯、洛威尔、康明斯、哈代等西方诗人的作品，出版译诗集《彭斯诗钞》(1959)、《英国宪章派诗选》(1984)、《叶芝抒情诗精选》(1997)等。其中，译诗《当你老了》《红红的玫瑰》《红色手推车》已成为脍炙人口的名篇。从 20 世纪 40 年代起，袁可嘉开始翻译西方文论，他的文论译作为当时文学理论相对匮乏的中国文坛提供了重要参考资料。1950 年夏至 1953 年底，袁可嘉作为钱锺书的秘书，在中共中央宣传部与钱锺书、金岳霖等共事，勠力完成了《毛泽东选集》(一至四卷) 的英译任务。

作为外国文学研究专家，袁可嘉先后在新中国成立后的两个时间段涉足西方现代主义文学和理论思潮的研究和批评，其一是 20 世纪 50—60 年代，其二是改革开放之后。自 20 世纪 40 年代起，袁可嘉就开始关注西方现代派文学并进行早期研究，他在论文中频繁讨论、引译叶芝、艾略特、奥登等现代派诗人的作品，为中国读者了解西方现代派文学打开了一扇窗。这一研究在 20 世纪五六十年代进一步深入。改革开放后，袁可嘉专注于西方现代派文学的系统研究，率先推出专著《现代派论·英美诗论》(1985)、《欧美现代派文学概论》(1993)，并主持编译大部头西方现代派文学文论作品选集《外国现代派作品选》(1980—1985)、《现代主义文学研究》(1989) 和《欧美现代十大流派诗选》(1991)。作为西方现代派文学研究的领军人物，袁可嘉从理论与实践层面展现了西方现代派文学的面貌，促进了西方现代派文学在中国的传播，推动了现代主义文学在中国的发展。

2.2.13 当代俄苏文学研究的领军人物（吴元迈）

吴元迈主要著有《苏联文学思潮》(1985)、《探索集》(1986)、《现实的发展与现实主义的发展》(1987)、《文学作品的存在方式》(1993)、《吴元迈文集》(2005)等。其主编的《20世纪外国文学史》（全五卷，2004）聚焦于现当代外国文学的进程，对于将国内外国文学研究的焦点引向文学新思潮、新现象、新趋势，发挥了重要作用。

吴元迈主要研究俄苏文学和文学理论。他的俄苏文学研究具有两个突出特征：第一，他研究的是俄苏文学，着眼点却是中国当下的文学；第二，他擅长宏观的学术归纳和深刻的理论思索。他高屋建瓴的全景式概述和理论概括集中在三个方面。一是关于文艺的意识形态本性和文学的本质问题的思考。他在《关于文艺的非意识形态化》和《文艺与意识形态》等论文中坚持文艺是一种意识形态，并且认为这是马克思主义对人类文艺理论的一个重大历史性发现。二是关于现实主义和现代主义的思考。20世纪七八十年代，有学者提出"现实主义过时论"。他相继发表《现实的发展与现实主义的发展》《马克思恩格斯现实主义美学思想的发展》《恩格斯论真实性、典型化、倾向性及现实主义》等论文予以回应。这些论文雄辩地阐述了现实主义不会过时的历史和现实因由。三是关于文学的民族性和世界性问题的思考。在有关论文中，他明确提出，文艺的民族性和世界性不仅紧密相连，而且是一对共同生长的孪生姐妹。这些思想均不过时。

吴元迈具有开放的国际视野，关注国际学术前沿理论思潮，注重与国际学界的讨论与对话，为中国当代外国文学批评作出了积极贡献。

2.2.14 新时代法国文学研究的推动者（柳鸣九）

柳鸣九主要著有《法国文学史》（全三卷，1979）、《论遗产及其他》(1980)、《采石集》(1986)、《理史集》(1998)、《柳鸣九文集》（全十五卷，2015）等，主编"法国廿世纪文学丛书"(1986)、《世界短篇小说精品文库》(1996)、《雨果文集》(1998)、"外国文学名家精选书系"(1998)等。

柳鸣九"在中国的法国文学批评和研究中是一个无法绕过的人物，其批评风格独树一帜且影响广泛"(王宁 2019a：2)。柳鸣九在总结自己的学术历程时称，他就是一个小西西弗斯，在学术道路上不断前行。他最早关注"日丹诺夫论断"并提出质疑。在取得理论突破之后，他着手文化积累和学术建设工作。他编选的《萨特研究》于1981年出版，在社会上引起了"萨特热"和一场规模不小的争论。作为中国"萨特研究第一人"，柳鸣九对西方文学的评介和分析功不可没。他认为，"对于外国文学这个学科来说，最重要的还不是亦步亦趋地紧随一时的动态变化，动态固然要关注，要跟踪，要积累，但一时的文学动态是会经过时间的检验、时间的筛选、时间的淘汰的。我认为更重要的是要做阶段性的概括整理与综合研究，研究那些阶段性发展所已呈现出的状态与问题，这是科研机构的分内职责"(柳鸣九 2016：300)。

作为当代著名外国文学研究者和批评家，柳鸣九对于法国当代文学的研究和批评，尤其是对于法国存在主义文学及其代表人物萨特的译介和批评作出了开拓性的贡献。

2.2.15　印度古代文学研究的引领者（黄宝生）

黄宝生曾师从著名学者季羡林和金克木，主要从事梵文和巴利文经典作家作品研究，代表作有《印度古代文学史》(1991，参编)、《印度古典诗学》(1993)、《摩诃婆罗多导读》(2005)等。其领衔翻译的《摩诃婆罗多》是世界上极少数全译本之一，因此获得首届中国出版政府奖。近年，他主持的梵学研究团队对卷帙浩繁的印度经典进行校勘，取得了令人赞叹的成就。

黄宝生总结其治学经验时强调，做学问不能就事论事，更不能钻牛角尖，要跳出来。在论文《书写材料与中印文学传统》中，他从书写材料入手分析中印两国文化传统上的差异，认为印度古代口头文化发达，中国古代书写文化发达，其中一个重要原因是书写材料不同。中国古代的布帛、竹简等书写材料，能保存的时间更长。

除了大量小中见大的论文以外，他的学术著作也填补了我国印度古代文学研究的空白。改革开放伊始，国内同行大抵热衷于向西看，或者进行中西文学比较。而黄宝生则坚持进行中印文学比较，认为没有印度，就只是中西比较而不是东西比较。这使东西比较与中西比较达到某种程度的平衡。

2.2.16 对西方现代主义文学再审视的倡导者（盛宁）

盛宁师从杨周翰先生，其硕士论文《埃德加·爱伦·坡与现代中国文学》("Edgar Allan Poe and Modern Chinese Literature, 1900—1930") 在美国《密西西比大学英语研究》(*The University of Mississippi Studies in English*) 上发表。在此英文论文基础之上，他又撰写了中文论文《爱伦·坡与"五四"运动以后的中国现代文学》，该文被列为当年比较文学学科的重要学术成果，并收入《中国比较文学年鉴》。

改革开放后，各种西方文学理论蜂拥而入，外国文学研究领域首当其冲。如何鉴别这些立论新颖、形式各异的外国文学理论，并为我所用，成为彼时我国文学理论界的一项当务之急。盛宁从20世纪90年代初起参与编译了多部西方文论专著，与此同时，他又撰写了《二十世纪美国文论》（1994）、《新历史主义》（1995）、《人文困惑与反思：西方后现代主义思潮批判》（1997）和《现代主义·现代派·现代话语——对"现代主义"的再审视》（2011）等一系列文论专著，对西方文艺思潮、流派、重要代表人物的学说和观点作了批判性评介。

他于1996年完成的国家社科基金项目"西方后现代主义思潮研究"，对当时在我国学界引起热烈讨论的西方"后现代"理论作了追根溯源式的梳理和批判性的辨析，并提出不可对西方理论进行"概念的平移"的论点，在国内文论界引起了广泛讨论和认同。此外，《现代主义·现代派·现代话语——对"现代主义"的再审视》重新审视了国内文论界在这一话题上的诸多既有认识，并提出了一系列能与国外学术界接轨和对话的理论新见。

2.2.17 文学伦理学研究的开创者（聂珍钊）

聂珍钊在小说、诗歌、文学批评理论等领域均取得了突出成就，得到了国内外学术界的广泛认可。其代表性学术专著《悲戚而刚毅的艺术家：托玛斯·哈代小说研究》（1992）和《英语诗歌形式导论》（2007）分别获教育部首届和第五届高等学校人文社会科学研究优秀成果二等奖，代表性论文《文学伦理学批评：基本理论与术语》获教育部第六届高等学校人文社会科学研究优秀成果三等奖，《文学伦理学批评导论》（2014）一书入选2013年度《国家哲学社会科学成果文库》并获湖北省第十届社会科学优秀成果一等奖，英文论文"Towards an Ethical Literary Criticism"获浙江省第十九届哲学社会科学优秀成果一等奖。

聂珍钊的突出贡献在于创立了文学伦理学批评，他构建了该批评的理论体系和话语体系，被耶鲁大学讲座教授、美国人文与科学院院士、《剑桥文学批评史》（*The Cambridge History of Literary Criticism, Vol.1-9*, 1993—2007）总编之一克洛德·罗森（Claude Rawson）誉为"文学伦理学批评之父"。《文学伦理学批评导论》一书首次对文学伦理学批评进行了全面、系统和深入的研究，提出伦理选择论、文学文本论、文学物质论、文学教诲论等一系列学术新观点，并借鉴西方伦理批评和中国道德批评构建了文学伦理学批评理论体系和学术话语体系。同西方的伦理批评相比，它不仅构建了原创的核心理论，而且通过一系列术语构建了自己的方法论，从而能够有效地解决具体的文学问题。具有100多年历史的顶级期刊《泰晤士报文学增刊》（*Times Literary Supplement*）发表专论，把文学伦理学批评看作中国学术界对习近平总书记提出的"中国梦"的回应，肯定文学伦理学批评是"充满活力和成果丰富的批评理论"，"不断获得众多国际知名学者的认可"。作为中国学者原创的批评理论，文学伦理学批评在国际学术界获得了广泛关注。

2.2.18 国际比较文学"新格局"和"世界诗学"的建构者（王宁）

作为中国当代有着最广泛国际知名度和影响力的人文学者之一，王宁最早把后现代主义、后殖民主义、全球化、世界主义等西方理论思潮引入中国，并在精神分析学、后现代主义、后殖民主义、全球化与世界主义，以及世界文学等领域取得了显著的成就，备受国际学界瞩目。他在专著《后现代主义之后》（1998）中，针对后现代主义理论思潮在西方世界逐渐衰落这一现象，率先在中文语境中对后现代主义之后的西方理论思潮作出预测及批判性分析。其专著《"后理论时代"的文学与文化研究》（2009）首次在中文语境下提出"后理论"的概念。在这样一个时代，"纯粹"的文学理论已不复存在，理论越来越具有跨学科和跨文化特征，越来越突破原有的学科疆界而具有普遍意义。

王宁擅长用英文著述，是当代最善于用英文讲述中国故事并得到国际学界认可的中国人文学者之一。他于20世纪90年代提出的国际比较文学"新格局"和近年提出的"世界诗学"建构，对国际学界重新认识中国的比较文学和世界文学起到了重要的作用。王宁的主要中英文著作有20余部，包括《王宁文化学术批评文选》（全四册，2000—2002）、*Globalization and Cultural Translation*（2004）、*Translated Modernities: Literary and Cultural Perspectives on Globalization and China*（2010）等。此外，他已在国内外80多种学术期刊或文集中发表中英文论文500余篇。

2.2.19 西语文学和拉美文学研究的引领者（陈众议）

作为"文革"之后首批留学生之一，陈众议回国后一直致力于西班牙语文学和文艺学研究，迄今发表了十余部专著、文集和300余篇评论、随笔，使中国的外国文学研究和批评对象范围扩大到了拉丁美洲。其中，他关于拉美文学"爆炸"的著述甫一刊出便引起了国内创作界的关注。"寻根文学"这一概念的产生与他不无关系,因为他早在20世纪80年代初就提到了拉丁美洲的"寻根运动",认为它是拉美魔幻现实主义的先导。同时,他的马尔克斯和博尔赫斯研究在国内创作界传播甚广,对发轫于1985年的"寻根文学"和稍后的先锋文学产生了较大影响。他对拉美当代文学"集体无意识"的探究成为目前有关魔幻现实主义的主要界定方法,他也成为国内西语文学和拉美文学研究的领军人物。

同时,陈众议对纷纷攘攘的西方思潮保持着较为清醒和坚定的认知。"绝对的相对性取代相对的绝对性"是他对后现代主义的概括,这一概括使人想起袁可嘉先生对西方现代派文学的评价——"片面的深刻性,深刻的片面性"(蓝棣之 2009:239)。为了遏制学术碎片化和"唯文本论"倾向,他于世纪之交组织开展了"外国文学学术史研究工程",推出专著和文集40余部,使学术史研究这个"常规武器"在历史唯物主义向度上发挥了新的功用。他本人撰写的《塞万提斯学术史研究》(2011)亦具有示范作用,获得了中国社会科学院优秀科研成果一等奖。

多年以来,陈众议游走于西班牙古典文学、拉美当代文学、西方文学与中国文学之间,并坚持有所为、有所不为的"二为方针",强调外国文学研究终究是为了强健中华母体文化的"拿来"。这集中体现在其专著和文集中,如《加西亚·马尔克斯评传》(1999)、《博尔赫斯》(2001)、《亲爱的母语》(2013)、《想象的边际》(2015)等。

2.2.20 叙事学研究的创新者(申丹)

申丹成功地让西方学者应用中国学者首创的理论和方法,对西方文学艺术作品展开研究。

申丹首创的"隐性进程"和"双重叙事动力"理论得到西方多国著名学者的高度评价,认为其"超越了亚里士多德诗学开创的研究传统",是"重大突破"。法国的叙事学常用术语网站 RéNaF 已将"隐性进程"作为国际叙事学界的常用术语推出;欧洲叙事学协会(European Narratology

Network）2017双年会邀请申丹作了题为"双重叙事运动会如何改变和拓展叙事学"的大会主旨报告。国际顶级期刊《文体》（*Style*，美国）2021年春季刊用全部篇幅探讨申丹的这一新理论（美德英法等八个西方国家的十多位重要学者受该刊编辑部之邀，对申丹的理论展开探讨），标示了其国际引领作用。《文体》和《今日诗学》（*Poetics Today*）已经登载西方学者运用申丹的这一理论来分析西方小说、戏剧和连环漫画的论文。

多年来，申丹不断在国际前沿取得新的进展，从多个角度超越西方学者的研究。她在国际顶级期刊发表数十篇论文，揭示出多篇西方经典作品的深层意义，修正了多位西方权威的理论，挖掘出多种核心概念被误解或被掩盖的内涵，梳理了不同学派之间的本质关系，并且开辟了新的疆域，创建了新的理论和批评模式，对国际叙事学研究作出了突出贡献。

在国内，申丹也一直开拓创新，引领着叙事学的发展。其专著《叙述学与小说文体学研究》（1998）率先揭示出这两个学派之间的互补性，并修正、补充了相关理论，已被期刊论文他引2,000多次。其新著《双重叙事进程研究》（2021）入选国家哲学社会科学成果文库，匿名评审专家认为该成果"具有极强的创新性"，"构建了其独创的理论体系"，"是我国学者对当代叙事学理论所作出的突出的学术贡献"。

申丹的开拓创新有力推动了中国学者理论话语体系的建设。《外国文学》（2019）已将申丹首创的"隐性进程"作为文论的"关键词"推出。多种学术期刊已经登载了上百篇运用申丹首创的理论（包括"假象等值""整体细读"等）的论文。这对于改变外国文学界依赖西方理论的局面具有重要的引领和示范作用。

2.3 中国翻译学研究70年：创新成果及贡献

翻译研究知识体系的创新既要体现对中国传统翻译思想的现代阐释，充分挖掘中国传统翻译理论中具有普遍价值的思想内核，也要理性吸收国外翻译理论最新成果，全面反映国际翻译学发展现实，更要基于中国翻译实践特性，积极贯彻国家发展战略方针，主动满足新时期中国社会经济发展对中国翻译实践与研究的需求，勇于探索既基于中国翻译实践特色又具备普遍适用意义的翻译理论、术语、范畴或体系，彰显中国翻译研究的独特性，扩大中国翻译研究的国际学术影响力。根据上述原则，课题组邀请国内外翻译研究知名专家许钧、罗选民、王东风、查明建、胡开宝、任文、秦洪武、王斌华（英国）、许明武、郑冰寒（英国）多次研讨，最终确定了中国翻译研究知识体系创新成果的筛选标准，具体包括：思想性、开拓性、系统性、可操作性和影响力。思想性指翻译理念的多学科、跨学科或交叉学科属性；开拓性指翻译概念、范畴及体系的原创性；系统性指翻译思想自身结构的完整性和开放性；可操作性指翻译理论与翻译实践的协调互补；影响力指翻译思想的认可程度和应用价值。根据上述标准，课题组与相关专家集体商讨，充分交换意见，最终形成中国翻译研究知识体系创新成果的入选名单及代表性成果。

改革开放前，中国翻译理论研究更多地是中国传统翻译理论研究的一种惯性发展，相关论述反映了翻译实践（特别是文学翻译实践）的基本特征，但原则、方法、程序、标准等关键范畴难以有效区分，对翻译实践具体效果的评价也往往表现出较强的主观色彩，系统化的翻译思想梳理或体系化的理论构建尚未充分展开。

改革开放以来，中国翻译理论研究更多地吸收了国外翻译思想，基于本土翻译实践的理论创新意识也逐步增强（许钧 2018a）。以谭载喜、张柏然等为代表的学者不仅呼吁要确立翻译学的独立学科地位，更强调翻译理论研讨与发展的重要性（谭载喜 2005；张柏然、辛红娟 2016）。

21 世纪以来，中国翻译理论探索的自主性和独立性特征越发鲜明，翻译理论构建的本土化倾向也初步成为主流，相关探索均表现出明显的学科意识，理论创新意识强烈，问题导向的研究思路明确，翻译思想突出应用价值取向。

以下按照代表作发表时间，依次介绍中国翻译思想主要创新探索成就[1]。

2.3.1 阐译论（许国璋）

许国璋先生是我国外语界、语言学界著名学者。他以语言学家和文化学者的眼光研究翻译，提出了独到的阐译论，在学界产生了深远影响。

他的阐译论有三层含义。其一，从哲学观角度，他认为"哲学著作的翻译家肩上负有完整介绍一种哲学体系的责任。他的责任超过翻译：他还必须要为自己的文化引进一种概念系统"（许国璋1983a）。这一观点突出了翻译的文化引进功能和立言立解职责，是对翻译最重要的评价和最深刻的认知。其二，在文化史层面，他强调："历史术语和哲学术语的翻译仅从字面上翻译是有困难的，必须同时考虑其文化内涵才比较完整。"（许国璋1988：5）这一观点鲜明地体现了文化内涵之于阐译的重要性。其三，在文体学上，他主张"通译，切译，言之有文的翻译……词句照译，隔涩之译，以新闻体文字译学术论著，是不足取的"（古庄[2] 1983）。

许国璋的阐译论高度浓缩了哲学、文化、文体学等学科思想，兼具翻译本体论和认识论价值，是中国现代译论思想承前启后的代表之作。

2.3.2 翻译文化史观（王克非）

王克非（1994，1997）认为，翻译文化史既不同于一般翻译史，也不同于西方的翻译研究文化转向，它指的是从文化的深度和广度出发，重新认识和阐释翻译史。翻译文化史既注重研究翻译对于文化（主要是目标

---

[1] 首先，下文介绍的是翻译思想或理念体系化程度较高的代表，其他学者的翻译思考也具有启发价值，如王宗炎（1980）、董乐山（1980）明确阐释了翻译与知识、文化的关系，强调翻译实践与研究的文化视角。其次，还有中国学者尝试从不同角度探索翻译理论的创新路径，主要包括：黄忠廉（2002）提出的变译论，胡庚申（2013）提出的生态翻译学，周领顺（2014a，2014b）提出的译者行为批评理论，吕俊（2006）提出的建构主义翻译观，潘文国（2019）倡导的文章翻译学，李占喜（2017）提出的语用翻译论，刘绍龙（2007）提出的翻译心理学，文旭、肖开容（2019）提出的认知翻译学，刘华文（2015）提出的翻译诗学，许建忠（2010，2014）提出的翻译地理学和翻译经济学，以及陈东成（2016）提出的大易翻译学。

[2] 古庄为许国璋的笔名，这里和原著作保持一致。

语文化）的作用和影响，又关注文化对于翻译的规约作用。翻译实质上是文化的沟通，是对外域文化的摄取，是促使文化繁荣和变异的要素。因此，只有将翻译史研究同思想史和文化史结合，才能更深刻地理解和解释翻译与文化层面的种种现象。翻译文化史观与国际上的多元系统论和翻译研究学派观点有同有异。比较而言，其最重要的特征在于从两方面分析翻译的中介性，即不仅注重文化对译介的影响，也探究翻译对目标语文化的作用，并以此解释中国晚清以来和日本明治以来的诸多翻译现象。

王克非的翻译文化史观在国内首次强调了翻译与文化历史书写的交互作用，开辟了翻译文化史研究的新领域，明确了具体研究方法，启发了后续中国翻译文化史的深入探索。

2.3.3　译介学（谢天振）

谢天振（1999）的译介学思想主要表现为：第一，从理论上论证了翻译文学与民族创作文学的关系，明确了翻译文学的文学地位，提出了"翻译文学是中国文学的组成部分"的学术命题。第二，明确提出翻译文学史的实质是"文学史"，因此，翻译文学史研究不应仅仅描述文学翻译现象，更应对翻译文学作品在目标语国的传播和影响进行分析和评论。翻译文学史同时也是文化交流史、文学影响史和文学接受史。第三，运用"创造性叛逆"概念观察和分析文学翻译现象，突破了传统的翻译"忠实观"，强调翻译活动的文化语境因素，既凸显了翻译与目标语文化语境的密切关系，也彰显了翻译文学作为中外文学关系发生的第一现场意义。

谢天振的译介学将翻译研究提升为一种文化研究，明确了翻译的社会属性、历史属性及特殊作用，拓展了翻译研究的主题范围，其国际影响力不断加强。

2.3.4　译者主体性系统（查明建）

查明建从哲学的"主体性"概念出发，强调"译者主体性"是指作为翻译主体的译者在尊重翻译对象的前提下，为实现翻译目的而在翻译活动中表现出的主观能动性，其基本特征是翻译主体自觉的文化意识、人文品格和文化及审美创造性。此外，他还说明了翻译过程、译者的目标语文化意识和读者意识、译作与原作和目标语文学的互文关系、译者与原作者和读者的主体间性关系等内容。

查明建的译者主体性观念在国内最早从理论上探讨了译者主体性系统及其运作机制，促使"译者主体性"成为十多年来中国翻译研究的一个热点议题。

2.3.5 翻译文化观（许钧）

许钧（2006）的翻译文化观认为，翻译是以符号转换为手段，以意义再生为任务的跨文化交际活动。同时，他认为翻译具有五大属性——社会性、文化性、符号转换性、创造性和历史性，这些属性构成翻译的本质价值。此外，许钧提出译者既是翻译实践主体也是翻译精神主体这一全新的观点，明确指出翻译精神蕴含的"开放""求新"和"创造"精神，本质上是理想精神、拯救精神、求真精神和艺术精神。理想精神指译者对精神世界的深刻体验和对美好境界的向往；拯救精神指译者凭借翻译唤醒民众，塑造国民精神；求真精神体现为译者对翻译本质的求索和对真理的热爱；艺术精神表现为翻译可以拓展人类精神世界，提升审美能力。

许钧的翻译文化观阐明了翻译在推进人类文化多样性及推动人类文明发展等方面的重大作用，廓清了人们关于翻译本质、翻译过程和翻译功能的模糊认识，并赋予翻译研究全新的高度和维度。

2.3.6 语料库翻译学（王克非）

王克非（2012）认为，语料库翻译学（涉及口译和笔译）以大规模双语语料库为基础，采用语内比较和语际对比相结合的实证方法，对翻译现象进行全新的历时与共时的描写，发现和阐释翻译的普遍特征。在语料库研究上，他从宏观和微观视角考察了英译汉过程中的语言特征，发现同汉语原生语言相比，汉语翻译语言表现出类符/形符比偏高、句段偏长及某些结构式的容量扩大等特征，汉语翻译语言同汉语原生语言在词类分布和某些词的组合能力上有差异。在语料库研制上，他通过文本信息特征统计分析了双语文本的基本形式特征，通过赋码语料处理了双语文本的深层句法信息，并运用潜语义分析方法计算出语句意义间的相似度。

王克非在国内率先提出了语料库翻译学的理念，明确了语料库翻译学的基本原则、方法、主题和路径，构建了语料库翻译学理论的整体框架，使语料库思想和方法成为中国翻译研究的主流范式之一，也成为中国翻译研究未来发展的战略重点之一。在此基础上，以王克非、胡开宝、秦洪武等为代表的中国翻译学者不断深化语料库翻译研究，推动中国语料库翻译研究在语料库规模、研制技术、加工深度和历时复合等方面不断创新。目前，该领域的研究处于国际领先或前沿地位。

2.3.7 翻译美学思想（刘宓庆）

刘宓庆（2012）的翻译美学整体框架包括审美主客体、审美意识系统、审美层级性、审美再现等核心范畴，明确了审美客体的一般属性和本体属性，强调了审美客体的开放性，确定了审美主体与客体的辩证依存关系，明确了审美意识系统中的心理过程、认知图式和现象功能。他建构了包括感知、想象、理解和再现在内的四级审美体系，说明了翻译审美再现的内容、手段和程序，进而提出了翻译审美移情论以及翻译艺术创作的基础和综合层级，明确了翻译审美的层次性和具体手段。

刘宓庆的翻译美学思想集中体现了美学与翻译结合的中国翻译思想传统和特点，明确了中国翻译美学的发展方向和实现路径，是中国真正意义上比较全面而系统的翻译美学思想研究，是中国翻译理论体系的一个关键支撑。

2.3.8 诗歌翻译研究新探（王东风）

王东风（2014）在前人"以顿代步"的基础上，阐述了英语格律诗中"音步"的规律，说明汉语中的"顿"无法在语言学和音韵学层面上实现与英语格律诗中"音步"的同步转换。由此,他根据闻一多诗论,结合诗歌翻译实践,首次提出了"以逗代步"的英语诗歌汉译方法,即以"二字逗"对应在英语格律诗中占绝大多数的双音节音步,并在翻译实践中加以验证讨论,得到学界普遍认可。

王东风"以逗代步"的英语诗歌翻译理念既有关于诗歌翻译性质、功能的本体论价值,更有翻译实践检验基础,具有翻译操作价值,为诗歌翻译提供了新的思路和方法,为推动诗歌翻译研究打开了新的通道。

2.3.9 翻译与中国现代性的思考（罗选民）

罗选民（2017）以哲学认识论为基础,顺应中国现代性的促发与演进脉络,以语料、史料为楔子,从整体作为思想表达的翻译学角度审视中国现代性形成的缘起因由,为中国现代性研究提供了新的视角与思路。其研究对丰富的语料进行了横向层面的同质分析（中国现代性）,纵向层面的史料（翻译家翻译研究）则赋予以上分析以理据性。

罗选民关于翻译与中国现代性的思考突破了西方翻译理论侧重于思辨、体系混杂、不易操作的局限性,从跨学科角度发展了具有中国本土特色的理论体系。

综上所述,中国翻译研究的创新成就比较显著,主题范围也比较丰富。不过,就在国际上的开创性和引领性影响而言,阐译论、翻译文化史观、译介学和语料库翻译学无疑是中国翻译研究创新探索较为突出的代表。

2.4 中国比较文学与跨文化研究 70 年：创新成果及贡献

成果筛选的原则如下：1）成果提出了新概念、新命题、新观点,且在国内外都产生了相当的影响；2）成果引介并促成某领域在国内的建立和发展,有开山之功。

在上述原则框架下,课题组参考比较文学与跨文化研究知识体系创新专家咨询组（包括葛桂录、郭英剑、宋炳辉、王炎、王银泉、吴格非、闫国栋、张冰、周阅）提名成果或学者名录及入选理由，同时参考乐黛云的《跟踪比较文学学科的复兴之路》(2011)、徐志啸的《20世纪中国比较文学简史》(2016)等著作，在名单基础上勾勒成果领域或范畴，以此在一定程度上对筛选判断进行多元互证。

2.4.1 寻求中西文学共通的"文心"与"诗心"（钱锺书）

钱锺书的《管锥编》(1979)以全球视野广泛引用古今中外作家作品，在比较中探寻文学发展的共同规律与美学价值。该书体大思精，包罗宏富，打破时空的界限和学科的分野，发前人之所未发。该书最大的特色是钱锺书通过列举大量具体的中西文学现象（包括作品与批评），深入探讨了文学的创作心理、欣赏心理及作品的主题、意境、情节、风格、表现手法等诸多问题，挖掘其中共通的"文心"与"诗心"。钱锺书在对待中西文化的态度上采取了极为融通的立场：既对本民族优秀文化感到自豪，又欣然接纳其他文化之所长；力图打破一切不同文化之间的壁垒和界限，同时一直保持着对西方文化的批判和反思。该书全面展示了钱锺书"打通"与"求同"的比较文学思想和方法论，不仅成为比较诗学的经典著作，更是为整个人文学术研究提供了高级范本。该书的问世，在一定程度上也标志着改革开放后中国比较文学的复兴。

2.4.2 创立东方比较文学（季羡林）

季羡林的《比较文学与民间文学》(1991)是研究比较文学与民间文学的专题论文集，收录论文50多篇，涉及内容丰富，其中《柳宗元〈黔之驴〉取材来源考》《〈列子〉与佛典》《印度文学在中国》《〈罗摩衍那〉在中国》等是中印文学关系研究的奠基之作。其突出贡献表现在运用华梵比较之学，解决了汉文典籍中的许多真伪问题。比如《〈列子〉与佛典》一文，季羡林发现《列子·汤问篇》中有一段与西晋竺法护所译《生经》中的故事有雷同之处，经考证，认为《列子》出于太康六年（公元285年）之后，文之序、注均出自张湛一人之手，由此说明《列子》可能是一部伪书。书中还对如何从民间文学角度研究比较文学，如何从东方文学角度打破西方中心论等核心理论与方法论问题提出了独到见解，对于创立中国东方比较文学具有开创性意义。

2.4.3 中国文化"走出去"研究的典范（范存忠）

范存忠的《中国文化在启蒙时期的英国》（1991）全面论述了启蒙时期中国文化在英国的传播、影响与接受，内容包括孔子学说、中国自然神论对英国人的影响，中国戏剧与园林文化在英国的传播，英国一些著名人士学习汉语、接触中国文化的情况，等等。其专论中国元杂剧《赵氏孤儿》在英国（及法国）的传播与改编演出的论文，被公认为中国比较文学影响研究的经典之作。范存忠着意考证和梳理中国文化在英国的传播及影响的史料，体现了将中国传统的实证方法用于比较文学研究的路径，对于中国学者从事中外文学文化关系研究具有典范意义。同时，作为中国文化"走出去"研究的早期代表作，该书对于今天中国文学文化的对外传播也具有重要的借鉴意义。

2.4.4 为中俄文学关系研究奠基（戈宝权）

戈宝权的《中外文学因缘——戈宝权比较文学论文集》（1992）共43篇，重点是中俄文学关系研究，均为这一领域的奠基之作。他在集中全面考察了普希金、屠格涅夫、冈察洛夫、托尔斯泰、契诃夫、高尔基、马雅可夫斯基、绥拉菲摩维奇等与中国的关系，论述了这些俄国重要作家对中国问题的关注和他们的作品在中国的翻译传播，此外还详细讨论了中国现代作家与俄国文学的关系、与俄国作家的交往（如鲁迅与爱罗先珂的友谊），以及瞿秋白、耿济之等人的翻译成果。戈宝权熟练地运用俄文、英文、日文等多种资料进行跨语言、跨文化研究，充分展示了比较文学"原典实证"的方法。一个最具代表性的例子是：戈宝权通过考证与托尔斯泰通信的张庆桐（由同文馆派往彼得堡的留学生）的情况，解决了中国学界长期众说纷纭的问题。集中的许多论文已被译成俄文、英文、法文、日文等多个语种，获得了国外学术界的高度评价。

2.4.5　提出比较文学研究契合论（王佐良）

王佐良的《论契合——比较文学研究集》（1985）是改革开放以来比较文学研究领域最早的个人英文论文集，共11篇，重点探讨20世纪中西方文学关系的契合之处。全书分两部分：第一部分论述鲁迅、卞之琳、冯至等如何受西方文学文化影响而在创作中产生变异，以及变异的原因；第二部分论述不同的契合，如古今作家间的契合、中国读者与西方文本间的契合等。王佐良在该书中首次阐发了"契合"的比较文学观念和方法，对于研究中外文学关系具有重要的理论意义；同时在翻译理论上发展并丰富了严复"信达雅"说的内涵，提出了翻译研究和文化研究的互动关系，影响深远。另外，本书作为改革开放以来中国比较文学学者最早的英文专著，为中国学术走向世界作出了突出贡献。

2.4.6　中西比较诗学的典范（杨周翰）

杨周翰的《镜子和七巧板》（1990）是比较文学论文集，共11篇。书中既有对中西文学批评观念差异的分析比较，也有关于比较文学界限、危机、前途及"中国学派"的深入阐述，还有对中外作家与作品的比较剖析，均体现了杨周翰新颖深刻的见解。其中《维吉尔和中国诗歌传统》《预言式的梦在〈埃涅阿斯纪〉与〈红楼梦〉中的作用》《中西悼亡诗》这三篇平行研究论文极具创新性。杨周翰具有深厚的中西文学修养，其研究从未停留于简单对比文学现象表面的异同之处，而是深入到对中西方文学传统与社会文化背景异同的探讨。正是这种对深层的、普遍的文学规律的孜孜以求，使该书超越单纯的文学比较，而带有明显的文化与思想比较的特色。杨周翰对跨文化文学现象背后的共同规律和差异性的探究，为深化中国比较文学研究提供了重要范本，也得到了国际学界的高度评价。他曾两度（第十一届和第十二届）当选为国际比较文学学会副主席。

2.4.7 开创中国跨文化交际学（胡文仲）

胡文仲的《跨文化交际学概论》(1999)全面论述了跨文化交际学的发展、外语教学与跨文化交际学的关系、如何开展跨文化交际研究等内容。在国内学界，作者率先认识到文化在外语教学中的重要性，并提出"跨文化交际教学是文化教学沿革"的观点，认为在"文化真空"中进行外语教学是不可能的。作者借助社会语言学的理论，对外语教学提出以下重要建议：1）外语院系除了设置语言学、社会语言学、教育学、心理学、文学等课程外，还应增设社会学、人类学等相关课程；2）教师在教学中应该使用一定比例的国外出版的外语教材，在自编的教材中多用一些"真实材料"(authentic materials)；3）教师应引导学生在阅读文学作品、报刊时多积累文化背景、社会习俗、社会关系等方面的材料和知识；4）课堂上，教师不仅应注意语言形式的正确与否，还应重视语言运用是否得当；5）充分利用图片、幻灯片、电影、电视等直观媒介；6）充分利用外教资源，因为对外语学习者来说，和所学语言的本族人接触十分重要，这种接触在一定意义上是其他方式所无法取代的；7）开展汉英语言、文化比较研究，将研究成果运用于教学。这些建议极具前瞻性，对当下的外语教学仍具有重要的指导意义。

2.4.8 提出文学的"发生学"和"变异体"理论（严绍璗）

严绍璗的《中日古代文学关系史稿》(1987)是研究东亚比较文学的代表作，其中提出了两个具有原创性的理论：文学的"发生学"理论和"变异体"理论。严绍璗在对日本古代文学的研究中发现，研究者在传统的国别文学史范畴内往往会遇到无法解决的问题，而将这些问题纳入比较文学的"发生学"研究领域，便能拥有一种崭新的视角和理念。这使他开始怀疑和反省以往所获得的文学史"知识"。例如，几乎所有日本文学史著作都认为日本历史和文学的肇始"记纪神话"是日本文化民族性特征的最初始形态，在内容和形式上代表着纯粹的民族传统。而严绍璗从比较文学的跨文化立场出发，将日本神话系统置于多层面的文化语境中加以考察，由此获得了一种解析其内在多元文化构造的路径。通过考察中国伏羲女娲创世神话被日本神话吸收和融化的样态，严绍璗阐述了中国多民族文化在日本创世神话构成中的意义，揭示了古代日本"记纪神话"的"民族特征"的本源，论证了"记纪神话"实际上是一组"变异体神话"。也就是说，它是在本民族原始神话观念的母体中，融合了异民族文化的若干因子而形成的一种"新神话"。以此为起点，他将研究扩展到整个日本古代文化，将其本质归纳为"复合形态的变异体文化"，并指出"日本传统文化'变异性'的养成，恰恰是在民族文化的'排异'中实现的"（严绍璗1987：118）。"日本传统文化为保持其民族性所表现的排异能力，并不在于简单地拒绝外来文化，而是在于追求与外来文化相抗衡的力量，这便是在排异中实现自身的变异，中国传统文化的因素，主要是在这一过程中，被逐步吸收和溶解于日本民族文化之中的，这便是古代中日文化交会的主要轨迹，也是日本古代文化的主要特性之所在。"（同上）该书不但系统揭示了东亚文学与文化的历史联系及各自的民族特征，阐明了形成各种复杂联系的文学与文化的内在运行机制，而且在此基础上进行学理性的概括和提升，构建了关于理解文学与文化"变异体"本质、探明其生成过程及传播路径的"发生学"理论体系。这一体系把对东亚文学与文化"双边关系"的研究发展到了"文化语境"的层面，把对比两种或几种文学样式之相同性或相异性的简单研究提升到了探究异文化互融的高度，把相对表层的影响研究、平行研究推进到了文学与文化的内部，并且打破了民族文学、国别文学研究的禁锢，以切实的探索和实践真正把比较文学融入民族文学研究中去，在民族文学研究中开辟了比较文学的新天地。

2.4.9 构建"日本汉籍文献学"（严绍璗）

严绍璗的《日藏汉籍善本书录》（2007）共计350余万字，全面细致地考察了1,600余年中国文献典籍在日本的流散情况和存在状态。从1985

年正式起步以来，严绍璗完全凭一己之力，花费 22 年的心血，往返日本 30 余次，造访日本 100 多个藏书机构，搜集目前约 80%—85% 的日本汉籍藏本，整理文献 10,800 余种，书稿才得以付梓。该书从文化史学的立场出发，整理自古以来传入日本的汉籍善本，分"经、史、子、集"四部，详细考察了其版本状态、保存机构、传递轨迹、识文记事及其他相关记载，成为我国出版的第一部全面著录日藏汉籍的大型工具书。但是，其价值和意义远不止于此。由于长期从事东亚文学与文化关系研究，严绍璗在调查整理日藏汉籍的过程中，十分留意文本传递的历史轨迹和文化影响，并把这一学术理念与传统的目录学研究结合起来，以更广阔的学术视野推进了跨学科的融通。该书在宏大的文献基础上，以文本事实为依据，进一步论证了中日之间两千年的文化联系，为东亚文学与文化关系研究以及日本中国学研究奠定了坚实的文本基础。任继愈在该书《序言》中称："读此书，不仅广其见，也能助人开思路。"因为"前辈学人访求海外汉籍，他们的目光着眼于'访书'，寻访中土失传而东土现存的珍本古籍，而没有从文化交流的大局做进一步系统的探讨"，而该书则"体现了现代学者治学的方法，透过中日汉籍交流的现象，揭示出文化交流的脉络"。该书通过追寻与钩沉散存于日本的汉籍文献，考辨其进入东亚地区的轨迹，解析域外汉籍的文化学意义，为东亚文学与文化关系研究提示了原典实证的途径，并拓展了域外汉籍研究的文化视野。以该书为代表，严绍璗在国际学界构建了"日本汉籍文献学"。

2.4.10　创立比较文学译介学（谢天振）

在比较文学复兴后的一段时期内，翻译研究一直处于被忽视的边缘地位，没有得到比较文学研究者的重视。谢天振注意到翻译在中外文学文化关系中的突出作用，将其纳入比较文学研究的范畴，肯定翻译的历史贡献，把"翻译"从传统的语言学研究范式推进到比较文化视域中的比较文学翻译研究路径，最终创立了译介学。从《译介学》（1999）到《译介学导论》（2007），再到《译介学概论》（2019），二十年的时间见证了译介学创建、发展、确立的过程。译介学是比较文学与翻译研究的新视野、新领域，具有以下特征：1）译介学理论体系的基础是"创造性叛逆"，这打破了将译文置于原文附属地位、以"忠实/背离"二元对立为标准的传统翻译批评模式，承认译文的历史地位与意义，将译文视为历史文化语境中的客观存在。2）认可翻译文学的文学史地位和价值，将译作作为文学作品的一种存在形式，将翻译文学视为目的语国家文学史中不可分割的一部分，确立翻译家和翻译作品在国别文学中的地位。3）重写翻译文学史，关注翻译文学在译入国文化语境中的传播、接受、影响、研究的特点等问题，从而为日益频繁的国际文化交流提供深刻的借鉴和历史参照，借此开拓中外文学关系研究的新领域。4）明辨"译入"与"译出"的双向维度，从原语与目的语两个不同文化的国家或地区的译介目的出发，重点剖析目的语国家或地区对异质文学文化的需求，将受众群体与接受环境纳入具体翻译策略择取的考量之中。据此，"译入"与"译出"这两种翻译行为具有实质性的差别，对于中国文学文化"走出去"战略中的翻译行为尤其具有指导意义。

2.5 中国国别与区域研究 70 年：创新成果及贡献

　　国别与区域研究是针对某个地理单位开展的跨学科和多学科研究，少则涉及世界各地区，多则包括有独立主权的 190 多个国家。如果把地理单位乘以学科方向，那么少则几十个研究领域（以地区为单位），多则上千个研究领域（以国家为单位），而若以每个学科下面的具体研究话题来计算则更为庞大。另外，国别与区域研究并非独立的一级学科，直到 2013 年它才被列为外国语言文学学科下的一个研究方向，与其他学科相比，缺乏明确的学科内涵和外延，界定某项成果是否属于国别与区域研究也相对困难。鉴于这两个因素，对现有的国别与区域研究成果进行全面、系统的梳理并推荐代表性成果是难度非常大的一项工作。

　　为此，项目组邀请了来自北京大学、清华大学、复旦大学、北京外国语大学、外交学院、国际关系学院、云南大学、中国现代国际关系研究院等国内著名院校和机构的9位知名专家召开了一次专题会议,请他们推荐国别与区域研究代表性成果。此外,项目组还非正式征求了近十位其他专家的意见。在此基础上,项目组就创新标准和代表性成果案例的筛选制定了以下方法:

1)由于本项目是探索外国语言文学学科下国别与区域研究知识体系创新的路径,因此成果作者必须拥有外国语言文学学科背景。具体来说,作者的本科专业必须是外语,因为本科阶段非外语专业但在硕士或博士阶段攻读外语专业的可以说凤毛麟角。

2)学科范围限定在除经济学以外的社会科学学科以及人文学科里的历史学,这是因为前者与外国语言文学的交叉性最高,而后者可以说是一切学科的基础。

3)考虑到学术研究在理论和方法上的更新换代,成果的出版日期以1980年以后为主。

4)成果限定为专著(包括译著和合著),因为一般来说专著最能体现学术性、理论性和系统性。

5)注重入选学者的创新举措及其成果在国别与区域研究领域的创新价值,包括引介或促成某个国别或区域研究的分支在国内的建立与发展,以及原创成果在理论、方法、研究对象或观点上具有开创性,并在国内外产生一定学术影响。

基于以上标准,项目组邀集外国语言文学学科下属国别与区域研究的知名专家提名成果或学者名录,并针对入选理由进行阐释说明。在多次讨论和论证的基础上,拟列举以下20名学者及其代表性成果。这些成果的研究对象涉及美国、苏联、德国、尼日利亚、日本、土耳其、墨西哥等国别,以及欧洲、非洲、中东(阿拉伯世界)、南亚、东南亚、拉丁美洲等区域,研究领域则涉及政治学、教育学、新闻传播学、语言学、哲学等学科。此外,另有两点需要特别说明:首先,外语学科下属国别与区域研究成果的梳理工作并无先例,虽然我们的筛选过程力求客观全面,然而挂一漏万的情况在所难免,还请学界同仁见谅;其次,由于外语学科下的国别与区域研究在跨学科研究方面仍处于初级阶段，部分入选学者的代表作在学科交叉融合的具体实践中难免有其不足之处，但这并不削弱它们作为本领域开拓性、创新性成果的意义。

2.5.1　伊斯兰文化研究（马坚）

马坚先生是中国阿拉伯语高等教育的开拓者和奠基人，在中阿典籍、伊斯兰教经典、阿拉伯历史文化等研究领域留下了宝贵遗产。《马坚著译文集》（2019）共九卷10册，收录其著作稿和译作稿等92篇（部），约360万字，其中收录的专著与译著共13部（均已在国内出版发行过单行本），独立篇章共69篇。文集内容涵盖宗教、哲学、历史、民族、教育、化学、医学、天文学、物理学等多个学科领域的知识，呈现出马坚先生学术活动和学术思想的历史发展脉络，全面、准确地体现了马坚先生为我国阿拉伯语教育和伊斯兰文化研究的发展所作出的杰出贡献。值得一提的是，该文集还首次收入了马坚先生一些未曾发表的稿件，包括用阿拉伯语和英语创作的作品。

2.5.2　欧盟研究（王明进）

王明进，北京外国语大学国际关系学院教授，研究领域涉及欧洲政党政治、欧盟对外政策以及中国外交等，代表性著作为《危机影响下的欧盟对外政策》（2018）。该书以英国脱欧公投为背景，对欧盟所面临的重大外交挑战进行了全面且深入的分析。该书认为，当时欧盟正在遭受包括欧债危机、周边安全危机、难民问题、恐怖袭击、身份认同、英国脱欧等的打击，尽管有些危机例如欧债危机在较长时间的调整之后已经有所缓解，但这些危机相互交织、相互影响，并且其影响将是长期而深刻的，在对外政策领域的表现尤为突出。这些危机限制了欧盟在对外政策领域获取资源和实施影响的能力，削弱了欧盟的软实力，打击了成员国及其人民对欧洲一体化的信心，使欧盟的对外政策更加关注欧盟自身利益和周边环境，对欧盟长期以来坚持的价值观外交和有效的多边主义形成较大冲击。总的来说，该书有一特点，即对每一个议题都进行了较为系统的梳理，并对欧盟在该领域的政策发展演变进行较为充分的论述，同时针对当下欧盟面对的多重危机对该政策领域的影响进行分析和说明。该书的最后一章归纳总结了多重危机对欧盟的对外政策的冲击，并分析了欧盟在对外政策领域采取的应对措施，同时也对欧盟未来政策的走势进行了分析判断。

2.5.3 美国教育研究（王定华）

王定华，北京外国语大学教授，主要研究领域为美国基础教育、美国高等教育和中美比较教育等，代表作包括《美国基础教育：观察与研究》（2016）等。观察和研究美国基础教育，要经历一个由远及近、由宽泛到具体、由理论到实践的过程，该书正是作者基于对美国教育的长期观察与研究写成的著作。作者以中国基础教育的需求为出发点和落脚点，不求面面俱到，而是重点考察了美国基础教育经费投入、校长队伍、教师队伍、课程改革、考试评价、创新教育、品格教育、心理健康教育、校车制度、信息技术教育、私立学校教育等方面。该书最大的特点是运用了大量第一手材料，从过去、现在、将来的坐标轴上进行分析，具有理论高度和深度；另一方面辅以大量基于作者多次访美亲身观察的实例，夹叙夹议，理性中有感性，观察中有思考，是一本适合广大教育理论研究者和教育行政工作者阅读的优秀著作，对我国深化基础教育改革具有极高的借鉴价值。

2.5.4 中东研究（朱威烈）

朱威烈，上海外国语大学教授，主要研究领域为中东研究，代表作为《中东反恐怖主义研究》（2010）。该书是教育部人文社会科学重点研究基地重大研究项目"中东反恐怖主义"课题的结项成果，是国内第一部对中东反恐问题进行整体研究的学术著作。该书以丰富的文献资料对中东恐怖主义的起源与成因、发展与现状，中东反恐斗争与国际合作，以及中东恐怖主义的播散等相关问题进行了深入研究，涉及内容非常广泛。中东反恐怖主义问题是一个涉及内容很多、涵盖领域甚广的研究课题。虽然20

世纪 90 年代以来，国内外学界积累了可观的研究成果，但是这些成果无论是著作还是论文，都属于对个别问题的个案研究，缺少对中东反恐怖主义的系统、整体、全面的研究，更谈不上深入研究。而该书弥补了这一研究空白，对中东反恐问题进行了全方位的整体研究，是国内该领域最全面、最系统的著作。值得一提的是，该书讨论的诸多问题都是此前学界研究较少甚至无人触及的，其中包括"9·11"事件前中东国家的反恐斗争与国际合作，国际反恐联盟的形成，"9·11"事件后中东国家的反恐斗争与国际合作，阿富汗战争后"基地"组织战略调整的特点，伊拉克战争对国际反恐斗争的双重影响，中国与中东反恐怖主义斗争，以及当代中东恐怖主义人员流动、资金流动、武器流动和信息流动的组织机理及运行机制等。

2.5.5 美国思想文化研究（孙有中）

孙有中，北京外国语大学教授，主要从事美国研究、澳大利亚研究、外语教育研究和跨文化研究，代表作包括《美国精神的象征：杜威社会思想研究》（2002）等。该书从思想文化史视角探讨美国历史上最重要的思想家之一——杜威对资本主义与社会主义所作的独特的比较分析，考察他的社会改良主义思想的丰富内涵，揭示他的激进民主主义理想的宽广意蕴，并把他参与的大量社会活动以及他个人思想的发展历程作为一个文化史个案，进而剖析美国社会从 19 世纪末至 20 世纪 40 年代伴随着工业化、城市化与资本主义垄断化的迅猛发展所实现的文化转型。该书重新评价了杜威的思想贡献与社会影响，在研究方法、史料运用以及研究的广度和深度上均实现了重要突破，成为美国思想文化史研究领域的力作。并且，该书纠正了中国学术界长期以来对杜威思想的严重误解，被认为是"国内杜威研究的一大突破"，"为中国杜威研究的整体推进做出了贡献"（张澜 2003：140-142）。杜威社会思想是从实用主义哲学视角对美国自由主义和资本主义主流意识形态的系统批判，该书在此意义上可视为对美国乃至西方主流意识形态的哲学和思想史考察，具有填补空白的学术意义。

2.5.6 非洲研究（孙晓萌）

孙晓萌，北京外国语大学教授，研究领域为非洲研究，代表作为《语言与权力：殖民时期豪萨语在北尼日利亚的运用》（2014）。该书以宏观语言政策研究为对象，从历史学的视角切入，在大量一手文献的基础上，详细考证了语言政策制定和实施过程中多种社会变量间的辩证关系，探究这些变量与语言政策能动性间的关系，秉承了语言学研究"摆事实、讲道理"的传统，为目前处于起步阶段的国内语言政策研究提供了一个研究范式，是国内语言政策领域中的一本引领性著作。该书的学术价值主要体现在四个方面：第一，为殖民主义史研究提供了新的面向；第二，拓展了语言政策国别研究的视野，突出了后殖民国家建构的类型研究意义；第三，在承认和批判殖民统治剥削性的同时，强调了殖民霸权的有限性；第四，对于理解西方在非洲殖民地实施的"文化霸权"具有广泛的借鉴意义。此外，该书也具有较高的现实意义：由于中国在国际话语体系中尚且处于弱势地位，长期面临西方话语霸权压制，因此解构以西方为中心的国际话语叙事结构，破解当下欠平等的国际话语体系格局，有助于提升中国国际话语权。

2.5.7 俄罗斯和欧亚地区研究（李永全）

李永全，中国社会科学院俄罗斯东欧中亚研究所研究员，研究领域包括俄罗斯及欧亚地区研究、欧亚地区地缘政治研究等，代表作包括《俄国政党史——权力金字塔的形成》（1999）等。该书是国内学者研究俄罗斯早期政党制度的一部开山之作，全书分上、下两卷。上卷通过比较分析研究19世纪末20世纪初俄国各政党产生的历史条件、纲领、策略，揭示了布尔什维克党诞生、发展和成功的历程，从一个侧面考察了苏联模式的形成及其特点。下卷则以20世纪八九十年代苏联在历经发展、兴盛和停滞之后的社会政治经济形势为背景，通过聚焦戈尔巴乔夫本人及其推行的改革，以及苏联共产党当时的执政措施，揭示了政治变革的种种偶然和必然因素。该书对 20 世纪人类社会历史发展中最重大的两个事件——十月革命和苏联解体的详尽论述，具有重大的理论价值和现实意义。

2.5.8 非洲问题研究（李安山）

李安山，北京大学国际关系学院亚非研究所教授，研究领域为非洲问题、非洲民族主义等。其代表作《殖民主义统治与农村社会反抗——对殖民时期加纳东部省的研究》(1999) 以加纳东部省为个案，探讨了殖民时期的农村反抗问题，并提出了传统政治权威与间接统治之间的矛盾或悖论：酋长越受到殖民政府的信任，其权力的合法性就越受当地人民质疑；殖民政府越赋予酋长更多权力，酋长的权力就越遭到削弱；酋长不愿殖民官员干预其权力运作，又不得不向殖民官员请求帮助。这就是殖民政府企图维护传统政治权威与直接干预破坏酋长权威的矛盾。该书的研究表明，间接统治制度从本质上削弱了当地的传统政治制度，却并未找到可取代它的有效制度。该书是中国非洲研究领域的重要成果之一，出版后受到国内外学界高度评价。加纳前任驻华大使 Kodjo Amoo-Gottfried 在为该书所作序言中云："不管这部著作的学术性多么重要，有必要强调一个与此相关的问题，在这部著作中的所有重要部分、用词、语气、立场及精神上，李安山表现出他自己至少是以人为中心，更多则是以非洲人为中心的。他的著作并非致力于自我陶醉之爱的结晶，而是为了整个人类的利益，寻找、发现、确定并传播关于世界上的受苦人中间的非洲人民解放的真理。"（张梦颖、午荷 2017：3）

2.5.9 土耳其研究（杨兆钧）

杨兆钧，云南大学西南亚研究所教授，研究领域包括土耳其及西南亚问题研究等。土耳其不仅是伊斯兰国家中最早从神权国家转变为世俗国家的，而且它的现代化建设在第三世界国家中也是起步较早的。因此，它在六十多年国家建设中的经验教训，对正在进行现代化建设的第三世界国家无疑是十分有用的。杨兆钧的代表作《土耳其现代史》(1990) 是国内研究土耳其现代历史的重要专著，也是国内唯一一部根据土耳其文资料撰写的通史性论著。全书内容共分八章，记述了 1914 年到 1980 年土耳其的历史，具体包括政治、经济、教育、社会与文教事业等方面。八章内容分别涉及以下时期：第一次世界大战时期、共和国建立初期、世界经济危机时期、向经济建设迈出时期、第二次世界大战后的初期、民主党执政时期、60 年代的土耳其以及 70 年代的土耳其。该书资料丰富，论述客观，涵盖政治、经济、社会、文化和国际关系等各个领域，对具体事实从原因、经过、结果三方面进行了分析，较清晰地呈现了土耳其现代化建设路线，是国内学者较早研究现代土耳其的历史专著之一。

2.5.10 德国问题研究（连玉如）

连玉如，北京大学教授，研究领域为德国政治经济与外交、德国问题研究等。其代表作《新世界政治与德国外交政策——"新德国问题"探索》（2003）围绕 1990 年 10 月 3 日德国重新统一以后出现的"新德国问题"，对统一德国在变化了的国际关系中外交政策的连续性问题，从理论和实践两个方面、原则和操作两个层次、历史和现今两个时期、内政和外交两个领域进行了较为全面、系统和深入的探讨与分析，并提出一些新的概念、观点和看法，譬如"德国外交政策'正常化'的改变与'连续性'的坚持并行不悖"，"德国奉行的是具有'文明国家'内核的'贸易国家'外交政策"，以及"德国既是'迟到的民族国家'，同时又是'超前的民族国家'"。该书涉及 1949 年联邦德国成立以后的政治制度、经济模式、社会结构、政治文化、外交政策等方方面面，对于德国问题的教学与研究具有较大的参考价值。

2.5.11 中美文化关系研究（张涛）

张涛，四川外国语大学教授，主要从事美国华人华侨、中美文化关系、美国种族关系和美国社会文化研究，代表作为《来自异国的圣人：孔子在早期美国》（2019）。无论是在国内还是国外学术界，该书均是首次将孔子及其思想在美国的最初的传播进程展现在读者面前。这改变了学术界在研究孔子思想的海外传播时，徘徊于东亚、欧洲和现代美国的局面，把我们对于孔子域外接受状况的了解推进到了美国早期，有助于我们更加系统地认识儒家思想和中国文化的世界影响力，增强国人的文化自信。该书主要的写作依据是欧美人士写作并在早期美国流传的涉及孔子的文字材料，以及大众媒体和以手稿信件为代表的未曾公开发表的文献，涵盖思想、文化、宗教、社会、政治、外交等多个领域。将这些年代久远的文字素材用于研究孔子形象和孔子思想在美国的起源，在国内外都属未曾尝试之举。该书利用外语学科的语言优势和跨学科视野，将中美关系史、中国思想史、美国早期史、中国经典外译史与文学、翻译学和语言学的研究理论和方法有机结合，形成文史兼顾的研究路径，具有明显的学术意义和文献价值，是外语学科进行国别与区域研究的一次有益探索。该书出版不久就引起强烈的社会反响。2020年1月8日，《中华读书报》将其作为"社科类重点"新书加以推荐，并将其列为2020北京图书订货会值得关注的60种图书之一。2020年2月19日，澎湃新闻摘登本书长篇章节，凤凰网、儒家网等重要网站纷纷转载。

2.5.12 苏联问题研究（陆南泉）

陆南泉，中国社会科学院荣誉学部委员，研究领域为俄罗斯史、苏联史和苏联问题等，参与编著《苏联兴亡史论》（2002）。该作品采取"史论"的形式，以史立论，史论结合，颇具特色；从沙皇俄国开始，上溯彼得一世，循着历史的轨道，一直考察到苏联解体，把1991年"红旗落地"这一瞬间的世纪性事件，放到俄国几百年的历史长河中去考察，给读者以厚重、扎实的感觉。从内容上看，该书秉持实事求是的态度，以史实为依据，客观翔实地论述了苏联（苏俄）从1917年十月革命到1991年解体其间发展与兴衰的历史，从辩证的角度分析了列宁、斯大林、赫鲁晓夫、勃列日涅夫、戈尔巴乔夫等五代苏联领导人在政治、经济、社会等各方面的成就及失误，加深与拓宽了人们对社会发展普遍规律，尤其是社会主义建设曲折性的认识。总体而言，在苏联剧变问题的研究上，这是一部颇有分量的、较为系统的著作，可以说把我国关于苏联剧变的研究推进了一大步，是一部值得关心苏联剧变的人士一读的学术著作。

2.5.13　欧洲问题研究（陈乐民）

陈乐民，中国社会科学院欧洲研究所研究员，是在中国首倡"欧洲学"观念的人，主要研究领域为欧洲思想史、政治史研究等，代表作为《欧洲文明的进程》（2003，与周弘合著）。该书在对古希腊罗马文明作了简略的交代之后，即把中世纪作为整个欧洲文明的起点，充分肯定了中世纪对于欧洲文明之生成的贡献，随后该书在揭示"民族国家"和"欧洲观念"这两大近世欧洲政治文化特征的背景下，着重抒写了从文艺复兴、宗教改革到启蒙运动，从"商业革命"到实证科学的发展等相互关联的重大物质和精神运动，描述和分析了资产阶级的政治革命和产业革命以及现当代欧洲政治的制度、机制和思潮的变化和发展，说明欧洲文明是在怎样的历史人文条件下成长、发展和向外扩张的，从而探讨了欧洲文明的特殊成因和内涵，为我们理解欧洲文明进程中的诸多问题提供了既宏观又细致的框架和方法。全书采取史论结合、以论为主的写作方式，不仅为读者勾勒了一幅全景式的欧洲文明进程画卷，而且体现了文明进化论的色彩。

2.5.14　阿拉伯历史文化研究（纳忠）

纳忠，北京外国语大学教授，著名阿拉伯历史学家和阿拉伯语教育家，研究领域为阿拉伯历史、伊斯兰文化等。其代表作《阿拉伯通史》（2005）是全国哲学社会科学"七五"规划重点项目的成果，是我国第一部由国人撰写的阿拉伯通史，标志着我国对阿拉伯历史的研究进入了一个新的阶段。该书阐述了许多在一般阿拉伯史书中涉及较少或不愿提及的重要问题，如伊斯兰教以前的阿拉伯部落关系；拜占庭和波斯与阿拉伯人的战与和；公元5世纪汉志商道的兴起，公元六七世纪麦加商业经济的腾飞，以及思想意识的演变；伊斯兰教兴起后穆罕默德提出的《麦地那宪章》对促进阿拉伯半岛南北部落走向统一所起的作用；阿拉伯人向岛外扩张的政治、经济、社会基础；阿拉伯人三次向岛外大迁移，特别是公元7世纪至8世纪大迁移的前因后果及其深远影响；新穆斯林（马瓦里—阿拉伯人以外的穆斯林）与"被保护民"（信奉其他一神教的异教徒）对阿拉伯帝国政治、经济、社会、文化的发展所作出的重大贡献；民族矛盾与民族交融；等等。这些问题同阿拉伯民族的形成、社会的演变、文化的繁荣以及与当今二十多个阿拉伯国家的形成与建立有极重要的关系。

2.5.15 日本近现代政治史研究（武寅）

武寅，中国社会科学院研究员，主要从事日本研究，学术专长为日本近现代政治史，代表作为《近代日本政治体制研究》（1997）。该书运用丰富的史料，对日本明治维新后国家政治体制的建立过程及其所走的道路进行了深入和系统的探讨，具有以下几个鲜明的学术特点。一是选题视角新颖，在我国的日本近代史研究中，与日本经济、日本侵华史、中日关系等研究热点相比，政治史特别是政治体制研究始终是一个薄弱环节，该书的问世有助于弥补这方面的不足。二是该书内容的理论深度超出了单纯的叙述和介绍，可以说是达到了真正意义上的日本研究。作者未对近代日本政治体制的剖析采取面面俱到的泛论手法，而是紧紧抓住这一体制迥异于欧美议会民主制的特点，在它的内部结构、运作方式、权力制衡机制以及体制内在的矛盾等重要问题上提出了独到的个人见解。三是现实意义强。在影响中日关系的诸多因素中，日本对侵略战争历史问题的认识和《日美安保条约》问题被认为是两个极其重要的问题。该书从国家政体的层面上，对日本军国主义的形成、特点以及历史趋势进行了理论上的分析与论证，从而为准确地把握和处理这些问题，制定行之有效的对日政策提供了有益的线索。

2.5.16 南亚国际关系研究（林民旺）

林民旺，复旦大学国际问题研究院研究员，主要研究领域为国际关系理论、中印关系等南亚国际关系，其代表作为《"一带一路"与南亚地缘政治》(2018)。该作对南亚"一带一路"建设进行了系统研究，主要分析"一带一路"在南亚的发展、障碍及未来趋向。作为南亚最大的国家，印度对"一带一路"在南亚的推进持有深刻的战略忧虑。印度不仅拒绝加入"一带一路"倡议，还设法阻止和对冲"一带一路"在南亚其他国家的发展。而且，借着美国推进"印太战略"的契机，印度和美国、日本等国加强了在南亚及印度洋地区对冲中国影响力增长的战略协调。无疑，"一带一路"的持续推进将使得未来南亚地缘政治博弈更趋激烈。该书是国内第一本系统介绍南亚"一带一路"建设的著作。作者选择从地缘政治的视角，呈现了"一带一路"倡议背景下的中印关系及南亚格局的发展趋向，不仅系统地展现了党的十八大以来中印在南亚的战略互动进程，而且对未来战略博弈的趋向进行了预判与研究。

2.5.17 南洋研究（姚楠）

姚楠，历任复旦大学、北京大学、厦门大学、华东师范大学等高校教授或研究员，被誉为中国现代南洋研究的拓荒者，其代表作为《东南亚历史词典》(1995)。东南亚各国历史悠久，语种繁多，国际关系复杂，在此之前没有一部东南亚历史词典。因此，该词典的问世也填补了国内外东南亚研究界的一项重大空白。本词典共收录词目约 5,000 条，除正文外，还有词目表和东南亚历史大事年表、东南亚诸国王朝世系表、东南亚诸国国家元首及政府首脑表、东南亚诸殖民地总督表以及东南亚历史地图、人名外文索引等附录，便于查阅；另附有插图 138 幅。它虽是一部历史词典，但内容涉及东南亚各国政治、军事、历史、地理、民族、宗教、语言、文化、教育、经济、社会等各个方面。近年来，中国与东南亚各国的关系迅速发展，官方和民间的往来也越来越频繁，所以这部词典不仅是东南亚研究和史学研究工作者必备的工具书，也可供需要了解东南亚地区和各个国家情况的各界人士查阅。

2.5.18 拉美政治研究（徐世澄）

徐世澄，中国社会科学院荣誉学部委员、研究员，主要从事拉美研究，代表作为《墨西哥政治经济改革及模式转换》(2004)。与中国社会主义市场经济改革同步进行的拉美新自由主义改革，一直是中国拉美研究学界关注的课题，但是要作出更深入的研究，仅仅停留在地区层次的一般性研究上是不够的，必须进行系统的个案研究和剖析，该书正是这样一部个案剖析的佳作。一般来说，传统社会向现代社会的转型通常是多种因素共同促成的结果，其中最重要的几组因素是生物因素、文化因素、社会因素、经济因素和政治因素。生物因素具有长久稳定性，文化因素与社会因素都是慢变因素，具有相对稳定性，只有经济因素和政治因素两大相关变量处在频繁的变动之中。作者选取政治和经济两个层面来考察墨西哥发展模式的转换，无疑是抓住了关键。更为重要的是，作为国内第一部比较系统地研究和剖析墨西哥新自由主义改革的专著，该书中所讨论的问题对中国的政治经济改革也有重要的启发和借鉴意义。

2.5.19 日本思想史研究（郭连友）

郭连友，北京外国语大学教授、博士生导师，主要研究领域为日本文学史、日本思想史、中日文化交流史。其代表作《吉田松阴与近代中国》(2007)运用日本思想史及历史学的研究方法，使用大量一手文献资料，对日本幕末思想家、革命家、明治维新的主要推动者——吉田松阴的思想形成进行了深入探讨和研究，论证了中国儒家思想的代表人物孟子的易姓革命、民本主义以及"性善说"等思想对吉田松阴的"倒幕革命思想"所产生的深刻影响。同时，该书还首次指出中国的鸦片战争、太平天国运动等重大历史事件对吉田松阴的改革思想的形成所产生的重要作用。与此同时，本书还从中日思想互动的角度，对我国清末改革家如黄遵宪、康有为、梁启超、孙中山等对吉田松阴革命思想的宣介以及对其著作的中文翻译作了详细考察和分析，指出吉田松阴的革命思想对我国清末的改良派和革命派均产生了不可低估的影响。

2.5.20 美国政治研究（谢韬）

谢韬，北京外国语大学教授，主要从事美国政治、中美关系研究，研究领域为美国国会、民意和选举等，代表作为 U.S.-China Relations: China Policy on Capitol Hill（《中美关系——美国国会的对华政策》）(2009)。该书以 1973—2006 年期间美国国会专门针对中国的法案、议案和修正案为基础，以政治学的新制度主义为理论框架，详细分析了美国国会的立法规则如何有效地限制国会在对华政策中的影响。该书的研究结果表明，委员会制度、两院制以及总统的有限否决权对国会形成了无所不在的掣肘。因此，国会很难通过实质性立法把自己在对华政策上的意愿强加给总统。然而，通过影响公共舆论、制订程序性立法以及利用预期行为规律等手段，国会在很多时候可以决定中美关系的议程，并且经常在双边关系中设置种种障碍，从而减缓中美关系发展的速度。该书还选择了贸易、台湾问题、人权这三个最具有代表性的政策领域，分析了哪些因素如何影响美国国会议员的投票行为。该书是国内第一部对美国国会有关中国的议案和记名投票进行详细分析的专著，并且以英文形式通过国际上有较大影响力的出版社出版，在国内外都产生了相当影响。该书的研究结果对中国政府如何应对美国国会也具有较高的政策指导意义。

第三章
中国外国语言文学学科知识体系创新路径

3.1 中国语言学知识体系创新路径

3.1.1 中国理论语言学知识体系创新路径[1]

3.1.1.1 中国理论语言学知识体系创新现状分析

3.1.1.1.1 理论语言学知识体系的内涵

知识是指"人们在实践中所获得的认识和经验的总和"（中国社会科学院语言研究所词典编辑室 2016：1678）。任何领域的知识大体可分为三类：1）事实性知识，即"关于事实是什么的知识"；2）原理性知识，即"关于自然现象和社会现象的原因和规律的知识"；3）能力性知识，即"关于怎么做的知识"（陈卫平 2021：12）。有关理论语言学领域的知识，本文认为也可分为三种：其一，有关人类语言各种现象特点的事实性知识；其二，有关人类语言的本质、普遍规律和共同特征的原理性知识；其三，有关人类语言研究范式、方法的能力性知识。以上三种知识的系统化组合，构成理论语言学知识体系。

---

[1] 本节内容以何伟、沈维（2021b）为主，不过在原文基础上有所调整。

第三章 中国外国语言文学学科知识体系创新路径

2016年5月17日，习近平总书记在哲学社会科学工作座谈会上提出加快构建中国特色哲学社会科学学科体系、学术体系和话语体系的重大战略任务（习近平 2016：15-25）。我们认为，理论语言学知识体系的内涵同样包含三个方面：学科体系、学术体系和话语体系。如果从中国哲学的基本范畴来理解，理论语言学知识体系与理论语言学学科体系、学术体系和话语体系之间系"体"和"用"之间的关系。具体而言，理论语言学学科体系作为理论语言学知识体系的基础和依托，主要关涉研究边界及整体发展，包括学科设置、师资队伍、人才培养、课程体系、评价机制等；理论语言学学术体系作为理论语言学知识体系的核心和支撑，主要关涉理论分支、学术流派、学术思想、代表人物、观点论著、哲学基础、研究对象、研究范式、研究方法等；理论语言学话语体系作为理论语言学知识体系的反映和表达，主要关涉研究话题的设置，概念、命题、范畴、术语等的提出及表述，以及学术交流方式等。

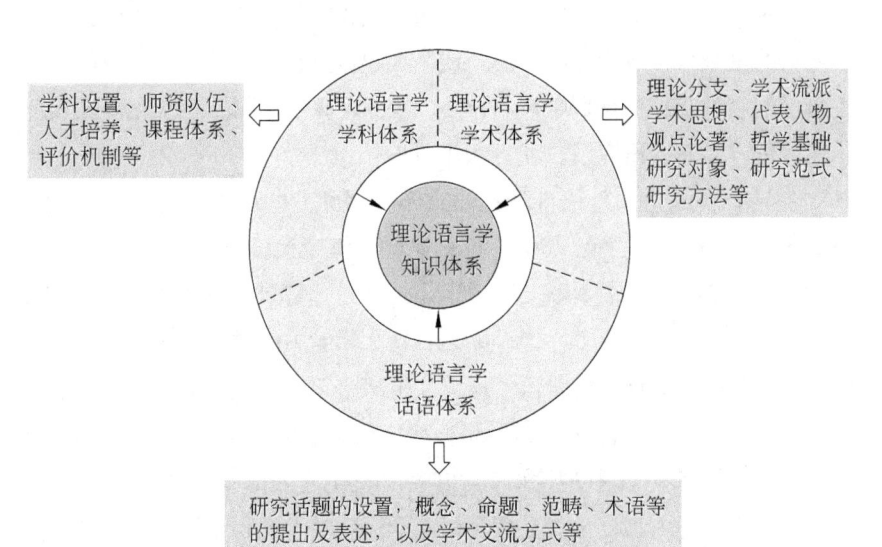

图 3.1 理论语言学知识体系的内涵

3.1.1.1.2 理论语言学知识体系存在的问题

目前来看，理论语言学在学科体系、学术体系和话语体系建设方面还存在不少亟待解决的问题。

在学科体系上，外语界理论语言学的发展已逐步走向成熟，但以下问题不容小觑：其一，理论语言学的性质与内涵仍有待明晰和厘清。其二，语音学、音系学和词汇学等语言本体研究有式微之势。其三，语言学与其他学科的交叉融合还比较薄弱。其四，研究队伍的学术素养总体上缺乏宽度、深度和高度，具体表现为研究视角狭隘，学科交叉不够；特点描写多，哲学思考少；理论应用多，批判构建少。

在学术体系上，外语界理论语言学研究虽已实现从引介国外语言学理论与方法，到结合汉语事实着手本土创新的转变，但仍存在以下几个问题：其一，对研究对象的认识存在误区，即把语言理论而非语言本身当成语言研究关切点。其二，照搬或模仿国外语言学理论与方法的现象依然存在，立足汉语事实的重大创新性研究成果乏善可陈。此外，汉外语言学界有明显的割裂，各自为政的"两张皮"现象依然存在。其三，语言研究缺乏自己的哲学基础，盲目跟风与抢热门现象严重。其四，本土化研究程度依然较低。其五，研究手段和方法相对单一。

在话语体系上，外语界理论语言学在国际上的声音还比较小。这具体表现在以下三个方面：其一，虽然研究队伍庞大，但是缺乏像索绪尔、乔姆斯基、韩礼德、雷柯夫等有国际影响力的语言学家；虽然学术组织、研究机构、研究基地众多，但是缺乏有持久影响力的学派。其二，具有中国社会文化特色的标识性术语、概念、范畴匮乏，对理论语言学的贡献相对较少。其三，参与国际对话不足，研究成果的国际化程度不高。表 3.1 是国内高校学者在 31 种理论语言学国际期刊上发表论文情况的统计[1]。从中可以发现，国内高校学者在理论语言学国际学术期刊上的总体发文量依然较少。

---

[1] 具体的检索和统计步骤为：首先，在各个期刊的官方网站上找到创刊以来至 2021 年 1 月 1 日见刊的所有卷本；然后，从第一期逐一查找国内高校学者发表的论文；最后，对其发表的研究性论文和书评文章数量进行统计。

表3.1 国内高校学者在理论语言学国际期刊上的发文数量

期刊名称	创刊年	研究性论文	书评	总计
Language	1924	2	38	40
Lingua	1949	46	1	47
Linguistics	1963	12	1	13
Journal of Linguistics	1965	0	32	32
Theoretical Linguistics	1974	0	0	0
Studies in Language	1977	6	7	13
Linguistics and Philosophy	1977	3	0	3
Language Sciences	1979	25	0	25
The Linguistics Review	1981	7	1	8
Natural Language & Linguistic Theory	1983	3	0	3
Annual Review of Linguistics	2015	0	0	0
Journal of the International Phonetic Association	1971	9	0	9
Journal of Phonetics	1973	9	0	9
Phonology	1984	0	0	0
Morphology	2006	0	0	0
Syntax	1998	1	0	1
Journal of Semantics	1982	1	0	1
Natural Language Semantics	1992	0	0	0
Semantics and Pragmatics	2008	0	0	0
Pragmatics	1986	9	0	9
Journal of Pragmatics	1977	76	35	111
Pragmatics & Cognition	1993	7	0	7
Intercultural Pragmatics	2004	19	30	49
Pragmatics and Society	2010	8	18	26
Linguistic Inquiry	1970	1	0	1
Functions of Language	1994	4	15	19
Cognitive Linguistics	1990	4	10	14
Review of Cognitive Linguistics/ Annual Review of Cognitive Linguistics	2009/ 2003	7	7	14
Language and Cognition	2009	2	3	5
Languages in Contrast	1998	2	4	6
Linguistic Typology	1997	2	0	2
总计		265	202	467

3.1.1.2 中国理论语言学知识体系创新基本原则

习近平（2016：14）指出："要按照立足中国、借鉴国外、挖掘历史、把握当代、关怀人类、面向未来的思路，着力构建中国特色哲学社会科学，在指导思想、学科体系、学术体系、话语体系等方面充分体现中国特色、中国风格、中国气派。"这为我国外语界理论语言学知识体系的创新指明了方向，确立了原则。

1）立足中国，注重原创。学科知识体系的构建和发展因受自然科学、社会科学、哲学思潮以及社会经济发展的影响，具有国别和地域特征。外语界理论语言学研究不能忽视本土语言事实和中国丰富的语言资源，要将国外语言研究与本土语言事实结合起来，或从比较或对比视角，抑或从类型学视角，开展语言共性和个性、本质和规律研究，提出具有原创性、创新性、突破性的语言学理论体系。

2）借鉴国外，注重普适。外语界理论语言学知识体系创新积极借鉴国外理论语言学研究成果，参照国外语言学前沿话题，在反思国外语言学理论适用性的基础上，提出兼具本土特色和普适意义的理论。否则，关起门来，理论语言学知识体系创新只能是自说自话。

3）挖掘历史，注重传承。在创新理论语言学知识体系的过程中，一方面，要汲取我国语言研究的优良传统，吸收我国优秀传统文化；另一方面，要融入西方语言哲学思想的精华。在融通古今和中外过程中，力求知识体系的高度、深度和广度。

4）把握当代，注重前沿。理论语言学知识体系的创新，一方面，应与自然科学、社会科学、哲学社会思潮的发展以及人类的需求保持一致，要以当今时代发展中遇到的问题为导向，力求研究的前沿性，确保理论的时代适切性；另一方面，理论语言学研究应积极利用语料库和心理实验等现代技术手段，推动研究方法的迭代更新。

总之，理论语言学知识体系创新应立足于国际和国内两大语境，传承本土优良语言研究传统和各语言学理论及分支的精髓，借鉴国际前沿语言学理论，顺应时代发展要求。此外，理论语言学知识体系创新不能一味强调"中国特色"的身份驱动，而是要坚持问题驱动，因为"只重身份、不顾学科特点的努力会严重影响外语界语言学的发展"（曲卫国 2019：77）。

3.1.1.3 中国理论语言学知识体系创新路径探索

针对目前理论语言学学科体系、学术体系、话语体系中存在的问题与不足，下文拟就三者的创新路径进行一一阐述。

3.1.1.3.1 理论语言学学科体系创新路径

理论语言学学科体系创新，可从学科定位、学科交叉、人才培养等方面进行突破，以推动理论语言学学科的内涵式发展。

1）明晰理论语言学的性质与内涵。教育部学位管理与研究生教育司（国务院学位委员会办公室）于 2018 年 4 月发布的《学位授予和人才培养学科目录》[1]，将现有的学科门类分为 13 类，其中的 05 类为"文学"，下设"0501 中国语言文学""0502 外国语言文学""0503 新闻传播学"三个一级学科。其中，"外国语言文学"涵盖外国语言学及应用语言学、外国文学、翻译学、比较文学与跨文化研究、国别与区域研究五大领域。可以看出，外语界所研究的"理论语言学"主要指"外国语言学及应用语言学"中的"外国语言学"。事实上，语言学作为一门科学，如同物理学和化学一样，无国界之分，不存在"外国物理学"和"外国化学"之说。显然，这种定位缺乏合理性。邵敬敏、方经民（1991：3）提出了一个令人深思的问题："中国到底有没有理论语言学？"同时回答说："如果仅仅局限于狭义的理解，那么中国的理论语言学确实相当薄弱；但如果作广义的理解，那么答案也是不言而喻的。"由此看来，目前学界对理论语言学内涵的认识也依然比较模糊。名不正则言不顺，我们应首先厘清理论语言学

---

[1] 参见 http://www.cdgdc.edu.cn/webrms/wwwroot/zgxwyyjsjyxxw/xwyyjsjyxx/xwsytjxx/xk/xkzyml/274975.shtml（2022 年 3 月 28 日读取）。

学科的性质、对象、体系和范围。否则，理论语言学研究难有真正的追求，理论语言学知识体系创新也会缺乏动力。

2）夯实语言本体研究。从知识体系来看，理论语言学作为一个有机的系统，至少包含十个维度：语音学研究、音系学研究、形态学或词汇学研究、语法或句法学研究、语义学研究、语用学研究、各语言学理论流派研究（如结构主义语言学研究、历史比较语言学研究、转换生成语法研究、功能语言学研究、认知语言学研究等）、方法论研究、语言学史研究、语言哲学研究。其中，语音学、音系学、形态学、句法学、语义学、语用学是理论语言学知识体系的核心部分。纵观国内外语界理论语言学研究的发展，近年来语音学、音系学和词汇学等本体研究有明显的式微之势（王文斌 2021）。尤其是，语音学和音系学的研究成果明显少于形态学、句法学、语义学和语用学等其他本体研究。同时，国内外语界的语音学和音系学研究队伍也相对单薄。因此，应加强语音学和音系学的教学与研究，推动理论语言学学科各维度的协调发展。

3）以时代为背景，促进理论语言学与语言学以外的其他人文社科、自然科学和技术科学等学科之间的深度交叉与融合，拓宽语言学研究的生态格局。"一门科学的发展，除了受它自身历史的影响之外，也受到当代的各种社会因素和占支配地位的学术观点的影响。"（Robins 1967：4）纵观语言学理论与流派的发展，从 19 世纪的历史比较语言学，到 20 世纪前半叶的结构主义语言学，再到 20 世纪后半叶的转换生成语法、系统功能语言学、认知语言学，各语言学流派及其语言观的发展与嬗变均不同程度地受到了当时社会科学和自然科学等科学思潮的影响（何伟、王连柱 2020）。当前，人类正在经历一场以生命科学、量子科学和复杂性科学等为基础，以人工智能、大数据和云计算等现代信息技术的深度和全面应用为特征的新科技和信息革命。同时，我国正积极推动新文科建设，而新文科更加强调学科的交叉与融合。语言学作为人文社会科学的重要组成部分，应顺应时代发展趋势，加强语言学与其他人文社科（如哲学、符号学等）、自然科学（如量子科学、神经科学、认知心理学、生命科学、基因技术等）、技术科学（如计算机科学、大数据、人工智能等）等学科的交叉融合，打破学科壁垒，催生新的研究增长点，丰富理论语言学学科的内涵，拓宽理论语言学的外延。徐盛桓（2021）介绍了近年来其移用数学和物理学理论或概念（如分形理论、对偶性理论、因果蕴含理论、固体加热退火过程理论、非线性科学、离子力学等）进行语言学跨学科研究的情况，相关研究对语言学与其他学科的融合以及语言学研究创新颇具启发和借鉴意义。

4）创新人才培养模式，提高研究队伍的整体学术素养，打造人才、学术、学科一体的综合发展体系。硕博研究生是未来理论语言学研究的主力军，因此，培养具有较高学术素养的后继研究队伍是理论语言学知识体系创新的关键。具体而言：其一，拓宽研究视角，增强跨学科意识。虽然语言学拥有众多的理论流派，但没有任何一种理论流派能够"放之四海而皆准"（王文斌 2017a：9）。研究队伍应立足当代国际语言学研究的前沿，打破语言学内部各流派及分支之间的壁垒，推动各流派及分支之间的融会贯通；积极利用现代前沿技术进行语言研究，提高跨学科研究能力。其二，增强本土意识。注重挖掘和借鉴中国传统语言学的优良传统，充分利用丰富的本土语言资源，积极修正、完善、创新和发展现有语言学理论观点，提出真正适合本土语言自身特点和规律的理论体系与研究方法。其三，夯实哲学基础。善于汲取中西哲学之思想精髓，在对语言现象进行系统分析的基础上，从哲学高度作出深刻思考，提出有高度和深度的语言学理论与假设。最终，推动硕博研究生将跨学科能力、哲学意识、本土意识等内化到理论语言学研究中，促使其不断提高发现问题和解决问题的能力，避免低层次重复和盲目跟风现象。

3.1.1.3.2 理论语言学学术体系创新路径

创新理论语言学学术体系，可从研究目的、理论构建、哲学基础、研究对象、研究范式和方法等五个方面切入，以实现从理论"消费者"到"生产者"的转变。

1）坚持问题导向。理论语言学研究不能固守语言学理论，为理论而创新理论，而是要以解决各种现实问题为研究目的。Saussure（1916/1959：232）指出，"语言学的唯一、真正的对象就是语言和为语言而研究的语言"。换言之，语言研究的根本目的是研究语言本身（如语言的功能、结构、类型、使用、发展等），而不是语言理论（沈家煊2007：19）。任何理论都是在解决生活实际问题中不断修正、完善和发展的（胡壮麟2018a：42）。因此，对于语言研究者而言，坚持问题导向需要自觉地将个人的研究与社会需求、学科的发展紧密联系起来，把发现问题和解决问题作为语言研究的指导思想（邢向东2020：93）。需指出的是，"问题导向"中的"问题"，主要来自社会发展的需求（如国家层面的战略需求，与社会发展、进步有关的其他语言问题）、语言学科发展的要求和激发（如有关语言问题的重大课题、学术大家的引领、学术争鸣等）（邢向东2020：87-91）以及由其他学科领域所取得的重大突破而带来的启发。当然，语言研究的问题导向并不意味着忽视语言的理论建设。恰恰相反，以问题导向的语言研究可以深刻揭示语言的本质和规律，更好地带动语言学理论的创新。

2）对国外语言学理论先破而后立，构建符合本土语言事实的理论体系。Bacon（2000：79）曾用蚂蚁、蜘蛛和蜜蜂来形象地比喻三种不同的科学研究的做法。经验主义的做法如同蚂蚁采食，只会收集和使用材料；理性主义的做法就像蜘蛛织网，只顾从自身内部向外吐丝织网；而蜜蜂综合和统一了蚂蚁和蜘蛛的做法，在从花园和田野里的花朵中采集花蜜后，用自己的能力进行转化和加工，最终酿成蜂蜜。就我国而言，汉语界的理论语言学研究多采用蚂蚁式做法，即瞻重收集语言材料和聚焦微观语言事实，然后从诸多语言材料和语言事实中，归纳出带有普遍性和规律性的词法或语法规则；外语界的理论语言学研究多具蜘蛛式倾向，即喜欢事先摆出某种国外理论，再按照其理论样式或概念框架进行语言现象的分析和解释（杜世洪2020：18-19）。如此一来，外语界的理论语言学研究，不免会落入通过语言现象去验证某种先入为主的理论假定和预设的窠臼，甚至会出现不顾语言的本来面貌而硬套和迁就国外理论的削足适履现象。长此以往，外语界的语言研究只能停留在为国外理论"吐丝"和"做嫁衣"的窘况中，很难在理论创新上有所突破。近些年，通过立足汉语事实，反思汉语传统语法体系及其内在的理论问题，沈家煊（2016，2019）在名词动词和主语谓语两对印欧语语法重要范畴方面，先后提出"名动包含说"和"对言语法"，值得外语界理论语言学研究者借鉴。今后，学界需加强汉外语言研究传统之间的相互借鉴，既要重视语言材料的爬梳和语言事实的发掘，又要善于从所掌握的语言事实中提炼、创生和构建自己的理论观点。

3）在融合中西语言哲学思想的基础上，创立自己的语言哲学。综观西方语言学发展史，我们可以发现对于结构主义语言学、转换生成语法、系统功能语言学、认知语言学、语用学等语言学流派及分支，其最终理论依据无不建立在一定的哲学基础之上。因此，西方语言学理论经常会不断地自我修正、完善和革新，其方法论也相对丰富。相比之下，我国的语言研究由于在一定程度上缺乏语言哲学基础，跟风与抢热门现象严重，具有理论深度的创新性研究较少。Robins（1967：88）指出，"哲学，从其宽广意义上来说，是语言学的摇篮"。钱冠连（2009：8）也认为，"语言哲学与语言研究的关系，就像营养钵对钵中的小苗的关系，也像摇篮对摇篮中的婴儿的关系"。可以看出，语言研究与哲学密不可分。如果缺乏哲学基础，语言研究就会成为无本之木，缺乏理据和深度，甚至盲目空洞。事实上，我国传统哲学中蕴含着很多可以作为语言研究哲学基础的优秀资源，值得深度挖掘和利用。例如，Halliday & Matthiessen（1999：19-22）借助中华文化中的太极阴阳图阐述了语义和语法的复杂关系。此外，阴阳互生互动、辩证一体思想等中庸原则对系统功能语言学的整体模型设计与元话语范畴的构拟产生了影响（彭宣维 2016：135）。总之，外语界理论语言学研究应积极汲取中国哲学和中国传统文化精髓（如天人合一、阴阳辩证思维等），并用西方哲学所擅长的理性和逻辑思维来完善自己，从哲学高度对语言研究作出更深刻的思考，进而构建和提出具有深度的语言学理论。

4）增强本土意识，重视汉语研究。从当代语言学的情况来看，Halliday 的系统功能语言学理论是在其早期的汉语研究基础上发展起来的。黄正德等一些活跃于当今国际语言学界的知名学者，其研究素材也多来自汉语（王文斌 2017a：8）。从以上学者的语言研究实践中，我们可以得到两点启示：其一，外语界需加强对汉语事实的关照和检视，不应只关注国外语言学理论的引介和研究。正如吕叔湘（1983：3）指出的，"我们不能老谈隔壁人家的事，而不联系自己家里的事"。否则，我们就只能长期为国外理论"打工"，很难有真正的创新性建树。其二，外语界在顾重汉语实际和汉语研究传统的同时，仍需借鉴国外的语言学理论，具备多语眼光，并积极从对本土语言现象的研究中升华出普遍规律和理论原则，为普通语言学的发展贡献自己的智慧。例如，马建忠、赵元任、罗常培、黎锦熙、王力、陈望道、吕叔湘、高名凯、朱德熙等汉语界前辈名家，他们的理论建树无不与中西结合或中西对比的研究方法有关。

5）探求新的研究范式，创生新的研究方法。范式指用来界定某一特定学科或科学共同体在本体论、认识论和方法论上遵循的信条信念、理论假设、价值观念、研究方法等的一种概念性框架（Kuhn 1970：103；梅德明 2017：115）。对于外语界理论语言学研究而言，在研究范式和研究方法上应尽力实现以下突破：一是改变国外语言学理论或印欧语语法框架先入为主，再用某种语言事实进行验证的研究思路，转为在语言对比或语言类型学的视角下，通过充分观察、描写和解释，创生新的语言学理论体系和研究方法，并不断改进与发展。如同胡建华（2018：475）在"新描写主义"中主张的那样，在跨语言比较的视野下，合理调用多种理论工具，对显性或隐性的微观语言事实、现象和结构进行精细的描写、刻画和分析，以揭示语言的共性和个性，应避免把理论当作通过"牺牲"语言事实来维护的圭臬。二是重视新的研究方法的提出和应用，同时兼顾内省与实验、定性与定量、共时与历时等方法。

3.1.1.3.3 理论语言学话语体系创新路径

理论语言学话语体系创新，可从话语的主体、话语的内容和话语的传播渠道三个方面着手，进而提升我国理论语言学研究的国际影响力。

1）打造多元和谐的学术共同体，造就理论语言学研究的中国学派。学术团队是开展研究的基本保证，而"学派是学术研究领域走向成熟、发达和繁荣的标志"（钱冠连 2004：2）。目前，国内理论语言学研究者仍然处于"孤军作战"的个体科研状态，研究问题比较零散，难以对外产生影响和冲击。虽然国内语言学研究机构或研究基地众多，但是"没有形成持续的研究课题或鲜明的研究特色"（束定芳 2018：6）。孙汝建（1991：83）认为，语言学流派形成的特征一般有四：一是有创始人或代表人物；二是有自主的、独特的理论成就和代表性著作；三是其理论体系创立后能为该学派内的追随者基本接受并能加以发展；四是理论和学术成就在当时的语言学界独树一帜，与其他学派相区别。今后，学界应增强学派意识和理论自信，通过组织老中青衔接的学术团队，精准发力，产出可以与国际同行进行对话的原创性理论和观点，逐渐打造理论语言学研究的中国学派，进而提升我国理论语言学的国际地位。在此过程中，学界应以宽容的心态对待各种创新尝试，重视我国学者提出的新理论和新观点。当然，学派的打造是一个长期的工程，实施过程中会遇到阻力和难题。

2）提出体现我国社会文化特色又可通行于国际学界的术语、概念、命题、范畴、表述等。习近平（2016：24）指出，"要善于提炼标识性概念，打造易于为国际社会所理解和接受的新概念、新范畴、新表述，引导国际学术界展开研究和讨论"。术语、概念等作为学科专业知识的载体和集中表现，其归属权往往直接与学术话语权有关（陈新仁 2018b：15）。回顾西方语言学理论发展史可以发现，如系统功能语言学中的及物性、语气、语法隐喻、主位与述位等概念，跟王力、罗常培、高名凯、陈望道、朱自清等中国学者的研究有直接联系（胡壮麟 2018a）；语用学中的"面子"等术语也来自中国文化。这些源于中国的观点、概念等经由国外学者的理论化和提升后在国际学界通用，而我们却对此司空见惯，不够重视，这非常值得学界反思。今后我们应积极吸收我国语言研究的优良传统和中国传统文化中的精华，从中提炼和升华出具有本土特色的学科术语、概念、范畴等。当然，鉴于"与当代语言学完全脱节的本土化术语和范畴很难走出国门"（胡壮麟 2007：16），研究者还需考虑语言之间在研究上的相通性，积极在国外语言学知识体系中寻找与之呼应的思想和语境，对所提出的具有本土特色的术语、概念、范畴等进行改造，使其一方面能够让国际同行所理解，另一方面能够广泛应用于世界其他语言的研究。

3）多渠道并行与国际学界开展广泛的交流和对话，加快理论语言学研究的国际化进程。具体而言，可从两个方面发力。其一，提高国内学者创办的国际学术期刊的水平。国内外语界学者创办或参与创办的理论语言学国际期刊已有近十本，但是，大多数期刊的影响因子和国际知名度仍然较低，尚未充分发挥助推我国原创知识"走出去"的作用。其二，增强学术研究国际化的自觉和自信，积极把研究成果推到国际刊物、国际学术会议和国际学会等重要国际平台，同国际学术共同体进行交流与对话，提高我国理论语言学研究的国际影响力。例如，黄国文近年来多次在国际学术期刊上和国际学术会议发言中介绍其提出的"和谐话语分析"（Huang & Zhao 2021；黄国文 2017，2018），该概念在生态语言学领域影响较大的著作（Stibbe 2021：212）中也有提及；Webster & Peng（2017）和 Shu et al.（2019）分别介绍了中国学者有关系统功能语言学和认知语言学的研究成果，同样得到了国际同行的关注。以上做法为学界推动研究成果的国际化提供了借鉴和参考。李宇明、王春辉（2020）呼吁科研成果的中文首发制。事实上，研究成果的中文首发制和国际化并不存在真正的矛盾，"保护和提升中文学术地位"和"中国学术走出去"可以兼顾。对于外语界学者而言，推动研究成果的国际化不仅重要而且必要。否则，我国理论语言学的国际影响力和国际话语权的提升就无从谈起。

70 年来，我国外语界理论语言学研究虽然取得了长足的进步和显著的成就，但尚未摆脱以西方知识体系为参照的研究方式。"没有知识体系，就没有国际话语权。"（郑永年 2018：101）因此，外语界理论语言学研究者应勇于肩负起创新知识体系的学术使命，积极构建具有原创性和主体性的理论语言学知识体系，为理论语言学的发展贡献中国智慧。当然，理论语言学知识体系的创新是理论语言学学科发展的永恒主题，不能操之过急,一蹴而就;理论语言学知识体系的创新更是一项复杂的系统工程,任重道远,有待学界的长期共同努力。

3.1.2 中国应用语言学知识体系创新路径

本书第1.1.2节采用规模文献计量分析方法总结、回顾了中国应用语言学研究70年的发展历程。第2.1.2节概括、评述中国应用语言学过去70年的创新成果和主要贡献。第3.1.2节将聚焦探讨中国应用语言学知识体系创新路径,共分三小节:中国应用语言学知识体系现状分析和问题研判,需要解决的主要问题,创新路径探索(即解决问题的对策建议)。

3.1.2.1 中国应用语言学知识体系现状分析与问题研判

现状分析与问题研判基于三个方面的数据分析结果和论证:1)中国应用语言学过去70年研究成果文献的规模计量分析和讨论;2)中国应用语言学过去70年创新成果案例总结和分析;3)召开专家咨询会议和高端论坛[1],概括、总结和评价中国应用语言学在理论、方法论和实践方面的创新探索与成就以及存在的主要问题。三个部分相互映衬,形成对中国应用语言学研究较为全面的认识,并在此基础上研判应用语言学的中国问题、中国现象以及中国语境下应用语言学的发展和创新路径。

3.1.2.2 中国应用语言学知识体系创新需要解决的主要问题

过去70年来我国应用语言学研究和实践取得了瞩目的成就,但也反映出以下四个方面的问题:

1)需要进一步厘清应用语言学的定义、边界和范围。具体表现是:

---

[1] 课题组于2020年9月27日召开中国应用语言学知识体系创新研究高端论坛(线上)。出席论坛的专家有(以姓氏拼音排序):胡壮麟(北京大学)、黄国文(华南农业大学)、刘建达(广东外语外贸大学)、束定芳(上海外国语大学)、王初明(广东外语外贸大学)、王文斌(北京外国语大学)、文秋芳(北京外国语大学)、吴一安(北京外国语大学)、徐锦芬(华中科技大学)、杨惠中(上海交通大学)、杨连瑞(中国海洋大学)、周燕(北京外国语大学)。王蔷(北京师范大学)、程晓堂(北京师范大学)因故未出席。

（1）国内（外语界）应用语言学历时和当下主要采纳狭义定义，研究议题主要集中在高等学校英语作为二语习得与英语教育领域，其他语种的应用语言学研究较为零散；围绕基础段外语教育的应用语言学研究严重不足，尤其是聚焦中小学外语学习过程及规律的实证研究相当匮乏，特别是一些关键问题和瓶颈问题缺乏深入研究，未能形成中国本土英语学习者基础性问题的系统性描述和阐释。（2）国内应用语言学研究与社会、文化发展和民生热点联系不够紧密，其关注现实生活实际问题的本质特点尚不够彰显。

2）国内应用语言学研究与实践对西方理论的依赖性强，表现在两个方面：（1）研究主体创新意识不强，介绍、引用、阐释和运用西方理论仍是当前研究与实践的主流。中国作为学外语的大国理应成为理论创新的强国，加强应用语言学创新研究、扩大国际影响力十分必要。为此，需要正视和解决知识体系创新中的组织乏力和队伍动力不足、学术研究功利性和形式化的问题。（2）对本土理论、原创性实践的关注尚不够，本土的概念、话语、命题和结论等的被引率不足，比如"产出导向法""续论""思辨英语"等是扎根中国本土且已有一定显示度的创新成果，未来应用语言学研究应加强相关基础实证研究及成果的引用、探究和传播，逐步构建自己的学术话语体系，并进一步在国际上发声，在总结其本土价值的同时探究其更大范围的应用价值。

3）对新兴领域的关注和研究仍然非常不足，应用语言学的科学性、跨学科性不够凸显，与生命科学、计算机科学与技术、心理学、人工智能、脑科学、医学等学科的交叉融合不够，未来研究应继续提高跨学科的意识和研究能力，加强实证研究的深度、广度，推动我国应用语言学研究与时俱进、实现新的发展。

4）外语教育是国内应用语言学研究和实践的主体，七十年来取得了令人瞩目的成就，为国家和社会发展作出重要贡献，但其发展仍具有不均衡性和不充分性，特别是在新时代，面对国家急需高层次、国际化人才的局面，仍显得后劲不足。具体表现在六个方面：（1）对"小才拥挤、大才难觅"现象的批判性反思和应对改善未见明显成效,人才培养目标和课程体系的顶层设计仍有优化空间。(2)新理论或新方法翻新不断但理性研判、创新发展的程度还不够,对已引进的国外外语教育理念和方法缺乏历时、系统和全面的评估,理论与实践割裂的问题仍在一定程度上制约外语教育的高水平发展。(3)对普通教育和外语教育的共性与个性问题的辨析和阐释尚不够深入;对外语教育的学科定位及概念使用有待学界进一步澄清,对外语教育研究的分支(如外语课程论、外语测试学、外语教材研究等)缺乏学理论证和整体架构。(4)对外语教材编写的规范性要求和评价标准还不够明确。(5)外语教师的专业发展能力和学习动力相对欠缺,外语教师培训的质量和效果仍有待提升。(6)外语教学应试化、技术化、技能化等问题仍有不同程度的表现。

3.1.2.3 中国应用语言学知识体系创新路径探索

1)应用语言学学科发展必须主动回应国家、社会发展的重大关切,提升学科服务国家战略和社会发展需求的能力。外语政策与规划应从国家发展战略,特别是"一带一路"和人类命运共同体相关命题的高度出发,全面研判,综合考量;外语学科要领会"四新",特别是新文科的战略部署,把握应用语言学自身跨学科本质特征的同时,加快与新技术的深度融合,关注自然语言处理、语料库、语音识别、智慧教育、语言诊断等新兴领域,谋求创新;加强全年龄阶段(从幼儿到老年)的语言和语言使用研究,提高学科研究服务社会的能力。

2)应用语言学学科发展必须结合中国实际,走创新之路。中国应用语言学知识体系创新要扎根中国的语言应用实践,兼具国际视野,坚持"洋为中用、古为今用"的理念,立足本土实际、打破学科界限,走出"不拘一格用/建理论、解决问题为导向"的路子。外语教育作为狭义应用语言学的主体,应适度取舍国外外语教育理论、深度调研我国外语教育现实、弘扬我国外语教育优秀传统以及加强外语教育教学"中国化"的理论基础和系统化实践。"产出导向法""续论"和《中国英语能力等级量表》等都是结合中国实际、大胆创新的典型例证。

3）应用语言学学科发展必须注重研究方法的创新。应用语言学是一门实证科学，不能坐而论道，理论创新的基础是大量的实证研究与发现，必须深入开展实证研究。要明确定量研究方法与质性研究方法的关系，有计划地加大质性研究的力度，加强基于课堂的外语教学过程的实证研究，了解学生和学习的过程，从而有针对性地改进语言教学；要利用现代信息技术和最新理论，结合现代化技术进行创新，比如 AI 技术在语言测试中的应用；除了传统的研究范式和方法以外，还应该大胆借鉴和尝试其他研究领域的研究方法，包括认知科学、心理学、社会学、人工智能等领域。

4）应用语言学学科发展必须解决组织乏力，队伍动力不足的问题。要充分发挥应用语言学学术团体、组织的引领作用，加强全国性的学会在学术创新方面的领导力；应加强团队推进，避免"单打独斗"，学习其他学科学术团队攻关的经验；鼓励教师结合教学实践进行理论创新；学术刊物要鼓励、引领创新，鼓励学者提出自己新的理论框架，允许理论观点之间的碰撞、交流，最终形成成熟的创新理论；扩大影响力，办好相关英语类期刊，如《中国应用语言学》，使这些期刊成为世界了解中国应用语言学研究与实践的窗口。

5）继续重点研究外语教育与教学，实现推动本土理论和实践创新，构建中国外语教育与教学知识体系。外语教学是中国应用语言学研究与实践的主体部分，应用语言学学科发展需要明确其学科内涵和外延，进一步厘清应用语言学和外语教育（学）、应用语言学与教育语言学、应用语言学与语言教育学的共通之处、交叉和边界问题。基于对上述问题分析，近期不断有学者提出"外语教育学""语言教育学"作为独立学科的设想，并从理论层面和实践层面阐述了独立设置的意义。就"语言教育学"而言，其意义包括：（1）有利于深化认识语言教育带来的国家认同感、民族认同感和个人身份认同感。（2）有利于提高语言教育的人文价值，有利于打破语言教育技术化和技能性的局限性。（3）其实践价值体现在为语言教师的专业发展奠定基础、提高语言教育者的学术和学科地位、提升我国各类语言教育的整体水平等。

3.2 中国外国文学研究知识体系创新路径[1]

3.2.1 中国外国文学研究知识体系现状分析

中国外国文学知识体系创新能力与中国的综合国力还不相称，不能完全适应中国进一步改革开放的新形势，也不能完全满足进一步促进中外人文交流的新要求。为此，要坚持"洋为中用"的方针，从长远的角度和战略的高度，通过教育部、高校和科研院所、学术共同体的努力，引导外国文学研究者增强文化自信，积极构建具有中国特色的外国文学学术话语体系，从而为实现"两个一百年"目标贡献智慧。

3.2.2 中国外国文学研究知识体系创新基本原则

1）坚持主体意识。在学术研究上紧扣本土问题，以自身经验为基础，适时适需改写西方理论话语。习近平总书记认为，"这是一个需要理论而且一定能够产生理论的时代，这是一个需要思想而且一定能够产生思想的时代"。对外国文学研究而言，这既是时代的召唤，也是自身可持续发展必须经历的阶段。

2）坚持对话意识。中国的外国文学研究强调中国视角，并不意味着研究成果的呈现和交流要局限在国内。研究者不仅要倾听国际学界的声音，更要以自信的态度进行对话，将研究成果及时地传递到国际上。这不仅是外国语言文学学科发展的要求，更是构建中国特色哲学社会科学学术话语体系的必然实践。

3）坚持审美观点和历史观点相结合。文学研究是对文学作品美学性和历史性的兼顾研究，要坚持美学观点和历史观点相结合的方法论。尤其是在倡导跨学科、跨领域研究的当下，要始终坚持文学研究之本。

---

[1] 在撰写该节的过程中，段超做了基础性工作，特此致谢。

4）坚持跨学科研究，拓展学科边界，深化学科内涵。对外国文学研究者而言，跨学科和跨语种的方法和视角可以极大地扩展研究边界。汲取其他学科领域的思维方式，借鉴其研究方法，可为外国文学研究的内涵建设和未来发展注入活力。

3.2.3　中国外国文学研究知识体系创新路径探索

中国外国文学知识体系创新是一个系统性和综合性课题，需要教育部、高校和科研院所、学术共同体共同努力，并依靠广大外国文学研究者的文化自觉和主观能动性，才能取得明显的效果。

1）加强本土理论和话语体系的创新，构建中国特色外国文学研究知识体系。坚持"洋为中用"的原则，在中外文化互鉴的基础上，进一步挖掘中华优秀传统文化、革命文化和当代先进的社会主义文化丰富的思想理论资源，构建和发展本土文学理论。教育主管部门及其他政府相关部门可以通过社科基金项目的设立和评奖评优等手段，引导广大外国文学研究者从事本土理论和话语体系构建及创新的相关工作。

2）加强非通用语种，特别是周边国家、"一带一路"共建国家与地区的文学和文化研究，提升服务国家改革开放事业的能力。尽管非通用语种、周边国家和"一带一路"共建国家与地区的文学和文化相对处于弱势，但是加强相应的文学和文化研究对于中国的经济社会发展和改革开放新格局具有十分重要的价值。建议国家相关部门、高校和科研院所在政策和资源上给予支持和倾斜。

3）加强跨学科理论研究，增强学术思想创新能力。跨学科研究既是学科内部知识生产的自身需求，也是学科外部交叉融合的规律使然。在科学技术飞速发展、科技人文融合日益加速的背景下，外国文学研究要优化研究模式，主动打破学科壁垒，开展文学理论的协同创新。国家相关部门、高校和科研院所可通过多种形式加以激励和引导，并通过评价体系提升跨学科理论建设的水平。

4）增强中国文化的国际传播能力，提升国际话语权。国际学术话语权建立在实力的基础上。中国的外国文学研究者要在提升创新能力的同时，发挥自身的语言优势，通过在国外发表期刊论文和著作，提高中国学者在国际上的影响力；积极参加国际学术组织的活动，创办国际学术组织和国际期刊，拓展中外人文交流的渠道，以多种形式争取中国在国际上的学术话语权。

5）加强人才培养，为国家文化软实力建设储备青年人才。人才培养攸关中华民族的伟大复兴。针对中国外国语言文学领域存在的研究队伍结构性矛盾和相关领域人才储备不足的问题，教育部相关部门可适当通过政策杠杆加以引导和激励，为构建人类命运共同体和实现"两个一百年"目标，特别是为国家文化软实力建设打下坚实的基础。

3.3　中国翻译学知识体系创新路径

习近平总书记在2016年5月17日举行的哲学社会科学工作座谈会上指出："要按照立足中国、借鉴国外，挖掘历史、把握当代，关怀人类、面向未来的思路，着力构建中国特色哲学社会科学，在指导思想、学科体系、学术体系、话语体系等方面充分体现中国特色、中国风格、中国气派。"同时他强调："我国哲学社会科学应该以我们正在做的事情为中心，从我国改革发展的实践中挖掘新材料、发现新问题、提出新观点、构建新理论……"这是构建中国特色哲学社会科学的着力点和着重点。

因此，为了承接历史、立足时代和面向未来，中国翻译研究需主动回应国家战略需求，明确学科发展趋势和重点问题，同时凝练学科内涵，补齐学科建设短板，确定学科建设的基本原则和方法，努力构建中国特色译学话语体系，巩固并扩大中国翻译研究的国际影响力，将中国翻译研究推向更高的发展层次。

3.3.1 中国翻译学知识体系现状分析

整体而言，中国目前的翻译理论探索虽然在学科理论溯源、研究重点、方法策略等方面各有侧重，但都基本呈现出以下特点：

1）理论创新意识非常明确。相关研究既努力克服中国传统翻译思想重翻译技能轻理论阐释的弊端，又力图减少甚至摆脱国外相关理论的制约或影响，力求形成翻译理论研究的中国特色。

2）跨学科视野成为统一规范。借助相关学科的理论、术语、方法或程序描述或阐释翻译活动是当前中国翻译理论创新发展的一个基本特征，也在很大程度上推动着翻译研究的跨学科发展。

3）基于中国翻译实践的定位基本明确。相关研究特别强调中国翻译实践的特殊性，由此引发了关于翻译选材、翻译策略、翻译质量评估、翻译功能等多方面的探讨，逐步彰显了中国翻译理论思考的独特性。

4）系统论证的思路和方法基本成熟。正因为理论构建的跨学科意识强烈，相关翻译思想的论证基本没有采取中国传统译论纯感悟、经验式的研究路径，科学的方法意识、严谨的论证程序和系统的表述体系等已成为翻译理论建构的基本范式。

5）理论思想的实际应用范围逐步扩大，国际影响逐步形成。各种翻译理论、术语或方法既有持续性的理性阐发和完善，也有实证性的应用或验证，共同推动具体思想或观念不断澄清或更新，而且对外译介力度逐步加大，国际认可度和影响力不断加强。

当然，应该承认，当前中国翻译理论的创新探索仍然处于起步阶段，特别是相关理论思想自身尚未成熟，中国翻译理论要走向国际、形成广泛而长久的影响力，依然任重道远。

1）理论框架的内在稳定性尚须加强。目前，相关理论虽力图证明自身理论架构的完整性，但其有关理论内部要素及各内部要素间相互关系的陈述并不能自证该理论体系逻辑的一致性，特别是某些理论所宣称的能够解释所有翻译活动或现象的论点恰恰说明了其理论体系的庞杂性，更说明其理论结构的稳定性有待加强。

2）核心术语的界定须更加严格。目前，相关理论的核心术语要么源自中国古典人文思想，要么参考其他学科相关理念，但在实际应用于翻译实践或理性分析时都表现出"不言而喻"或"不证自明"的倾向，亟待形成更科学、体系性更强的术语界定方法和程序，特别是理论建构中学术术语的"排他性"（即本理论体系的支撑性术语区别于相关或相近理论的独特性）阐释更须强化。

3）理论思想或观念的真正原创性尚须加强。不少中国学者的翻译理论或观念多是在借鉴国内外相关翻译理论、思想或其他学科的理论或范式的基础上形成的，真正原创性概念或思想体系尚待开发。

4）理论构建的跨学科层次尚待提高。中国学者的翻译理论探索多简单嫁接相关学科理论、术语或方法，使得翻译研究沦为其他学科的实验对象和测试场，跨学科研究中双向互利的效应并不明显。虽然翻译学者强调翻译及翻译研究对文学、历史、社会等相关学科领域的重要作用，但相关学科对翻译与翻译研究的关注依然不足，翻译研究对其他相关学科的启发或推动作用尚待强化。

5）应用范围或适用性仍须明确。不少中国学者建构翻译理论的愿景颇为宏大，试图囊括一切翻译现象，形成普适性的翻译模式，但翻译活动的复杂性和多样性无法为某一个或某一类理论形态所覆盖，企图解决一切翻译问题的理论尝试暴露出理论建构过程中的内在逻辑矛盾和外在应用风险。

6）国际译介和推广不足，国际影响力尚待扩大。当前中国学者的翻译理论探索大多处于国内阐发和应用阶段，真正为国际翻译学界所了解的理论观念并不多见，而且在国际上引起的更多是争议和批驳，真正获得的认可和接受并不充分，中国翻译理论创新的国际话语权仍待加强。

3.3.2 中国翻译学知识体系创新基本原则

要谋划中国翻译研究的未来发展，首先必须明确基本原则和路径。

结合中国国家发展战略和中国翻译实践特色,中国翻译研究应在未来发展中首先明确几个导向性原则。

1)明确翻译界定的时代特色。正确认识翻译在人类社会中的地位以及对人类发展、社会进步与文化创造的重要贡献;突出跨文化交流的视角,维护人类文化的多样性。

2)鼓励思想创新和理论创新。坚持跨学科发展思路,继续吸收相关学科的理论资源,同时力求对其他相关学科产生影响,变理论"消费"型为理论"输出"型。习近平总书记(2016)强调:

> 当代中国正经历着我国历史上最为广泛而深刻的社会变革,也正在进行着人类历史上最为宏大而独特的实践创新。这种前无古人的伟大实践,必将给理论创造、学术繁荣提供强大动力和广阔空间。这是一个需要理论而且一定能够产生理论的时代,这是一个需要思想而且一定能够产生思想的时代。

我们翻译学研究者须不断增强学科意识和理论意识,把握研究定位和基本理论问题,确定发展规划,保持内在动力,形成本土的翻译流派或学派。

3)充分挖掘并继承中国传统译论资源,特别是中国千年以上的丰富翻译史资源,思考翻译在中外文化沟通中的特殊作用和特别史实,推进原创性中国翻译思想和理论的形成和发展。

4)关注现代理念和技术。在多类型语料库的基础上,积极跟踪大数据、云计算、人工智能等现代技术的发展,加强翻译过程的认知心理研究,努力探索现代技术语境下口笔译教学、评测与研究的创新发展。

3.3.3 中国翻译学知识体系创新路径探索

根据上述原则,中国翻译研究未来探索的路径和重点领域包括如下几个方面。

3.3.3.1 创新翻译理论，鼓励学派意识，推进中国翻译学派的共同体构建

在当前和未来很长一段时间内，积极探索"中国特色翻译学"，融通中外理论话语体系，取得中国翻译学的话语权，已成为中国翻译学界的一个基本共识，这也是当前中国翻译理论研究面临的一个重要课题。为此，应该将对中国传统译论的理性继承与对国外翻译理论的合理借鉴有机结合起来，实现二者的彼此促进，同时强调基于中国语境与中国翻译实践的原创性翻译理论贡献：

1）系统梳理、深入剖析中国译论的独特贡献。一方面，对以"案本—求信—神似—化境"为特点的中国译论体系进行历史性解读或修正；另一方面，更须重新认识中国传统译论及其话语规范在提高中国文化软实力进程中的作用。

2）明确翻译理论或概念"本地化"的研究路向，提倡基于"证伪"思维的适用性研究（而非单纯的验证性或应用性研究），推动翻译理论的多元发展。

3）深化翻译理论"特殊性"与"普遍性"的元理论思考，从理论的指向性、层级性、应用性等不同视角，深度发掘汉语和少数民族语言间的翻译资源，客观而系统地评价"中国特色"的翻译理论及其理据与意义。在此基础上逐渐彰显中国译学思想，形成新的理论和学派，并走向国际译学界。

3.3.3.2 服务国家战略，加强中外文化互译研究，扩大中译外及其研究

在国家"一带一路"倡议的指引下，充分认识未来我国国际战略布局的基本思路和重要部署，提升中外文学文化互动翻译研究的规模和质量。

1）语言互通是实现"一带一路"沿线各国人民民心相通的前提条件。因此，开发面向"一带一路"共建国家和地区的多类型、多语种服务资源库符合国家战略的基础性和战略性研究方向。具体资源范围广泛，包括语言对比、文学交流，以及教育、法律、经贸、旅游等专业领域的文献对比分析等，其中都涉及语言翻译及对应评价。

2）开展基于语言文化战略的翻译政策研究。语言政策研究是当前语言学研究的一个新热点，直接关联民族语言发展、语言接触、民族政策、国家关系等领域，研究空间非常巨大，应用领域十分广泛。语言政策研究的一个重要方向是翻译行为的社会与文化解释，可以从语言接触、文化交流、民族发展、国家意识等角度解读翻译的作用，一方面分析社会、政治、经济、意识形态等因素对翻译政策制定与演变的制约作用，另一方面可以考察翻译政策对民族语言发展、文学创作规范、民族文化传承等范畴的影响。

3）围绕中国文化"走出去"战略，对以翻译为媒介的文化对外传播工作进行系统而深入的调查与分析，重点把握对外翻译活动基本情况，形成多语种、多文本、多时代、多群体、多区域的系统调查取证（系统调查分析中华典籍翻译、中国现当代文学翻译及中国语言新现象〔如流行语、热词〕的海外传播与影响等）；同时客观分析对外翻译的组织模式与具体策略，特别是针对翻译产品的域外接受效果，提出符合国际话语体系的翻译策略与传播方式，为中国文化对外传播工程提供政策规划与技术执行层面的信息与咨询服务，这是中国翻译研究未来发展的战略重点之一。

4）重视中华文化元素的系统性译介与传播。中华文化元素蕴含于饮食、中医、戏剧、建筑、绘画、音乐、武术等多种物质形态中，而且具有明显的地域性特征。这些物质形态的中国文化对国外读者有更直接的影响力。这些文化元素的对外介绍是中国翻译研究应该重点关注的对象，相关探索不仅能够系统总结相关的翻译原则和策略，更能够探寻中华物质文明对外译介的基本路径和模式，从而有效提升中国文化"走出去"战略的实施效果。

5）加强边疆地区语言文化对外宣介研究。根据周边外交工作座谈会的会议精神[1]，加强边境与边疆地区的语言文化建设，改进边疆地区对外宣传的模式与策略，提升边疆地区的国际认知度，是当前语言文化建设领域的一项战略任务。因此，边疆地区的语言文化对外宣传与介绍工作，特别是涉及文化发展、宗教信仰、语言政策等方面的内容，应该成为对外翻译与传播的重要工作，主要包括周边国家语言国情的调查与翻译、边疆地区外宣材料翻译的特殊性研究（可考察其翻译模式、策略、效果）等。

6）加强国家对外话语译介与传播研究。加强国际传播能力和对外话语体系建设，推动中华文化走向世界，已成为国家战略方向和发展重点。因此，翻译学者要全面梳理新中国成立以来中国对外话语的发展历程，深刻总结具有中国特色的对外话语表述体系，高度凝练代表中国话语思想精髓的对外话语核心术语，全面掌握中国特色对外话语在英语世界的翻译状况，深入分析影响中国话语在英语世界传播的因素和机制，系统归纳中国对外话语翻译的基本原则和有效策略，积极探索中国对外话语海外传播有效模式，特别是针对具体国家和地区的"精准"传播模式。

7）开展中华学术外译项目延续性研究。我们应借助中华学术外译项目工程，一方面对学术外译项目进行系统描述与分析，明确学术领域的翻译"空白"，拓展学术外译的学科范围（如人口学、考古学、外国文学、新闻学与传播学等）；另一方面开展针对学术外译的系统研究，如学术作品翻译的标准与程序、学术作品翻译中的译者主体性、学术作品的翻译效果、学术术语的翻译规范、专门领域的翻译语料库建设等，形成新的翻译研究增长点。

3.3.3.3 加强现代技术下的翻译教育、评测及翻译人才培养

高科技、高智能、高信息化是现代社会最重要的推动力。翻译研究要适应社会对翻译服务的需求，将翻译人才培养、翻译教学模式、翻译过程研究、翻译发展数据等同高科技结合起来，重点发展以下方面：

---

1 参见 http://politics.people.com.cn/n/2013/1025/c1024-23332318.html（2022年3月17日读取）。

1）翻译人才库的建设与应用。翻译人才资源分散、信息不完备、交流不通畅是影响中国翻译市场良性运转的关键症结之一（中国翻译协会 2019）。因此，应该建立国家翻译人才库，依据服务语种、资质水平、学科领域、所属地域（涉及国内和海外，应包括海外汉学家）、翻译方向（中译外、外译中）等标准进行信息整合，并借助网络平台形成动态更新机制，为国家重大对外项目和国际交往提供人才支撑，为翻译市场人才供求提供信息服务，为翻译人才政策提供数据服务。

2）多类型翻译服务资源库的研制与应用。在对外交往不断扩大并深入的新形势下，以翻译为主体的语言服务已成为国家经济社会发展的重要支撑（中国翻译协会 2019）。同时，我国涉外、旅游、交通等诸多领域对外宣传工作中的交流意识和服务水平有待加强，其突出表现是各种相关信息或资源的文字翻译质量堪忧，而且缺乏统一标准，难以有效规范。因此，针对各地区、各行业的具体特点，开发相关资源的双语或多语平行资源库或语料库，有助于把握各种资源对外翻译的基本状况。同时，在此基础上，参考国外类似资源对外宣介的相关模式，逐步规范对外宣传材料翻译的基本原则和策略，提高对外宣传效果，还能进一步推动以公示语为主体的翻译服务的实践、教学和相关研究。

3）市场导向的翻译人才培养模式与体系的确立。专业化、职业化、技能化是翻译产业的未来发展趋势（中国翻译协会 2019）。因此，翻译人才的实用性、专业化（学科领域划分）、层级化（满足翻译市场的多层次需求）、个性化（体现学校特色，满足区域发展需求）培养应该成为翻译教学研究关注的重点，多方培养主体（校、企、政等）、多元教学模式（如项目式、任务式等）、动态考核机制及复合师资配备等议题都值得深入探讨。

4）翻译教学研究的系统化与专业化。依据上述人才培养目标与特点，翻译教学研究应该避免采用"大而泛"的研究思路，进行翻译教育环节的分解式深入研究。例如：翻译能力的全面认定与动态评价；翻译测试的系统设计与综合评估；翻译学习者语料库的设计与应用；翻译教师自我发展机制的建立；现代技术语境下的翻译教学改革，包括 AI 语境下翻译专业人才培养的思路与路径、现代技术环境下翻译专业课程设置的基本理念与方法、现代技术支撑下的翻译专业课堂转型、现代技术观测下的翻译过程研究和译者大脑活动分析等。

5）多语种、复合语种的翻译教学与研究。当前，非通用语种的翻译人才已成为制约语言服务发展的关键因素（中国翻译协会 2019）；相对于英语而言，非通用语种的翻译教学与研究又比较滞后，影响了具体翻译教学与研究的质量。因此，借鉴并参照英语等通用语种的经验、标准或路径，同时考虑具体语种所涉国家和文化的特殊性，推动多语种、复合语种的翻译教学及研究的对比分析，应该成为未来翻译教学与研究领域特别重视的议题；而由语言与文化差异引发的翻译策略、翻译模式等问题的讨论又将促进关于翻译基本原则、翻译质量评估等一系列翻译基本范畴的理论思考。

3.3.3.4 提升语料库、大数据及智能型翻译研究质量，争取国际领先地位

中国翻译学界在双语平行语料库、类比语料库、专门语料库等类型的语料库研制方面基本上走在国际学界前沿。成规模的双语语料库有上百个，除了综合性的大型语料库之外，我们还有诸多为了各种研究目的而开发的专门语料库和特殊语料库。这些语料库为翻译研究和翻译教学，以及语言对比、双语词典编纂、社会科学探索等，提供了非常有利的方法和途径。我们将在这个基础上，进一步提升和扩大语料库的研制精度和加工深度，并向大数据、人工智能发展，争取在数字型翻译研究和翻译人才培养方面走在世界前沿。

1）语料库翻译研究的拓展与深化。语料库翻译研究是当前以及未来翻译研究的主流范式，其学术增长潜力和学科影响力将持续显现。语料库翻译学未来要着重解决语料类型、翻译类别、加工层次、复合思路、理性阐释等问题，以推动语料库翻译学持续发展。语料类型决定了语料性质和

功能，我们可以拓展语料库的语料来源，探索政治、经济、法律、科技、商务等领域，推动语料库物质基础的创新。翻译类别涉及不同的翻译加工形态，如笔译、口译、机器翻译等，专门性的翻译类别语料库（如口译语料库）能够丰富语料库类型，拓展并深化语料库翻译教学与研究。语料加工种类和层次决定了基于语料库的检索和分析深度，语篇、语义、翻译策略、质量标记等层次的标注是语料库翻译学未来探索的重点。语料库方法和其他定量或定性方法（如 TAPs、实验等）相结合的复合思路是语料库翻译研究未来的方法设计理念，我们可以由此丰富数据类型，加强多元论证，提高研究数据和研究结论的代表性。对语料数据的理性阐释是语料库翻译学提升理论高度以及研究影响力的关键因素，除语言对比外，文学批评、叙事模式、意识形态、学理认知等也是语料库翻译学理论升华的主要方向。

2）现代信息技术与语言服务的有机结合。这既是未来翻译产业的战略方向，也是翻译市场研究应该关注的问题：（1）机器翻译、云翻译、众包翻译（crowdsourcing translation）、社区翻译（community translation）及合作翻译（collaborative translation）成为新型翻译业务组织方式，其特点与发展趋势值得关注（Baker & Saldanha 2019）；（2）新翻译业务形态引发的术语管理、项目管理、审校控制等质量管理流程成为翻译质量研究的新课题；（3）AI 技术不断成熟，以语音识别、机器翻译、语音合成等技术为基础的自动翻译（如自动同声传译）前景广阔，相应的技术整合与升级、质量评价标准与程序等问题值得深入探讨；（4）以云计算、翻译记忆库、机器翻译、自动化流程为技术支撑的本地化翻译工程将成为翻译市场的生力军，本地化翻译应该成为翻译市场研究的重点议题。

3.3.3.5 关注翻译新形态，挑战翻译研究空间

翻译的新生形态及研究工具的现代转型都为未来翻译研究开拓了广阔疆域，也很有可能引发翻译界理性的争鸣，促进翻译研究的新发展。

1）除传统纸介质材料以及平面媒体外，影视作品（字幕、配音、弹

幕）、动漫素材、网络多媒体等不同形态的信息传输方式不仅改变了翻译实践的操作模式，也会影响研究者对翻译策略选择、翻译质量评估、翻译功能定位等一系列涉及翻译核心范畴的理性思考，基于上述翻译实践的理论阐发很有可能挑战既有的翻译观念和伦理规范。

2）特殊社会状况（如战争、冲突、移民、灾难）以及特定交际场景（如医院、法庭、警局）都会深刻影响身处其中的人群及其相互关系，而作为这些社会活动中介者的译员及其行为必然呈现出独特的规律，诸如译者身份属性、翻译功能、效果评价等问题都会引发社会学、人类学等层次的思考，从而推动翻译研究的跨学科深入发展。

3）现代技术工具是翻译研究不断开拓新主题的催化剂，AI 技术、机器自动翻译、语料库、眼动仪、EEG、fMRI 等技术和工具既开辟了机器翻译、语料库翻译学、翻译认知机制等更广阔的翻译领地，也引发了关于翻译质量、翻译伦理（如机器自动翻译与人工翻译的关系以及机器自动翻译对翻译教学和人才培养的挑战）乃至翻译概念等方面的理性思考，推动着翻译研究的新发展，进而开启了翻译研究的"数字人文"时代。

3.4 中国比较文学与跨文化研究知识体系创新路径

3.4.1 中国比较文学与跨文化研究知识体系现状分析

自国务院学位办于 2015 年正式将"比较文学与跨文化研究"设置为外国语言文学一级学科下属的二级学科方向以来，更多中国外语学者进入这一学科领域，取得了令人瞩目的成绩。随着全球化趋势的加剧，国际文化交流的频繁，比较文学与跨文化研究在文明互鉴、构建人类命运共同体的伟大事业中必将发挥更大的作用，其前景是无比广阔的。但就目前来看，该领域存在不少发展瓶颈，特别是在学科建设和学术研究方面，问题尤为突出。

3.4.2　中国比较文学与跨文化研究知识体系创新基本原则

根据党和国家对新时期哲学社会科学创新发展的总体要求和基本原则，结合当前中国比较文学与跨文化研究的不足，客观分析中国比较文学与跨文化研究未来发展的战略方向、主要领域和具体策略，具体讨论在学科建设和学术研究方面取得进一步突破的可能性，这是我们展开该领域知识体系创新时的基本原则。学科建设具体包括学科定位、课程设置与学生培养、学术共同体建设方面，学术研究包括东西方比较文学研究、比较文学翻译研究、跨文化交际研究等领域。学界应在此基础上对中国比较文学与跨文化研究新的学术方向进行理论性和可行性分析，并提出关于进一步融合、创新及发展的战略思考和政策建议。

3.4.3　中国比较文学与跨文化研究知识体系创新路径探索

3.4.3.1　学科建设

1）学科定位

比较文学的学科定位要追溯到 1997 年的学科目录调整。调整后的学科目录将比较文学与世界文学合并，划归为中国语言文学一级学科下的二级学科。比较文学划归中国语言文学后，产生了不少问题。比如，比较文学项目的申请和成果归属为中国文学，这给外语学科的比较文学学者造成了困扰。对于中国比较文学而言，缺少外语学者的参与，外语优势得不到发挥，不仅减弱了国际比较文学领域中国学者的声音，也限制了中国比较文学的学术成果在国际上的交流和传播。实际上，比较文学在中国大学里最初是开设在外文系的。早在 20 世纪 20 年代，吴宓先后在国立东南大学（南京大学前身）、清华大学外文系开设了"中西诗之比较""世界文学与比较文学"等比较文学课程。改革开放后首先提出重建比较文学学科并作出巨大贡献的钱锺书、季羡林、王佐良等都是早年清华大学外文系的毕业生。另外，在中国香港、台湾地区，比较文学一直都设在外文系或英文系。

因为比较文学是一门国际性特征较强的学科，其基本研究对象是本国文学和一种或一种以上的外国文学，所以精通一门外语也是从事比较文学研究的基本要求。1997年的学科目录将比较文学划归为中国语言文学学科下的二级学科，这在很大程度上影响了外语院系开展比较文学研究的积极性。2015年学科目录再度调整，将"比较文学与跨文化研究"作为外国语言文学一级学科下属的二级学科方向，这一决定无疑是非常合理的。

为了进一步建设这一学科，学界提出以下建议：（1）将比较文学与跨文化研究作为正式的二级学科。目前只有个别院校（如北京外国语大学）将比较文学与跨文化研究作为自设二级学科，因为自设的条件是必须具有外国语言文学一级学科博士点，这对于大量没有这一资格的外语院系来说是发展的瓶颈，应该优先加以解决。（2）在英语、德语、法语等外语院系已有的语言学、文学、翻译方向之外，设置比较文学与跨文化研究方向，加快比较文学与跨文化研究在各个语种的发展。（3）在外国语大学尝试设立独立的比较文学与跨文化研究系（所），先招收硕士、博士研究生，条件成熟后再招收本科学生。这方面可以参考美国的经验。美国的不少大学，特别是研究型大学，都设有独立的比较文学系，除专任教师外，还聘请各语言院系相关领域的教师兼任。

2）课程设置与学生培养

从目前的就业市场反馈来看，外语学科学生可能存在知识面窄、人文修养不够深厚、思辨能力不强等不足，在人才市场上面临竞争优势小、事业发展空间受限等问题。外语学科中，英语专业面临的危机尤为严重。随着英语教育的低龄化、普及化和社会化，大学新生入学英语水平普遍提高，英语水平高的学生不愿再到英语专业学习，导致优质生源严重流失。优质生源减少、就业竞争力弱，只是问题的表征，究其深层原因，则是学科意识模糊、专业意识淡薄、人才培养目标短视。

如何提高外语院系学生的人文综合素质？开设比较文学与跨文化研究课程是理想的途径之一。比较文学是跨语言、跨民族、跨学科、跨文化的文学研究，包容性强，具有广阔的人文视野。开设这方面的课程会促使外语院系的学生自觉地将所学语种的文学与中国文学进行比较，不仅有利于健全人文知识结构、培养人文精神、提升人文修养和审美感悟能力，而且能大大提升他们的民族自豪感和文化自信心。

建议外语院系利用自身的语言优势，开设诸如"中外文学关系研究""跨文化交际研究""中国翻译文学史""中外诗歌、小说比较研究""海外汉学研究""海外华文文学研究"以及文学与音乐、绘画、哲学、宗教、心理学等不同学科之间的影响研究等课程，这无疑会极大地拓展学生的知识面，激发他们从广阔的比较视域来看待中外文学、文化现象，加深他们对外国文化特质的认识和对本国文化的了解。

对于课程设置与学生培养而言，教材建设是重要的内容。自1984年《比较文学导论》问世以来，国内学者编写的比较文学教材已达70部，但基本针对中文系或通识教育。针对外语院系的各类比较文学和跨文化研究教材相对缺失，需要大力建设。

3）学术共同体建设

目前由外语学科主导的比较文学方面的学术团体是两个二级学会。一是"中国翻译协会跨文化交流研究委员会"。二十多年来该学会一直致力于促进跨文化交际研究的繁荣与发展，促进跨文化交际理论与跨文化交际实践的结合，促进跨文化交际学科人才的成长，推动跨文化交际学科在中国的建立与发展，推广跨文化交际研究的成果，为促进学术繁荣、共建和谐社会作出了重要贡献。该会名誉会长为胡文仲、贾玉新，会长为孙有中。会刊为《跨文化研究论丛》。二是"中国外国文学学会比较文学与跨文化研究会"。该学会以构建中国特色比较文学与跨文化研究学术话语体系为己任，力图在传播中国文化和人才培养方面发挥建设性作用。彭青龙为首任会长。该学会建立后，积极展开各项活动，对推动学科建设发挥了积极的作用。会刊为《比较文学与跨文化研究》。

建议加大对这两个学会的支持，使它们从二级学会升格为一级学会，将以书代刊的会刊转变为正式期刊，并在条件成熟时出版会刊的英文版，以此提升学会的国际影响力，提升中国学术的国际话语权和领导力。

3.4.3.2 学术研究

1）东西方比较文学研究

从历史上看，中国比较文学研究侧重中西之间的比较，而忽略了中国和东方文学之间的比较。早在20世纪80年代，季羡林就提出过这个问题，但至今仍然没有实质性的改观。就现状来看，东方文学的翻译和研究与西方文学的翻译与研究很不对称，差距日趋增大，具体表现在除日本文学外，东方古典文学的翻译很不齐全，当代文学的译介也处于相对支离的状态。

面对这样的情况，在加大对东方文学的翻译和研究的同时，比较文学和跨文化研究学科应该在两个方向用力：一是加大东方文学之间的比较研究，二是加大东西方比较文学的研究。

就第一个方向来说，首先，历史上东方文学并非处于各自封闭的状态，而是在相互交流中发展。这部分研究可以分两大方面展开：（1）中国文学与其他东方国家文学关系的研究。亚洲文学方面，中日文学关系、中印文学关系等研究领域的成果较为丰硕，但中国与东南亚、南亚、西亚国家的文学关系有待深入系统的研究；中国与非洲国家的文学关系研究也相对薄弱、单一。（2）中国以外的东方各国文学之间的关系研究。这一研究领域同样薄弱。

其次，在关注东方各国文学之间相互接触的影响关系时，也不能忽略东方各国文学之间无影响的平行关系研究。东方各国在史诗、诗歌、小说、戏剧等文学形态方面的研究成果丰富，尤其是古代东方文学成就更高。因而我们可以从文类、主题、人物形象、审美意象等方面对东方各国文学进行平行比较，从而找出东方文学特有的创作规律、审美形态及丰厚意蕴，形成东方文学自己的特色与话语，完成真正意义上与"西方学"平等对话、有效互补的"东方学"建构。

就第二个方向来说，中国学者可以创新的地方同样很多。从国际范围的比较文学研究来看，东西方比较研究不是主流，更不是中心。这一方面当然跟比较文学学科本身的发展有关,另一方面也与目前为止颇有影响的比较文学研究著作基本上都出自西方学者之手的现状不无关联。对于比较文学局限于西方这一问题,许多西方学者早已提出质疑。如法国学者艾田伯早在 20 世纪 70 年代就指出,以主要欧洲语言为比较文学研究范围的想法早已过时,因为在欧洲之外,中国、日本、印度、波斯和阿拉伯等许多地方早已有文学经典出现,而那时大部分欧洲文学还不存在,或者尚处于十分幼稚的阶段。此后孟而康、佛克马、苏源熙(Haun Saussy)、魏璞和(Wiebke Denecke)等学者都力图把比较文学扩展到欧美之外,尤其是引入中国文学和整个亚洲文学悠久而丰富的传统。

在中西比较方面,无论是影响研究还是平行研究,中国比较文学都已取得一些成绩。如关于元杂剧《赵氏孤儿》在欧洲的翻译和传播,范存忠、陈受颐等都有深入的研究。钱锺书《七缀集》中讨论朗费罗《人生颂》的中译,也属于这类研究。在比较诗学方面,钱锺书的研究最值得借鉴,《七缀集》中的多篇文章具有典范意义。例如,《诗可以怨》一文提出一个具有普遍性的原理,即"苦痛比快乐更能产生诗歌,好诗主要是不愉快、烦恼或'穷愁'的表现和发泄",这一原理"不但是诗文理论里的常谈,而且成为写作实践里的套板"(钱锺书 2002a: 116)。钱锺书的文章不仅提出这一原理,更是引用古今中外大量文本,以最具说服力的例证来支撑论述。对于当代中国学者来说,无论是探索文学作品流传和接受的历史,还是跨越中西文化差异讨论某个理论概念,中西比较研究都是大有作为的领域。

2)比较文学翻译研究

1994 年中国比较文学学会翻译研究会在长沙铁道学院(现中南大学)成立,标志着当代中国传统翻译研究在语言学研究范式之外,开始从比较文学、比较文化的角度去认知、解释和探讨,翻译在跨文化交流中的作用也越来越受到重视。二十余年来,中国的比较文学翻译研究在基础理论构建与经典个案考察方面取得了丰硕成果,主要体现在以下几个方面:译介学理论的创立、翻译史的发掘与研究、翻译传播学的理论构建与研究、社会翻译学的理论构建与研究。从已有的成果来看，中国比较文学翻译研究呈现以下特征：（1）在比较文学翻译研究理论构建、完善的基础上，逐渐探索理论与个案研究相结合的学术范式，以理论指导、规划个案考察，以个案考察反证、充实理论。（2）比较文学翻译研究的对象不断扩大，从最初的文学翻译逐渐延伸至文化翻译领域，并重视个案研究，将哲学、历史、艺术甚至体育、民族等范畴纳入比较文学翻译研究的视野。换言之，比较文学翻译研究的"文明转向"初见端倪。

在此基础上，中国比较文学翻译研究可以在以下三个方面进行理论和实践创新。

第一，进一步完善、深化富有中国特色的译介学理论。一方面，在"译文学"等学术新见的鞭策下，加强对译介学学理思路的探讨。另一方面，利用越来越多深入的译介学个案研究，进一步思考和补充译介学理论。

第二，翻译史研究正经历着从旧文重编到开拓创新、从宏大历史到微观叙事、从文学翻译史向文化交流史的研究转向。今后的翻译史研究将进一步突出跨学科的特征，在遵循文学翻译史传统研究路径的同时，开拓科学翻译史、文化翻译史研究，以开放包容的姿态借鉴社会科学的研究方法，从而在不断发展的翻译史研究的广度与深度上凸显思想性与历史性。

第三，推进翻译传播学、社会翻译学等新兴方向的理论构建与个案研究，扩大研究内容覆盖领域，在跨学科、跨领域的学术研究融合中，全面充实翻译传播学、社会翻译学的理论内涵，加强彼此之间的交汇与互通。

3）跨文化交际研究

目前为止，我国在跨文化交际研究方面已经取得了较大的成绩，研究的主要内容涉及跨文化交际与外语教学、跨文化交际与对外汉语教学、跨文化交际能力的培养、跨文化交际与翻译、跨文化交际中的语用失误、非语言交际、词汇的文化内涵、跨文化交际与修辞、经贸领域的跨文化交际、民族之间的跨文化交际等。

从学科方向来看，我国跨文化交际研究长期以来偏重外语教学，相关研究占比很大。外国语言文学类跨文化交际研究的热点问题包括：跨文化交际能力（主要包含跨文化知识、跨文化意识/敏感度、跨文化能力）、跨文化教育/教学、跨文化与外语的关系、各种外语技能（如阅读、翻译和写作）及各层面语言要素（如语境、语用）与跨文化的关系等。近年来，有关跨文化交际能力的学术讨论引发了我国学术界尤其是外语界的广泛关注。

跨文化交际学从20世纪80年代初引入我国，至今已有近四十年的历史，这期间也是我国改革开放飞速发展的时期。现如今我国对外交流的程度早已今非昔比，但国内跨文化交际研究仍然偏重语言文化层面，其他学科的参与程度及重视程度虽有改善但仍显不足，这一现象非常值得关注。在语言、文学、文化领域大力发展跨文化交际研究固然非常重要，但在国际交流的深度和广度均大幅度提升的时代，跨文化交际研究的学科领域和范畴也应有所拓展。国际跨文化交际研究起源于社会心理学，因而有着深厚的心理学、社会学、人类学的研究背景；而且西方的跨文化交际研究起源于对现实问题的关切，侧重解决外来者（如移民、留学生、游客等）的跨文化冲突及跨文化适应问题、外派人员的跨文化适应及培训问题、跨文化商务沟通及企业管理问题等，因而相对更"务实"。其中，语言中的跨文化问题虽然受到关注，但未占主导地位。与国外跨文化交际研究的"实用性"发展趋势相比，我国相关研究的范畴、深度、与社会需求的关联程度等均有提升空间，研究内容取材于现实社会且服务于现实社会的实际应用效能亟待加强。

从近十年跨文化交际研究论著来看，非实证研究仍占主流。其中就理论框架而言，引进、介绍、评价西方跨文化交际理论或研究的文章占多数，基于东方视角创建新型跨文化交际研究理论框架的文章则较为罕见，且主要依赖西方跨文化交际理论。一则难免出现西方理论不能完全解释我国文化现象的问题；二来因引进多、创新少，在国际学术交流中较难实现真正意义上的平等对话。另外，就研究方法而言，内省思辨的文章多，实证研究少，这与国际主流研究方法不一，加之我国相关研究内容与国际研究热点不对称，均导致我国跨文化交际研究较难走出国门。实际上，随着我国政治经济地位的全面提升,国际学术界也渴望了解中国,了解中外交流时的跨文化交际现象、问题及解决方案。跨文化交际研究因其特有的学科背景,在总结介绍中外交流的跨文化现象、促进外界了解并接受中国文化方面理应处于前沿。但因以上提及的种种问题,我国跨文化交际领域的研究成果尚未实现大规模的对外推广。

面对这样的现状,应当加强基于中国文化视角的跨文化理论建设,强化基于实证的跨文化研究,努力搭建并拓展包括专业核心期刊在内的跨文化交际学术交流平台,努力推进国内研究与国际研究的学术对话与接轨。这些方面均值得我国跨文化交际领域的学者认真思考、不懈努力。

4)学术研究新方向

凭借外语优势,比较文学和跨文化研究不仅应在传统的学术领域开拓创新,弥补中文学者的不足,更应着眼于当前的国家发展战略,用学术研究来提供智力支持。建议在以下两个方向投入更多的人力和物力。

第一,加强中国与"一带一路"共建国家的文学文化交流。长期以来,我国比较文学界一直过于重视西方,对周边国家和中国自身所处的东方文学世界未给予足够的关注。提升东方文学在中国比较文学研究中的地位,不仅可以纠正西方中心论的偏颇,而且从学理上讲也极具正当性。季羡林先生早在1987年出版的《中国比较文学年鉴》的前言中指出:"没有东方文学,所谓比较文学就是不完整的比较文学,这样比较出来的结果也必然是不完整的,不完全符合实际情况的"(季羡林1986:2)。今天,随着"一带一路"倡议的实施,中国和周边国家的政治、经济关系越来越紧密,文化交流、文明互鉴也越来越重要,在这方面比较文学研究者应该发挥积极作用,特别是掌握和精通"一带一路"共建国家语言的外语学者更应该作出更大的贡献。具体来说,建议做好以下两方面的工作:(1)全方位地梳理东方文学的纵向发展脉络,特别是对一些还不完整、未形成体系甚至尚属空白的国别文学史加强整理和研究。(2)全面梳理中国与东方各国文学文化之间的相互接触和影响。在亚洲方面,借鉴中日、中印文学文化关系研究已取得的成果,加大对中国与东南亚、南亚、西亚国家的文学文化关系的研究。在非洲方面，原先的基础比较薄弱，需要大力加强对这一领域的研究投入。

第二，加强海外汉学研究，也就是中国文化对外译介与传播研究。"中国文化走出去"和"中外人文交流"是近年来中国比较文学界关注的热点。"中国文化走出去"不能简单、狭隘地理解为仅仅只是翻译层面的问题；"中外人文交流"也不能仅仅停留在举办文化交流活动和人员交往层面。首先需要进行理论探讨，将相关问题从理论上研究清楚，才能有效地指导实践，否则就会"以己度人"，匆忙行事而事倍功半。外国需要什么样的中国文化？中外文化交流史上有哪些比较成功的事例和模式？中国文化具有哪些共性特征和独特价值？中外文化差异的根本原因是什么？如何用对方能理解和可接受的话语来传播中国文化？采用什么样的传播方式才能增强外国人士对中国文化的理解与认同？诸如此类都是中国文化走出去、中外人文交流首先需要探讨、研究清楚的理论问题。探讨外国文化的特质及其形成原因，分析当代外国文化的发展现状和国民文化心理，总结中外人文交流的成功经验，寻找恰当合适的沟通话语，亟须外语学者发挥学术专长，贡献相关的研究成果。

3.5 中国国别与区域研究知识体系创新路径

3.5.1 中国国别与区域研究知识体系现状分析

作为一个以地理单位为核心的交叉学科，外国语言文学下属的国别与区域研究是由外国语言文学学科和多个学科交叉融合形成的新学科，其跨学科特性决定了国别与区域研究的知识体系势必涵盖众多的知识领域，因此其知识体系本身就具有复杂性。总体而言，外国语言文学学科下的国别与区域研究的知识体系构建目前尚处于起步阶段，这主要是因为学界目前对国别与区域研究的学科定位和归属仍存争议，由此制约了外国语言文学学科下国别与区域研究知识体系的构建与创新，尤其是短期内无法以清晰的学科边界来构建、重组和创新现有的学科领域，也无法形成跨学科合力以推动其知识体系的建立。

具体而言，构建外国语言文学学科下国别与区域研究知识体系过程中存在不足的主要原因是，对国别与区域研究的内核的界定存在泛化和窄化的倾向：前者是把原来的文学研究、语言研究纳入国别与区域研究的体系；后者是以中国和对象国的关系的研究来代替国别与区域研究，对于区域研究内核和外延则缺乏较为清晰的指向。因此，构建外国语言文学学科下国别与区域研究的知识体系首先需要理顺外国语言文学学科与其他关联学科在国别与区域研究的跨学科框架下交叉融合的具体关系和路径，在此基础上明确构建中国特色的国别与区域研究的学科内涵。

除此之外，目前我国国别与区域研究知识体系构建的另一大缺陷在于知识领域发展的不平衡，体现为对美国、日本、俄罗斯、英国、德国、法国等大国的研究积淀时间较长，有专门的研究队伍；但对于大部分发展中国家尤其是新兴大国及中小国家的研究仍处于起步阶段，无论在研究的数量和质量上都无法与发达国家的研究相比，同时研究的对象和议题也存在碎片化的现象。

国别与区域研究在美国等发达国家已经发展近半个世纪，而中国作为该领域的后来者，需要在超越西方国别与区域研究已有的理论和知识结构的基础上，构建具有中国特色的国别与区域研究知识体系，这本身就具有不小的难度，也意味着建设中国特色的外国语言文学下的国别与区域研究将会是长期的工程。

3.5.2 中国国别与区域研究知识体系创新基本原则

在创新构建中国特色、世界一流的国别与区域研究知识体系过程中，建议依照以下几个基本原则开展研究。

3.5.2.1 遵循崭新指导思想

始终遵循习近平新时代中国特色社会主义思想，用"四个意识"导航，用"四个自信"强基，用"两个维护"铸魂。当今世界，正处在百年未有之大变局，各种思潮交融、交锋、碰撞、激荡；当今中国，正日益走向世界舞台中央，从未如此接近实现中华民族伟大复兴的中国梦。外国语言文学知识体系的创新，与其他哲学社会科学学科体系的创新一样，必须以习近平新时代中国特色社会主义思想为指导，全面贯彻习近平总书记关于哲学社会科学的重要论述和批示、指示精神，立足变局时代，抓住复兴契机，体现大国担当，展示大国智慧，发出大国强音。

3.5.2.2　服务国家发展战略

中国特色的国别与区域研究知识体系的创新必须立足中国，以服务我国发展战略为宗旨，从构建人类命运共同体和深入建设"一带一路"等实际需求出发，坚持战略导向，聚焦重点国家和区域，放眼全球，以大国和周边国家为首要研究目标，同时加强对亚非拉国家和地区的研究。

3.5.2.3　批判吸收现有成果

在构建外国语言文学新的知识体系时，需要汲取现有体系中正面、适用、广受认可的精华，同时剔除负面、过时、不够科学或崇洋媚外的糟粕。一般而言，现行外国语言文学的知识体系和相关表述，有的行之有效，有的约定俗成，有的理论上自圆其说，有的实践上广受接纳。对此不必全盘否定，不需大刀阔斧，不应另起炉灶，不宜坚决去之而后快；但与此同时，也不能照搬外国，或是抱残守缺，故步自封，不思进取。体系创新，首先应当重视挖掘、梳理、归纳新中国成立以来外国语言文学领域的专家、学者的重要论述及代表性著作。重点是将改革开放四十多年来相关领域的专家学者予以圈定，把他们的观点、主张、成果予以认真提炼。此外，外国语言文学的知识体系创新，也需要借鉴中国语言文学的知识体系，比较分析，见贤思齐，吸纳相关研究成果。

3.5.2.4　体现学科逻辑结构

任何学科的知识体系，必有符合其学科发展规律的自身逻辑，它既不是概念罗列,也不是知识堆砌。因此,外国语言文学学科下的国别与区域研究的知识体系,必须符合学科的逻辑结构、呈现方式,这就意味着必须清晰地体现不同学科概念上的相互关联、内容上的相互衔接、表述上的相互支撑,在体现知识体系的跨学科性的同时,形成逻辑自洽的学科逻辑结构。

3.5.2.5 参考世界各国做法

我国现有的外国语言文学知识体系,主要是从欧美移植过来的,也曾受到苏联的影响。现在,学者们有必要看看世界上其他国家和地区采用什么体系、如何定位、怎样表述。例如,也应当了解和分析亚非拉国家是如何定义或表述外国语言文学的内涵外延、确定外国语言文学的领域范畴的。当然,可以预料,世界上很多国家的外国语言文学都是受欧美影响甚至左右的,但我们仍不排除从中发现他们的认识、他们的探索、他们的渴望。另外,这些国家本国的语言文学,对我们而言,也属于外国的语言文学。分析之、借鉴之,亦有意义。

3.5.2.6 充分利用外语优势

外语是开展国别与区域研究的工具和基础,只有精通一门外语才能发现和使用第一手资料,进而就某个国家或地区展开深入研究。当前国内学界对英语国家和地区的知识和研究已取得突出成绩,但对非英语国家的研究还远远不够,在中国与亚非拉国家之间的政治和经贸关系不断加强的背景下,这一需求更为迫切。这些国家的官方语言几乎都是非通用语言,因此国别与区域研究未来尤其要重视非通用语言的训练。

3.5.2.7 采用必要科技手段

如今,科技革命迅猛发展,计算机更新迭代,人工智能异军突起,大数据广为运用。在此背景下,开展国别与区域研究,不能仅仅按传统方式手工作业,还应采用必要的科技手段,处理相关海量信息,捕捉研究对象变化情况,了解全球同行课题进展,设计虚拟直观场景,提出解决问题对策，推测时态发展趋势，开展建模比对呈现。此外，运用先进科技手段进行研究，还可提高效率，与人工作业相比，机器可以昼夜值守，使结果更加精准。

3.5.3 中国国别与区域研究知识体系创新路径探索

习近平总书记在哲学社会科学工作座谈会上的讲话中指出，加快构建中国特色哲学社会科学，需要体现"继承性、民族性""原创性、时代性""系统性、专业性"的特点。[1] 这为我们探索中国特色的外国语言文学知识体系创新与构建提供了指引和思路。结合我国当前国别与区域研究知识体系构建的现状与问题，我们建议从以下八个方面探索构建中国特色、世界一流的外国语言文学学科下的国别与区域研究知识体系。

3.5.3.1 重点加强对西方大国国内政治的研究

尽管以美国为首的西方大国的综合国力和国际影响力在过去十多年中已经不如以前，但这些国家在国际事务中仍然占据重要地位。然而，国内现有研究往往聚焦于中国与这些国家的双边关系，尤其是外交、安全和经贸三大领域，对这些国家内政的研究还远远不够。以美国为例，国内美国研究的重点是中美关系和美国外交，对美国内政的关注相对较少，这种局面直接造成了绝大多数国内研究者完全没有预料到特朗普在2016年当选美国总统，并对特朗普本人及特朗普政府的政策偏好和对华政策变动作出严重的误判（如中美经贸摩擦）。

总之，国内现有对西方大国的研究基本上停留在它们与中国的双边关系层面（标），具有高度的政策性、时效性和显示度（媒体报道）。这样的现状固然情有可原——服务国家战略——但要真正理解国家之间的互动，还必须深入到国家内部层面（本），而后者与前者相比更具学术性。

具体而言，应该加强对西方大国政党、选举、选民、政治思潮（如

---

1 习近平，2016，习近平在哲学社会科学工作座谈会上的讲话，http://cpc.people.com.cn/n1/2016/0519/c64094-28361550.html（2018年5月6日读取）。

民粹主义）、移民政策、族群关系、宗教、政治地理等方面的研究。除美国外，国内对西方其他大国有关上述话题的研究基本处于起步阶段，而有些话题（如族群关系和政治地理）的相关研究甚至完全空白。

3.5.3.2 加强对发展中国家国内政治的研究

对西方发达国家的研究在国内属于"显学"，而对广大亚非拉发展中国家的研究则基本上属于"偏门"。这种不平衡的研究现状亟须改变，具体原因有三点：首先，中国企业"走出去"的目的地主要集中在发展中国家，以"一带一路"为例，其共建国家多为发展中国家；其次，发展中国家不仅是中国重要的经贸伙伴，更是中国在国际社会的天然政治伙伴，许多发展中国家在一些重要国际组织以及中国关注的重大国际议题上一贯支持中国；最后，与西方发达国家相比，很多发展中国家国内局势不稳定，需要未雨绸缪，提前为突发性政治事件或者对华政策突变作准备。

此外，与国内现有对西方大国的研究基本类似，当前国内对发展中国家的研究也几乎停留在它们与中国的双边关系层面，对它们国内政治的研究少之又少。以非洲研究为例，尽管国内从事非洲研究的机构和人员日益增多（其中浙江师范大学最具代表性），但对非洲各国内政的研究仍然很少。具体而言，应加强对发展中国家政党、选举、选民、族群关系、宗教、政治地理等方面的研究。

3.5.3.3 深入开展对象国国内经济研究

中国经济腾飞得益于与其他国家的经贸关系，它们为中国提供了原材料、市场、技术、资本等经济发展不可或缺的资源。但国内现有研究往往聚焦中国与外国的双边经贸关系或中国与特定国家在多边经贸机制内的互动，对他国国内经济的深入研究则非常匮乏。以拉丁美洲地区为例，国内少有学者深入研究拉美国家内部经济，如产业布局、产业政策、财政和货币政策、私人企业、国有企业、外汇管制等。相比之下，美国学界对拉美国家经济的研究则更为系统、深入、全面，这也为国内学界提供了诸多借鉴之处。

此外，不仅要研究对象国的国内经济，还要研究其经济与政治的互动：政治体制如何影响经济政策，而经济因素（如产业结构）又如何影响政治体制（如公共政策）。以美国为例，国内产业升级导致中西部的制造业中心成为"铁锈地带"（Rust Belt），其结果是工薪阶层（尤其是白人）处于水深火热之中，再加上民主党多年来一直更多地关注少数群体的政治和经济利益，相对忽视了白人中下层的经济利益，最终导致大量中下层白人在2016年转而支持特朗普。

3.5.3.4 提倡实地调研，夯实第一手资料

国别与区域研究是实践性极强的研究领域，不能止步于象牙塔里的高谈阔论。研究人员不能仅仅依赖文献研究和二手资料，还须亲身到对象国或地区实地开展广泛而深入的田野调查，如此方能真正认知和理解对象国或地区方方面面的实际情况，收获真实可靠的知识，产出创新性、高水平的理论。事实上，目前实地调研也正是中国从事国别与区域研究的学者在研究方法上最大的短板，尤其是涉及正处于战争或国内政治不稳定的地区。因此，构建中国特色、世界一流的国别与区域研究知识体系，必须在发挥外语学科优势的基础上，鼓励研究者选定战略性强的研究对象，扎根前线、实地深耕，甚至采用人类学、民族志的方法进行调研，而不仅仅是通过与对象国的智库人士和大学教授等精英访谈。正如要了解今天的美国，就不能只聚焦于华盛顿和华尔街，还要深入美国中西部的农村和工厂，方能真正把握美国社会的脉动。换言之，国别与区域研究知识体系的构建和创新，必须扎根于来自实地调研的一手资料和真实数据，不能够人云亦云。

3.5.3.5 强化师资培训，为知识体系构建提供智力支撑

知识体系的构建与教学实践密不可分，而从事国别与区域研究的人员往往兼具高校教师的身份。换言之，构建外国语言文学学科下国别与区域研究知识体系，离不开国别与区域师资建设的支撑。外语教师本身具有开展国别与区域研究的独特语言优势，然而这种先天的语言优势并不构成

有效开展研究、助力知识体系构建的前提，前者要转化为后者，需要扎实的学科背景和研究能力，才能切实参与到知识体系的构建和理论创新中。因此，有必要加强对现有外语学科师资的学科培训，强化外语学科院系教师开展国别与区域研究的学科意识，筹划和开展高校教师国别与区域研究理论和方法的培训和学习，鼓励外语教师结合自己的外语优势，针对相关对象国或地区逐步开展专业化的深入研究，同时也应当鼓励非外语院系的教师结合自身研究领域和特长，有意识地开展国别与区域研究。

3.5.3.6 创新人才培养模式，助力知识体系构建

在构建中国特色的国别与区域研究知识体系过程中，人才培养承担着重要的角色，但这也是当前的短板与难点。一方面，人才是构建国别与区域研究知识体系的主体与支撑，也是推动国别与区域研究学科发展的目标与归属；但另一方面，当前国别与区域研究人才培养的体量与质量还不能很好地满足新时代中国发展战略的需要，尤其是还缺乏中国深入参与全球治理、推进"一带一路"建设亟须的大量既通晓对象国状况又熟练掌握对象国语言的复合型人才。因此，创新构建中国特色的国别与区域研究知识体系，必须首先探索外语学科国别与区域研究人才培养模式的创新，推动外语人才培养更主动地对接国家战略，进而推动中国特色的国别与区域研究知识体系的构建。

具体而言，外国语言文学学科国别与区域研究人才培养模式的创新可以从以下方面着手。第一，探索人才培养模式的多元化，要求高校采取灵活多样的培养方式，例如硕博连读、学制加项目、到对象国学习调研等方式，吸引更多外语基础好、专业兴趣浓的同学投身国别与区域研究的事业。第二，探索人才培养模式的融合化，要求高校打破学科藩篱，不断推动跨学科融合发展，以培养复合型人才。第三，探索人才培养模式的差异化，要求外语院校结合自身语言优势和地域特色，在培养外语类国别与区域研究人才的过程中注重语言优势差异和地域特色差异。第四，探索人才培养模式的国际化，应当在立足本土的同时，从培养机制和合作渠道等方面推

动国际化人才培养。最后，探索人才培养模式的协同化，外语学科下国别与区域研究人才的培养必须注重让学生亲身参与各种对外实践活动，因此培养单位应当加强与相关部门和政府机构的共享共建合作机制，建立高校与相关部门联合培养外语学科国别与区域人才的项目。

3.5.3.7 创办多语种学术期刊，提升学术影响力

学术期刊是学术传播的重要载体，对推动学术发展和构建知识体系具有重要意义。因此，推动中国特色国别与区域研究知识体系的创建，应充分发挥学术期刊在促进学术创新、服务中国战略发展方面的功能。构建中国特色、世界一流的国别与区域研究知识体系，必须认识和理解学术期刊承载的学术功能与时代担当，注重提升中国学术研究和理论创新的国际影响力，因此需要创办相应的学术期刊，尤其是以外语为工作语言的国际学术期刊，为国别与区域研究的理论创新提供阵地，为知识体系的构建提供支撑。

通过创办英语、法语、西班牙语等通用语言为主的学术期刊，不仅可以将中国学者在国别与区域研究领域的成果更好地介绍给世界，促进国内外学术交流，也有助于推动原创性成果的产生和传播，提升中国在国别与区域研究领域的学术话语权，促进知识体系的构建和学术引领作用的发挥。创办立足本土、沟通全球的国别与区域研究的学术期刊，应当尤其鼓励刊发用国际通用的学术话语解读中国实践和发展的原创性成果。久而久之，多语种国别与区域研究期刊矩阵的形成，不仅会成为彰显中国原创性理论创新和知识体系的标志，还将成为服务中国特色外国语言文学创新知识体系构建的重要平台。

3.5.3.8 开展对象国的媒体和传播研究，提高国际传播力

提升中国学术的国际话语权，推动中国学术"走出去"，不仅是一个学术研究的问题，同时也是对外传播的问题。换言之，国别与区域研究知识体系的构建需要同时注重针对对象国和地区的学术交流和传播。习近平总书记多次强调，要讲好中国故事。在中国故事的对外传播过程中，外国

媒体也发挥着重要的作用。这就要求国别与区域研究的人员在构建知识体系的同时，对外国的媒体进行深入研究，包括其议程设置、框架设定、公众的媒体消费习惯、媒体对政治行为的影响等，只有这样才能使中国的理论创新和知识贡献在对外传播中更加具有针对性和感召力、穿透力，才能真正提高中国学术的国际传播力。

总而言之，构建和创新中国特色、世界一流的外国语言文学学科下的国别与区域研究知识体系意义重大，影响深远，其成功取决于各方面、各学科的通力合作、协同推进。因此，我们应当提高政治站位，加强顶层设计，扎根中国，放眼世界，科学实施，坚持创新，力争早日建成彰显中国新时代成就的知识体系。

参考文献

理论语言学方向

Bacon, F. 2000. *The New Organon*. Cambridge: Cambridge University Press.

Baghramian, M. 1999. *Modern Philosophy of Language*. Washington, DC: Counterpoint.

Bréal, M. 1883. Les lois intellectuelles du langage: Fragment de sémantique. *Annuaire de l'Association pour l'Encouragement des Études Grecques en France 17*: 132-142.

Brown, P. & Levinson, S. 1978. Universal in language usage: Politeness phenomena. In E. Goody (ed.). *Questions and Politeness: Strategies in Social Interaction*. Berlin: Springer. 56-289.

Brown, P. & Levinson, S. 1987. *Politeness: Some Universals in Language Usage*. Cambridge: Cambridge University Press.

Chen, X. R. (ed.). 2017. *Politeness Phenomena Across Chinese Genres*. Sheffield: Equinox.

Evans, V., Bergen, B. K. & Zinken, J. 2007. The cognitive linguistics enterprise: An overview. In V. Evans, B. K. Bergen & J. Zinken (eds.). *The Cognitive Linguistics Reader*. London: Equinox. 2-36.

Fillmore, C. J., Kay, P. & O'Connor, M. C. 1988. Regularity and idiomaticity in grammatical constructions: The case of *let alone*. *Language 64*(3): 501-538.

Geeraerts, D. 2006. A rough guide to cognitive linguistics. In D. Geeraerts (ed.). *Cognitive Linguistics: Basic Readings*. Berlin & New York: Mouton de Gruyter. 1-28.

Geeraerts, D. & Cuyckens, H. (eds.). 2007. *The Oxford Handbook of Cognitive Linguistics*. Oxford: Oxford University Press.

Goffman, E. 1967. *Interactional Ritual: Essays on Face-to-Face Behaviour*. New York: Anchor Books.

Gu, Y. G. 2002. Towards an understanding of workplace discourse: A pilot study for compiling a spoken Chinese corpus of situated discourse. In C. N. Candlin (ed.). *Research and Practice in Professional Discourse*. Hong Kong: City University of Hong Kong Press. 137-185.

参考文献

Halliday, M. A. K. & Hasan, R. 1976. *Cohesion in English*. London: Longman.

Halliday, M. A. K. & Matthiessen, C. M. I. M. 1999. *Construing Experience Through Meaning: A Language-Based Approach to Cognition*. London: Continuum.

He, W. 2014. "Bi-functional constituent constructions" in modern Mandarin Chinese: A Cardiff Grammar approach. *Language Sciences 42*: 43-59.

He, W. 2017a. Subject in Chinese existential constructions: A systemic functional approach. *Australian Journal of Linguistics 37*(1): 37-59.

He, W. 2017b. "Subject-predicate predicate sentences" in modern Mandarin Chinese: A Cardiff Grammar approach. *Linguistics 55*: 935-977.

He, W. 2022. Categorization of experience of the world and construction of transitivity system of Chinese. *WORD 68*(3): 317-347.

Huang, G. W. & Zhao, R. H. 2021. Harmonious discourse analysis: Approaching peoples' problems in a Chinese context. *Language Sciences 85*: 1-18.

James, C. 1980. *Contrastive Analysis*. Harlow, Essex: Longman.

Kuhn, T. S. 1970. *The Structure of Scientific Revolutions* (2nd edition). London: University of Chicago Press.

Leech, G. 1983. *Principles of Pragmatics*. London: Longman.

Leech, G. 2014. *The Pragmatics of Politeness*. New York: Oxford University Press.

Levinson, S. C. 1983. *Pragmatics*. Cambridge: Cambridge University Press.

Lin, F. Y. 2015. What is really wrong with universal grammar (Commentary on Behme). *Language 91*(2): 27-30.

Lin, F. Y. 2017. A refutation of universal grammar. *Lingua 193*: 1-22.

Liu, X. M., de Villiers, J., Ning, C. Y., Rolfhus, E., Hutchings, T., Lee, W., Jiang F. & Zhang, Y. W. 2017. Research to establish the validity, reliability, and clinical utility of a comprehensive language assessment of Mandarin. *Journal of Speech, Language, and Hearing Research 3*: 592-606.

Martinich, A. P. 2001. *The Philosophy of Language*. Oxford: Oxford University Press.

Ning, C. Y. 2017a. Acquisition of semantics, L1. In H. Sybesma (ed.). *Encyclopedia of Chinese Language and Linguistics* (Vol. I). Leiden: Brill. 63-68.

Ning, C. Y. 2017b. Generative grammar in China's mainland. In H. Sybesma (ed.). *Encyclopedia of Chinese Language and Linguistics* (Vol. II). Leiden: Brill. 285-289.

Pan, W. G. & Tham, W. M. 2007. *Contrastive Linguistics: History, Philosophy and Methodology*. London/New York: Continuum.

Ran, Y. P. & Zhao, L. S. 2018. Building mutual affection-based face in conflict mediation: A Chinese relationship management model. *Journal of Pragmatics 129*: 185-198.

Robins, R. H. 1967. *A Short History of Linguistics*. London: Longman.

de Saussure, F. 1916/1959. *Course in General Linguistics* (W. Baskin, Trans). New York: Philosophical Library.

Shu, D. F., Zhang, H. & Zhang, L. F. (eds.). 2019. *Cognitive Linguistics and the Study of Chinese*. Amsterdam: John Benjamins.

Spencer-Oatey, H. 2000. Rapport management: A framework for analysis. In H. Spencer-Oatey (ed.). *Culturally Speaking: Managing Rapport Through Talk Across Cultures*. New York: Continuum. 11-45.

Spencer-Oatey, H. 2008. Face, (im)politeness and rapport. In H. Spencer-Oatey (ed.). *Culturally Speaking: Culture, Communication and Politeness Theory* (2nd edition). London: Continuum. 11-47.

Stibbe, A. 2021. *Ecolinguistics: Language, Ecology and the Stories We Live By* (2nd edition). London: Routledge.

Wang, Y. 2008. *A Functional Study of the Evaluative Enhanced Theme Constructions in English*. Singapore: Prentice Hall.

Webster, J. J. & Peng, X. W. (eds.). 2017. *Applying Systemic Functional Linguistics: The State of the Art in China Today*. London: Continuum.

Xu, L. J. 1986. Free empty category. *Linguistic Inquiry 17*(1): 75-93.

Xu, L. J. 1993. The long distance binding of *Ziji*. *Journal of Chinese Linguistics 21*(1): 123-142.

Yang, B. J. & Wang, R. 2017. *Language Policy: A Systemic Functional Linguistic Approach*. London/New York: Routledge.

Yang, Y. N. 2015. *Grammatical Metaphor in Chinese*. Sheffield: Equinox.

Zhang, D. L. & Liu, R. S. 2021. *New Research on Cohesion and Coherence in Linguistics*. London/New York: Routledge.

阿尔诺，2001，《普遍唯理语法》，张学斌译。长沙：湖南教育出版社。

艾奇逊，1986，《现代语言学导论》，方文惠、郭谷兮译。福州：福建人民出版社。

安德烈也夫，1950，《马尔的语言学说》，徐沫译。北京：大众书店。

白解红，2010，《当代英汉词语的认知语义研究》。北京：外语教学与研究出版社。

薄冰、赵德鑫等（编），1964，《英语语法手册》。北京：商务印书馆。

布达哥夫，1956，《语言学概论》，吕同仑、高晶齐、周黎扬译。北京：时代出版社。

布龙菲尔德，2006，《布龙菲尔德语言学文集》，熊兵译。长沙：湖南教育出版社。

参考文献

布洛赫、特雷杰，1965，《语言分析纲要》，赵世开译。北京：商务印书馆。
卜友红，2003，《英语语调的结构、功能及应用》。北京：外语教学与研究出版社。
蔡基刚，2008，《英汉词汇对比研究》。上海：复旦大学出版社。
陈德彰，2011，《汉英对比语言学》。上海：上海外语教育出版社。
陈建生，2008，《认知词汇学概论》。上海：复旦大学出版社。
陈建生、夏晓燕、姚尧，2011，《认知词汇学》。北京：光明日报出版社。
陈平，1980，欧美对比语言学的发展概况，《国外语言学》（2）：32-35。
陈卫平，2021，构建寓价值观于其中的哲学社会科学知识体系，《上海交通大学学报（哲学社会科学版）》（4）：12-20。
陈文达，1983，《英语语调的结构与功能》。上海：上海外语教育出版社。
陈新仁，2007，《英语语言学实用教程》。苏州：苏州大学出版社。
陈新仁（编著），2009，《新编语用学教程》。北京：外语教学与研究出版社。
陈新仁，2013，《批评语用学视角下的社会用语研究》。上海：上海外语教育出版社。
陈新仁（主编），2017，《汉语语用学教程》。广州：暨南大学出版社。
陈新仁，2018a，中国语用学本土理论建设刍议，《外语国》（4）：9-11。
陈新仁，2018b，试论中国语用学学科话语体系的建构，《外语教学》（5）：12-16。
陈新仁，2018c，《语用身份论——如何用身份话语做事》。北京：北京师范大学出版社。
陈佑林、何举纯（主编），2010，《普通语言学概论》。武汉：华中师范大学出版社。
程工，1999，《语言共性论》。上海：上海外语教育出版社。
程工，2004，《远程反身代词的最简方案研究》。开封：河南大学出版社。
程琪龙，1994，《系统功能语法导论》。汕头：汕头大学出版社。
程琪龙，2001，《认知语言学概论——语言的神经认知基础》。北京：外语教学与研究出版社。
程琪龙，2006，《概念框架和认知》。上海：上海外语教育出版社。
程琪龙，2011，《概念语义研究的新视角》。上海：上海外语教育出版社。
成晓光，2006，《西方语言哲学教程》。大连：辽宁师范大学出版社。
程晓堂，2005，《基于功能语言学的语篇连贯研究》。北京：外语教学与研究出版社。
程雨民，1997，《语言系统及其运作》。上海：上海外语教育出版社。
初大告，1963，介绍几种英语语音学著作，《外语教学与研究》（1）：60-61。
楚军，2007，《句法学》。成都：电子科技大学出版社。
楚军，2014，《句法学（第2版）》。成都：电子科技大学出版社。

267

崔卫、刘戈，2000，《对比语言学导论》。哈尔滨：黑龙江人民出版社。
崔希智、邓英超、孟宪忠，1999，《英语语音学》。上海：华东师范大学出版社。
戴曼纯，2003，《最简方案框架下的广义左向合并理论研究》。北京：外语教学与研究出版社。
戴炜栋，2012，《什么是语言学》。上海：上海外语教育出版社。
戴炜栋、何兆熊、华钧，1984，《简明英语语言学教程》。上海：上海外语教育出版社。
戴炜栋、何兆熊、华钧，1989，《简明英语语言学教程（修订版）》。上海：上海外语教育出版社。
戴炜栋、束定芳、周雪林、陈夏芳，1998，《现代英语语言学概论》。上海：上海外语教育出版社。
邓炎昌、刘润清，1989，《语言与文化——英汉语言文化对比》。北京：外语教学与研究出版社。
丁金国，1981，对比语言学及其应用，《河北大学学报（哲学社会科学版）》（2）：71-81。
丁言仁，2009，《语言哲学：在现代西方语言学的背后》。上海：上海外语教育出版社。
丁言仁、郝克，2001，《英语语言学纲要》。上海：上海外语教育出版社。
杜世洪，2012，《脉络与连贯——话语理解的语言哲学研究》。北京：人民出版社。
杜世洪，2014，语言研究的智慧与方法——钱冠连的哲学思想和"钱冠连的绳子"，《当代外语研究》（6）：20-25。
杜世洪，2020，语言学研究中的蚂蚁与蜘蛛，《当代外语研究》（2）：14-22。
范文芳，1999，名词化隐喻的语篇衔接功能，《外语研究》（1）：9-12。
范文芳，2000，英语语气隐喻，《外国语》（4）：29-34。
方立，2000，《逻辑语义学》。北京：北京语言文化大学出版社。
方立、胡壮麟、徐克容，1977，谈谈现代英语语法的三大体系和交流语法学，《语言教学与研究》（6）：1-28。
方立、胡壮麟、徐克容，1978，谈转换—生成语法，《外语教学与研究》（2）：61-72。
方梦之，1983，加强对比语言学的研究，《语言教学与研究》（4）：4-10。
方淑珍，1957，英语和广州话语音比较分析，《西方语文》（2）：172-180。
方文惠，1998，《英汉对比语言学》。福州：福建人民出版社。
方琰，1989，试论汉语的主位述位结构——兼与英语的主位述位相比较，《清华大学学报（哲学社会科学版）》（2）：66-72。

参考文献

方琰，1990，浅谈汉语的"主语"——"主语"、"施事"与"主位"。载胡壮麟（主编），《语言系统与功能：1989年北京系统功能语法研讨会论文集》。北京：北京大学出版社。53-62。

方琰，1998，浅谈语类，《外国语》（1）：18-23。

方琰，2001，论汉语小句复合体的主位，《外语研究》（2）：56-58。

方琰，2002，语篇语类研究，《清华大学学报（哲学社会科学版）》（S1）：15-21。

方琰，2005，系统功能语法与语篇分析，《外语教学》（6）：1-5。

方琰，2019，试论汉语的话题主位，《当代修辞学》（2）：11-27。

方琰、艾晓霞，1995，汉语语篇主位进程结构分析，《外语研究》（2）：20-24。

冯志伟，1987，《现代语言学流派》。西安：陕西人民出版社。

冯志伟，1999，《现代语言学流派（修订本）》。西安：陕西人民出版社。

冯志伟，2013，《现代语言学流派（增订本）》。北京：商务印书馆。

封宗信，2005，《语言学理论和流派》。北京：北京大学出版社。

高航，2009，《认知语法与汉语转类问题》。上海：上海交通大学出版社。

高彦梅，2004，《功能词的多元语义功能研究》。北京：北京大学出版社。

顾阳、石定栩、王志洁、徐烈炯，1999，《共性与个性——汉语语言学中的争议》。北京：北京语言文化大学出版社。

顾曰国，1992，礼貌、语用与文化，《外语教学与研究》（4）：10-17。

顾曰国，2002，北京地区现场即席话语语料库的取样与代表性问题。载中国社会科学院世界经济研究中心（编），《全球化与21世纪》。北京：社会科学文献出版社。484-500。

顾曰国，2013，论言思情貌整一原则与鲜活话语研究——多模态语料库语言学方法，《当代修辞学》（6）：1-19。

桂灿昆，1956，批判美英音位学中唯心的理论，《中山大学学报（社会科学版）》（3）：49-69。

桂灿昆，1962，索绪尔的语言学理论简述，《外语教学与研究》（4）：57-64。

桂灿昆，1985，《美国英语应用语音学》。上海：上海外语教育出版社。

桂诗春、宁春岩，1997，《语言学方法论》。北京：外语教学与研究出版社。

郭霞、崔鉴，2010，认知句法学初探，《外语学刊》（5）：40-43。

哈特曼、斯托克，1981，《语言与语言学词典》，黄长著、林书武、卫志强、周绍珩译。上海：上海辞书出版社。

韩礼德，2006，《韩礼德语言学文集》，李战子、周晓康等译。长沙：湖南教育出版社。

郝根、左英，1963，对美国描写语言学的评价，《语言学资料》（2）：1-7。

何善芬，1985，《实用英语语音学》。北京：北京师范大学出版社。

何伟，2021，语法描写与分析有机观，《外语教学理论与实践》（3）：12-25。

何伟等，2022，《生态语言学探索》。北京：人民出版社。

何伟、高然，2019，英汉性质词组的功能视角对比研究，《天津外国语大学学报》（2）：93-119。

何伟、高生文（主编），2011，《功能句法研究》。北京：外语教学与研究出版社。

何伟、刘佳欢，2020，多元和谐，交互共生：生态哲学观的建构与发展，《山东外语教学》（1）：12-24。

何伟、沈维，2021a，新中国理论语言学研究70年：回顾与反思，《外语研究》（2）：1-9。

何伟、沈维，2021b，理论语言学知识体系创新路径探讨，《中国外语》（6）：23-29。

何伟、王连柱，2019，系统功能语言学学术思想的源起、流变、融合与发展，《外语教学与研究》（2）：212-224。

何伟、王连柱，2020，语言学流派及语言观的历史嬗变，《外语学刊》（2）：8-20。

何伟、王敏辰，2019，英汉语小句结构对比研究，《上海交通大学学报（社会科学版）》（3）：116-137。

何伟、魏榕，2018，多元和谐，交互共生——国际生态话语分析之生态哲学观建构，《外语学刊》（6）：28-35。

何伟、张存玉，2016，表达气象意义小句的及物性研究：系统功能类型学视角，《解放军外国语学院学报》（1）：36-44。

何伟、张存玉等，2018，《功能视角下的英汉语时间系统对比研究》。北京：中国社会科学出版社。

何伟、张敬源等，2014，《英汉功能句法专题研究》。北京：对外经济贸易大学出版社。

何伟、张瑞杰，2017，生态话语分析模式构建，《中国外语》（5）：56-64。

何伟、高然、刘佳欢，2021，《生态话语分析新发展研究》。北京：清华大学出版社。

何伟、张敬源、张娇、贾培培，2015a，《英语功能句法分析》。北京：外语教学与研究出版社。

何伟、高生文、贾培培、张娇、邱靖娜，2015b，《汉语功能句法分析》。北京：外语教学与研究出版社。

何伟、张瑞杰、淡晓红、张帆、魏榕，2017a，《英语功能语义分析》。北京：外语教学与研究出版社。

何伟、张瑞杰、淡晓红、张帆、魏榕，2017b，《汉语功能语义分析》。北京：外语教学与研究出版社。

何晓炜，2011，《英汉双及物结构的生成语法研究》。北京：外语教学与研究出版社。

何勇，1986，谋篇布局——实现衔接的又一手段，《现代外语》（1）：47-50。

何元建，2011，《现代汉语生成语法》。北京：北京大学出版社。

何兆熊，1989，《语用学概要》。上海：上海外语教育出版社。

何兆熊（主编），2000，《新编语用学概要》。上海：上海外语教育出版社。

何兆熊（主编），2011，《语用学》。上海：上海外语教育出版社。

何自然，1988，《语用学概论》。长沙：湖南教育出版社。

何自然，1997，《语用学与英语学习》。上海：上海外语教育出版社。

何自然，2000，《语用学探索》。广州：广东世界图书出版公司。

何自然，2003，《语用学讲稿》。南京：南京师范大学出版社。

何自然，2005，语言中的模因，《语言科学》（6）：54-64。

何自然（主编），2007，《语用三论：关联论·顺应论·模因论》。上海：上海教育出版社。

何自然，2012，《语用学探索》。广州：暨南大学出版社。

何自然、陈新仁，2004a，《当代语用学》。北京：外语教学与研究出版社。

何自然、陈新仁，2004b，《英语语用语法》。北京：外语教学与研究出版社。

何自然、陈新仁等，2014，《语言模因理论与应用》。广州：暨南大学出版社。

何自然、何雪林，2003，模因论与社会语用，《现代外语》（2）：200-209。

何自然、冉永平，2002，《语用学概论（修订本）》。长沙：湖南教育出版社。

何自然、冉永平，2009，《新编语用学概论》。北京：北京大学出版社。

何自然、魏在江、戴仲平（主编），2020，《语用新论：语言模因论文选》。上海：上海外语教育出版社。

洪堡特，2001，《洪堡特语言哲学文集》，姚小平译。长沙：湖南教育出版社。

侯国金，2015，《词汇—构式语用学》。北京：国防工业出版社。

侯维瑞，1983，英语的语域及其在文学作品中的运用，《外语教学与研究》（2）：4-13。

胡建华，2018，什么是新描写主义，《当代语言学》（4）：475-477。

胡壮麟，1980，语用学，《国外语言学》（3）：1-10。

胡壮麟，1982a，国外汉英对比研究杂谈（一），《语言教学与研究》（1）：116-126。

胡壮麟，1982b，国外汉英对比研究杂谈（二），《语言教学与研究》（2）：117-128。

胡壮麟，1983，韩礼德，《国外语言学》（2）：60-63。
胡壮麟，1984，韩礼德的语言观，《外语教学与研究》（1）：23-29。
胡壮麟，1986，韩礼德的功能语法，《现代英语研究》（1）：50-58。
胡壮麟，1989，语义功能与汉语的语序和词序，《湖北大学学报（哲学社会科学版）》（4）：53-60。
胡壮麟，1990a，韩礼德语言学的六个核心思想，《外语教学与研究》（1）：2-8。
胡壮麟，1990b，小句与复句。载胡壮麟（主编），《语言系统与功能：1989年北京系统功能语法研讨会论文集》。北京：北京大学出版社。130-141。
胡壮麟，1994a，《语篇的衔接与连贯》。上海：上海外语教育出版社。
胡壮麟，1994b，英汉疑问语气系统的多层次和多元功能解释，《外国语》（1）：1-7。
胡壮麟，2000，《功能主义纵横谈》。北京：外语教学与研究出版社。
胡壮麟，2004，《认知隐喻学》。北京：北京大学出版社。
胡壮麟，2007，学术规范与学术创新——记第三届中国外语教授沙龙，《中国外语》（3）：15-17。
胡壮麟，2012，积极话语分析和批评话语分析的互补性，《当代外语研究》（7）：3-8。
胡壮麟，2018a，《韩礼德学术思想的中国渊源和回归》。北京：外语教学与研究出版社。
胡壮麟，2018b，《新编语篇的衔接与连贯》。上海：华东师范大学出版社。
胡壮麟、姜望琪，2002，《语言学高级教程》。北京：北京大学出版社。
胡壮麟、李战子，2004，《语言学简明教程》。北京：北京大学出版社。
胡壮麟、叶起昌，2010，《语言学理论与流派》。北京：高等教育出版社。
胡壮麟、李延福、刘润清（主编），1988，《语言学教程》。北京：北京大学出版社。
胡壮麟、朱永生、张德禄，1989，《系统功能语法概论》。长沙：湖南教育出版社。
胡壮麟、朱永生、张德禄、李战子，2005，《系统功能语言学概论（修订版）》。北京：北京大学出版社。
胡壮麟、朱永生、张德禄、李战子，2017，《系统功能语言学概论（第三版）》。北京：北京大学出版社。
花东帆，2018，《论WH量化》。北京：商务印书馆。
黄次栋（主编），1988，《英语语言学》。上海：上海译文出版社。
黄国文，1988，《语篇分析概要》。长沙：湖南教育出版社。

黄国文，1995，英语强势主位结构的性质，《山东外语教学》(4)：1-7。

黄国文，1996a，英语的对比型强势主位结构，《外国语》(4)：23-27。

黄国文，1996b，英语强势主位结构的句法—语义分析，《外语教学与研究》(3)：44-48。

黄国文，1996c，英语分裂句的结构问题，《外语研究》(2)：38-44。

黄国文，1996d，英语的非对比型强势主位结构的特点，《解放军外语学院学报》(1)：1-7。

黄国文，2001，功能语篇分析纵横谈，《外语与外语教学》(12)：1-4。

黄国文，2004，翻译研究的功能语言学途径，《中国翻译》(5)：17-21。

黄国文，2006，《翻译研究的语言学探索——古诗词英译本的语言学分析》。上海：上海外语教育出版社。

黄国文，2007a，个别语言学研究与研究创新，《外语学刊》(1)：35-39。

黄国文，2007b，系统功能句法分析的目的和原则，《外语学刊》(3)：38-45。

黄国文，2017，论生态话语和行为分析的假定和原则，《外语教学与研究》(6)：880-889。

黄国文，2018，从生态批评话语分析到和谐话语分析，《中国外语》(4)：39-46。

黄国文、陈旸，2014，翻译研究中的"元功能对等"，《中国外语》(2)：97-102。

黄国文、冯捷蕴，2002，"加的夫语法"简介。载黄国文（主编），《语篇·语言功能·语言教学》。广州：中山大学出版社。187-205。

黄国文、葛达西（编著），2006，《功能语篇分析》。上海：上海外语教育出版社。

黄国文、辛志英，2012，《系统功能语言学研究现状和发展趋势》。北京：外语教学与研究出版社。

黄国文、辛志英，2014，《什么是功能语法》。上海：上海外语教育出版社。

黄国文、何伟、廖楚燕等，2008，《系统功能语法入门：加的夫模式》。北京：北京大学出版社。

黄正德，1983，《汉语生成语法：汉语中的逻辑关系及语法理论》，宁春岩、侯方、张达三译。哈尔滨：黑龙江大学科研处。

霍永寿（编），2012，《西方语言哲学入门必读：论文选集》。上海：上海外语教育出版社。

纪瑛琳，2017，《空间运动事件的心理认知研究》。北京：中国社会科学出版社。

姜望琪，2000，《语用学：理论及应用》。北京：北京大学出版社。

姜望琪，2003，《当代语用学》。北京：北京大学出版社。

姜望琪，2008，Martin 的语篇语义学思想，《北京科技大学学报（社会科学版）》（4）：95-104。

蒋严、潘海华，1998，《形式语义学引论》。北京：中国社会科学出版社。

柯恩，1959，《语言——语言的结构和发展》，双明译。北京：科学出版社。

柯平，1999，《对比语言学》。南京：南京师范大学出版社。

克里斯特尔，1992，《语言学和语音学基础词典》，方立、王得杏、沈叙伦译。北京：北京语言学院出版社。

克里斯特尔，2000，《现代语言学词典》，沈家煊译。北京：商务印书馆。

莱昂斯，1981，《乔姆斯基评传》，陆锦林、李谷城译。上海：华东师范大学出版社。

莱曼，1986，《描写语言学引论》，金兆骧、陈秀珠译。上海：上海外语教育出版社。

莱普斯基，1986，《结构语言学通论》，朱一桂、周嘉桂译。北京：中国社会科学出版社。

蓝纯，2003，《从认知角度看汉语和英语的空间隐喻》。北京：外语教学与研究出版社。

蓝纯，2005，《认知语言学与隐喻研究》。北京：外语教学与研究出版社。

劳允栋，1983，《英语语音学纲要》。北京：商务印书馆。

李兵，2013，《阿尔泰语言元音和谐研究》。北京：商务印书馆。

李福印，2007，《语义学概论（修订版）》。北京：北京大学出版社。

李福印，2008，《认知语言学概论》。北京：北京大学出版社。

李福印、Koenraad Kuiper（编著），1999，《语义学教程》。上海：上海外语教育出版社。

李赋宁，1962，英语的同义现象，《外语教学与研究》（2）：11-14。

李洪儒，2009，《语言哲学：历时与共时交叉点上的节点凸现》。北京：外语教学与研究出版社。

李洪儒，2011a，《欧洲大陆哲学：历时与共时交叉点上的节点凸现》。北京：外语教学与研究出版社。

李洪儒，2011b，结束语言研究"两张皮"现象：语言哲学与语言学的整合性研究，《当代外语研究》（2）：9-14。

李捷、何自然、霍永寿，2011，《语用学十二讲》。上海：华东师范大学出版社。

李瑞华（主编），1996，《英汉语言文化对比研究（1990—1994）》。上海：上海外语教育出版社。

李锡胤，1963，介绍乌尔曼新著《语义学》，《语言学资料》（1）：18-21。

李学宁、李向明、宋孟洪，2018，《系统功能语言学在自然语言处理中的知识表示研究》。上海：上海交通大学出版社。

李延福（主编），1996，《国外语言学通观（上、下）》。济南：山东教育出版社。

李延福等，1985，《英语语言学基础读本》。济南：山东大学出版社。

李宇明、王春辉，2020，科研生产力与中文首发制度，《语言战略研究》（2）：10-11。

李战子，2002，《话语的人际意义研究》。上海：上海外语教育出版社。

李战子，2003，多模式话语的社会符号学分析，《外语研究》（5）：1-8。

李战子，2004，评价理论：在话语分析中的应用和问题，《外语研究》（5）：1-6。

李战子、高一虹，2002，功能语法与批评性话语分析的结合点——第28届国际系统功能语法大会述评，《外语研究》（3）：78-79。

连淑能，1993，《英汉对比研究》。北京：高等教育出版社。

梁达，1957，《俄汉语语法对比研究（构词构形·词序）》。上海：新知识出版社。

梁达、金有景，1955，《中俄语音比较》。北京：时代出版社。

廖东平、马一，1966，历史比较语言学和地域语言学——国外研究简况，《语言学资料》（2）：8-11。

廖巧云，2011，《因果构式的运作机理研究》。北京：中国社会科学出版社。

林承璋，1987，《英语词汇学引论》。武汉：武汉大学出版社。

林福美，1985，《现代英语词汇学》。合肥：安徽教育出版社。

林纪诚，1986，英语语篇中词汇衔接手段试探，《外国语》（5）：22-28。

林正军，2012，《英语感知动词多义性的认知研究》。长春：东北师范大学出版社。

刘辰诞，2008，《结构和边界——句法表达式认知机制探索》。上海：上海外语教育出版社。

刘承宇，2008，《语法隐喻的功能-认知文体学研究：以英语元语言语篇为例》。厦门：厦门大学出版社。

刘重德（主编），1998，《英汉语比较与翻译》。青岛：青岛出版社。

刘国辉，2000，《历史比较语言学概论》。成都：四川大学出版社。

刘利民，2007，《在语言中盘旋：先秦名家"诡辩"命题的纯语言思辨理性研究》。成都：四川大学出版社。

刘宓庆，1991，《汉英对比研究与翻译》。南昌：江西教育出版社。

刘润清，1995，《西方语言学流派》。北京：外语教学与研究出版社。

刘润清，2013，《西方语言学流派（修订版）》。北京：外语教学与研究出版社。

刘润清（主编），2019，《语言哲学论文集》。北京：外语教学与研究出版社。
刘润清、封宗信，2004，《语言学理论与流派》。南京：南京师范大学出版社。
刘润清、文旭，2006，《新编语言学教程》。北京：外语教学与研究出版社。
刘润清、麦基、王平，1990，《语言学入门》。北京：人民教育出版社。
刘小梅，2017，《英汉形式句法》。北京：化学工业出版社。
刘雪曼、Jill de Villiers、宁春岩、Eric Hutchings Rolfhus、Wendy Teresa Lee、江帆章、依文，2015，"梦想"普通话标准化评估在听障儿童语言测试中的应用，《中华耳科学杂志》（4）：617-622。
刘英凯、李静滢（主编），2009，《比较·鉴别·应用：英汉对比应用研究》。上海：上海外语教育出版社。
刘宇红，2006，《认知语言学：理论与应用》。北京：中国社会科学出版社。
刘宇红，2013，《语言哲学与语言中的哲学》。南京：南京大学出版社。
刘正光，2006，《语言非范畴化——语言范畴化理论的重要组成部分》。上海：上海外语教育出版社。
刘正光，2007，《隐喻的认知研究——理论与实践》。长沙：湖南人民出版社。
刘正光，2010，认知语言学的语言观与外语教学的基本原则，《外语研究》（1）：8-14。
刘正光，2018，《语言非范畴化——语言范畴化理论的重要组成部分（修订版）》。上海：上海外语教育出版社。
龙日金，1982，伦敦学派的语言变异理论简介，《国外语言学》（4）：58-61。
龙日金，1998，汉语及物性中的范围研究。载余渭深、李红、彭宣维（编），《语言的功能——系统、语用和认知》。重庆：重庆大学出版社。226-235。
卢植，2006，《认知与语言——认知语言学引论》。上海：上海外语教育出版社。
陆殿扬，1958，《汉英词序的比较研究》。北京：时代出版社。
陆国强，1983，《现代英语词汇学》。上海：上海外语教育出版社。
陆贞明，1958，《英语语法》。北京：时代出版社。
罗宾斯，1986，《普通语言学概论》，李振麟、胡伟民译。上海：上海译文出版社。
罗宾斯，1987，《语言学简史》，上海外国语学院外国语言文学研究所译。合肥：安徽教育出版社。
罗思明，2018，《汉英"名形表量构式"句法语义互动的历时对比研究》。上海：上海交通大学出版社。
吕叔湘，1983，《吕叔湘语文论集》。北京：商务印书馆。

马丁内，1988，《普通语言学纲要》，罗慎仪、张祖建、罗竞译。北京：国际文化出版公司。

马建忠，1898，《马氏文通》。北京：商务印书馆。

马庆林，2003，《美国结构语言学与现代汉语语法比较研究》。西安：陕西人民出版社。

马秋武，2003，《优选论与汉语普通话的音节组构》。天津：南开大学出版社。

马秋武，2008，《优选论》。上海：上海教育出版社。

马秋武，2015，《什么是音系学》。上海：上海外语教育出版社。

梅德明，2003，《现代语言学简明教程》。上海：上海外语教育出版社。

梅德明（主编），2008，《现代句法学》。上海：上海外语教育出版社。

梅德明（主编），2017，《语言学与应用语言学百科全书》。北京：北京大学出版社。

梅德明、佟和龙，2019，《什么是最简方案》。上海：上海外语教育出版社。

梅耶，1957，《历史语言学中的比较方法》，岑麒祥译。北京：科学出版社。

苗兴伟，1998，论衔接与连贯的关系，《外国语》（4）: 45-50。

苗兴伟，2016，批评话语分析的系统功能语言学路径，《山东外语教学》（6）: 10-17。

苗兴伟、雷蕾，2019，基于系统功能语言学的生态话语分析，《山东外语教学》（1）: 13-22。

苗兴伟、秦洪武，2010，《英汉语篇语用学研究》。上海：上海外语教育出版社。

闵菊辉，2014，张德禄语篇衔接连贯研究的系统功能观及教学指导意义，《西南科技大学学报（哲学社会科学版）》（2）: 104-108。

宁春岩，2011，《什么是生成语法》。上海：上海外语教育出版社。

牛保义（主编），2009，《认知·语用·功能：英汉宏观对比研究》。上海：上海外语教育出版社。

牛保义，2011，《构式语法理论研究》。上海：上海外语教育出版社。

帕默尔，1983，《语言学概论》，李荣、王菊泉、周焕常、陈平译。北京：商务印书馆。

潘文国，1997，《汉英语对比纲要》。北京：北京语言文化大学出版社。

潘文国，2002，汉英对比研究一百年，《世界汉语教学》（1）: 60-86。

潘文国、谭慧敏，2006，《对比语言学：历史与哲学思考》。上海：上海教育出版社。

潘文国、谭慧敏，2018，《中西对比语言学：历史与哲学思考》。上海：华东师范大学出版社。

潘文国、杨自俭（主编），2008，《共性·个性·视角：英汉对比的理论与方法研究》。上海：上海外语教育出版社。

潘艳艳，2003，框架语义学：理论与应用，《外语研究》（5）：14-18。

潘艳艳，2011，政治漫画中的多模态隐喻及身份构建，《外语研究》（1）：11-15。

潘永樑，1985a，语境和语域的研究及其对英语教学的意义（上），《教学研究》（2）：1-5。

潘永樑，1985b，语境和语域的研究及其对英语教学的意义（下），《教学研究》（3）：13-18。

裴特生，1958，《十九世纪欧洲语言学史》，钱晋华译。北京：科学出版社。

彭建武，2005，《认知语言学研究》。北京：中国海洋大学出版社。

彭宣维，2000，《英汉语篇综合对比》。上海：上海外语教育出版社。

彭宣维，2011，《语言与语言学概论——汉语系统功能语法》。北京：北京大学出版社。

彭宣维，2015，《评价文体学》。北京：北京大学出版社。

彭宣维，2016，韩礼德与中国传统学术——系统功能语言学的范式设计溯源，《中国人民大学学报》（5）：130-138。

彭宣维、刘玉洁、张冉冉、陈玉娟、谈仙芳等，2015，《汉英评价意义分析手册——评价语料库的语料处理原则与研制方案》。北京：北京大学出版社。

戚雨村，1997，《现代语言学的特点和发展趋势》。上海：上海外语教育出版社。

戚雨村、王超尘、赵云中、许以理，1985，《语言学引论》。上海：上海外语教育出版社。

钱冠连，1991，《语用学：语言适应理论》——Verschueren 语用学新论述评，《外语教学与研究》（1）：61-66。

钱冠连，1993，《美学语言学——语言美和言语美》。深圳：海天出版社。

钱冠连，1997，《汉语文化语用学》。北京：清华大学出版社。

钱冠连，2002a，《汉语文化语用学——人文网络言语学（第二版）》。北京：清华大学出版社。

钱冠连，2002b，《语言全息论》。北京：商务印书馆。

钱冠连，2004，以学派意识看汉语研究，《汉语学报》（2）：2-8。

钱冠连，2005，《语言：人类最后的家园——人类基本生存状态的哲学与语用学研究》。北京：商务印书馆。

钱冠连，2007，西语哲在中国：一种可能的发展之路，《外语学刊》（1）：1-10。

钱冠连，2008，西语哲在外语界的传播与未来的发展，《外语学刊》（2）：1-16。

钱冠连，2009，西方语言哲学是语言研究的营养钵，《外语学刊》(4)：8-11。
钱冠连，2015，《后语言哲学之路》。上海：上海外语教育出版社。
钱冠连，2019，《后语言哲学论稿》。上海：上海外语教育出版社。
钱冠连，2020，《汉语文化语用学（第三版）》。北京：清华大学出版社。
钱军，1998，《结构功能语言学——布拉格学派》。长春：吉林教育出版社。
钱军，2001，《句法语义学——关系与视点》。北京：人民教育出版社。
钱敏汝，2001，《篇章语用学概论》。北京：外语教学与研究出版社。
桥本，1982，《现代汉语句法结构》，宁春岩、侯方译。哈尔滨：黑龙江人民出版社。
乔姆斯基，1979，《句法结构》，邢公畹、庞秉均、黄长著、林书武译。北京：中国社会科学出版社。
乔姆斯基，1986，《句法理论的若干问题》，黄长著、林书武、沈家煊译。北京：中国社会科学出版社。
乔姆斯基，1992，《乔姆斯基语言哲学文选》，徐烈炯、尹大贻、程雨民译。北京：商务印书馆。
乔姆斯基，1993，《支配和约束论集——比萨学术演讲》，周流溪、林书武、沈家煊译。北京：中国社会科学出版社。
乔姆斯基，2006，《乔姆斯基语言学文集》，宁春岩等译。长沙：湖南教育出版社。
曲卫国，2012，《语用学的多层面研究》。上海：复旦大学出版社。
曲卫国，2019，中国外语教学与研究70年的回顾与反思，《语言战略研究》(6)：71-78。
曲长亮，2015，《雅柯布森音系学理论研究——对立、区别特征与音形》。北京：世界图书出版公司。
曲长亮，2019，《从百年纪念版选集看叶斯柏森的语言学思想》。北京：清华大学出版社。
冉永平，2006，《语用学：现象与分析》。北京：北京大学出版社。
冉永平，2018，人际语用学视角下人际关系管理的人情原则，《外国语》(4)：44-53。
冉永平、赵林森，2018，基于人情原则的人际关系新模式——人际语用学本土研究，《外语与外语教学》(2)：34-45。
冉永平、莫爱屏、王寅（编著），2006，《认知语用学——言语交际的认知研究》。上海：上海外语教育出版社。
任绍曾，1992，语境在叙事语篇中的语言体现，《外国语》(2)：17-22。
任学良，1981，《汉英比较语法》。北京：中国社会科学出版社。

萨丕尔，1964，《语言论：言语研究导论》，陆卓元译。北京：商务印书馆。
萨丕尔，2011，《萨丕尔论语言、文化与人格》，高一虹等译。北京：商务印书馆。
邵斌，2019，《英汉词汇对比研究》。北京：外语教学与研究出版社。
邵敬敏、方经民，1991，《中国理论语言学史》。上海：华东师范大学出版社。
邵志洪，1997，《英汉语研究与对比》。上海：华东理工大学出版社。
邵志洪（主编），2008，《结构·语义·关系：英汉微观对比研究》。上海：上海外语教育出版社。
沈家煊，1985，雷·贾肯道夫的《语义学和认知》，《国外语言学》（4）：19-22。
沈家煊，1996，我国的语用学研究，《外语教学与研究》（1）：1-5。
沈家煊，2007，关于外语界做研究的几点想法，《中国外语》（1）：19-20。
沈家煊，2016，《名词和动词》。北京：商务印书馆。
沈家煊，2019，《超越主谓结构》。北京：商务印书馆。
盛林、宫辰、李开，2005，《二十世纪中国的语言学》。北京：党建读物出版社。
石定栩，2002，《乔姆斯基的形式句法：历史进程与最新理论》。北京：北京语言文化大学出版社。
石定栩，2011，《名词和名词性成分》。北京：北京大学出版社。
石定栩，2018，生成语法研究在中国的发展，《外语教学与研究》（6）：806-808。
史密斯、威尔逊，1983，《现代语言学（乔姆斯基革命的结果）》，李谷城、方立、吴枕亚、徐克荣译。北京：外语教学与研究出版社。
束定芳，2000a，《现代语义学》。上海：上海外语教育出版社。
束定芳，2000b，《隐喻学研究》。上海：上海外语教育出版社。
束定芳（主编），2001，《中国语用学研究论文精选》。上海：上海外语教育出版社。
束定芳（主编），2004，《语言的认知研究——认知语言学论文精选》。上海：上海外语教育出版社。
束定芳，2008，《认知语义学》。上海：上海外语教育出版社。
束定芳，2009，中国认知语言学二十年——回顾与反思，《现代外语》（3）：248-256。
束定芳，2013a，《认知语言学研究方法》。上海：上海外语教育出版社。
束定芳，2013b，《现代语义学》。上海：上海外语教育出版社。
束定芳，2014，《什么是语义学》。上海：上海外语教育出版社。
束定芳，2018，我国理论语言学研究与海外论文发表，《外语与外语教学》（3）：1-6。
束定芳、田臻，2019，《语义学十讲》。上海：上海外语教育出版社。

束定芳、刘正光、徐盛桓（主编），2009，《中国国外语言学研究（1949—2009）》。上海：上海外语教育出版社。

司富珍，2009，《多重特征核查及其句法影响》。北京：北京语言大学出版社。

司联合，2010，《句子语义学》。南京：东南大学出版社。

司显柱，2016，《功能语言学与翻译研究——翻译质量评估模式建构》。北京：外语教学与研究出版社。

斯大林，1950，《马克思主义与语言学问题》，李立三、曹葆华、齐望曙、毛岸青译。北京：解放出版社。

斯捷潘诺夫，2011，《现代语言哲学的语言与方法》，隋然译。北京：北京大学出版社。

宋志勤，2010，《英语形态学》。北京：科学出版社。

孙汝建，1991，中国为何没有语言学流派？——关于建构中国语言学流派的思考，《云梦学刊》(1)：83-87。

孙珊珊、段嫚娟、许余龙，2021，《英汉篇章回指对比研究——理论阐释与实证分析》。上海：上海三联出版社。

孙亚，2013，《隐喻与话语》。北京：对外经济贸易大学出版社。

索绪尔，1980，《普通语言学教程》，高名凯译。北京：商务印书馆。

索绪尔，2001，《普通语言学教程：1910—1911 索绪尔第三度讲授》，张绍杰译。长沙：湖南教育出版社。

谭业升，2009，《跨越语言的识解——翻译的认知语言学探索》。上海：上海外语教育出版社。

汤姆逊，1960，《十九世纪末以前的语言学史》，黄振华译。北京：科学出版社。

唐逸，1959，《英语构词法》。北京：商务印书馆。

汪榕培，2002，《英语词汇学高级教程》。上海：上海外语教育出版社。

汪榕培、李冬，1983，《实用英语词汇学》。沈阳：辽宁人民出版社。

汪榕培、卢晓娟，1997，《英语词汇学教程》。上海：上海外语教育出版社。

汪榕培、王之江（主编），2008，《英语词汇学》。上海：上海外语教育出版社。

汪榕培、杨彬，2011，《高级英语词汇学（修订版）》。上海：上海外语教育出版社。

汪少华、梁婧玉，2017，《基于语料库的当代美国政治语篇的架构隐喻模式分析——以布什与奥巴马的演讲为例》。北京：北京大学出版社。

王爱华，2014，《语言哲学》。成都：电子科技大学出版社。

王德春，1983a，《词汇学研究》。济南：山东教育出版社。

王德春，1983b，《现代语言学研究》。福州：福建人民出版社。

王德春，1987，《语言学教程》。济南：山东教育出版社。

王德春，1990，《语言学通论》。南京：江苏教育出版社。
王德春，1997，《语言学概论》。上海：上海外语教育出版社。
王德春，2011，《语言学新视角》。上海：上海外语教育出版社。
王逢鑫，2003，《英汉比较语义学》。北京：外文出版社。
王福祥，1992，《对比语言学论文集》。北京：外语教学与研究出版社。
王福祥、吴汉樱，2012，《对比语言学概论》。哈尔滨：黑龙江大学出版社。
王馥芳，2015，《认知语言学反思性批评》。北京：外语教学与研究出版社。
王钢，1988，《普通语言学基础》。长沙：湖南教育出版社。
王桂珍，1996，《英语语音语调教程》。北京：高等教育出版社。
王嘉龄，1980，生成语音学简介，《山东外语教学》（1）：11-15。
王嘉龄，1987，词汇音系学，《国外语言学》（2）：89-92。
王菊泉，1982，关于英汉语法比较的几个问题——评最近出版的几本英汉对比语法著作，《外语教学与研究》（4）：1-9。
王菊泉，2011，《什么是对比语言学》。上海：上海外语教育出版社。
王菊泉、郑立信（编），2004，《英汉语言文化对比研究（1995—2003）》。上海：上海外语教育出版社。
王军，2005，《英语叙事篇章中间接回指释义的认知研究》。苏州：苏州大学出版社。
王天翼、王寅，2012，认知社会语言学，《中国外语》（2）：44-53。
王文斌，2001，《英语词汇语义学》。杭州：浙江教育出版社。
王文斌，2005，《英语词法概论》。上海：上海外语教育出版社。
王文斌，2007，《隐喻的认知构建与解读》。上海：上海外语教育出版社。
王文斌，2013，论英语的时间性特质与汉语的空间性特质，《外语教学与研究》（2）：163-173。
王文斌，2014，《什么是形态学》。上海：上海外语教育出版社。
王文斌，2017a，并重外语研究与汉语研究，《外国语》（1）：7-9。
王文斌，2017b，对比语言学：语言研究之要，《外语与外语教学》（5）：29-44。
王文斌，2019，《论英汉的时空性差异》。北京：外语教学与研究出版社。
王文斌，2021，关于"十三五"期间的外国语言学及外语教育教学研究，《外语学刊》（2）：1-15。
王寅，1993，《简明语义学辞典》。济南：山东人民出版社。
王寅，2001，《语义理论与语言教学》。上海：上海外语教育出版社。
王寅，2005，《认知语言学探索》。重庆：重庆出版社。

王寅，2006，《认知语法概论》。上海：上海外语教育出版社。

王寅，2007a，《认知语言学》。上海：上海外语教育出版社。

王寅，2007b，《中西语义理论对比研究初探——基于体验哲学和认知语言学的思考》。北京：高等教育出版社。

王寅，2011a，《构式语法研究（上下卷）》。上海：上海外语教育出版社。

王寅，2011b，《英语语义学教程》。北京：高等教育出版社。

王寅，2014a，后现代哲学视野下的体认语言学，《外国语文》（6）：61-67。

王寅，2014b，《语言哲学研究：21世纪中国后语言哲学沉思录》。北京：北京大学出版社。

王寅，2014c，《语义理论与语言教学（第二版）》。上海：上海外语教育出版社。

王寅，2015，对比研究需要前沿理论，理论创新促发对比研究——认知对比语言学初探，《外国语》（5）：44-52。

王寅，2017，哲学与语言学互为摇篮，《外语学刊》（2）：1-6。

王寅，2019，体认语言学发凡，《中国外语》（6）：18-25。

王寅，2020，《体认语言学：认知语言学的本土化研究》。北京：商务印书馆。

王寅、王天翼，2019，《西哲第四转向的后现代思潮——探索世界人文社科之前沿》。上海：上海外语教育出版社。

王勇、徐杰，2011，系统功能语言学与语言类型学，《外国语》（3）：40-48。

王振华，2001，评价系统及其运作——系统功能语言学的新发展，《外国语》（6）：13-20。

王振华，2004，法庭交叉质询中的人际关系——系统功能语言学"情态"视角，《外语学刊》（3）：51-59。

王振华，2006，"自首"的系统功能语言学视角，《现代外语》（1）：1-9。

王振华，2009，语篇语义的研究路径——一个范式、两个脉络、三种功能、四种语义、五个视角，《中国外语》（6）：26-38。

王振华，2016，《新编系统功能语言学教程》。上海：华东师范大学出版社。

王宗炎，1965，英美学者论美国结构主义的谬误，《语言学资料》（5）：22-28。

王宗炎，1978，论乔姆斯基式的转换语法，《现代外语》（2）：1-16。

王宗炎，1980，伦敦学派奠基人弗斯的语言理论，《国外语言学》（5）：1-8。

王宗炎，1981，评哈利迪的《现代汉语语法范畴》，《国外语言学》（2）：48-54。

王宗炎，1985，《语言问题探索》。上海：上海外语教育出版社。

卫乃兴，2011，《词语学要义》。上海：上海外语教育出版社。

魏在江，2007，《英汉语篇连贯认知对比研究》。上海：复旦大学出版社。

魏在江，2014，《语用预设的认知语用研究》。上海：上海外语教育出版社。
温宾利，2002，《当代句法学导论》。北京：外语教学与研究出版社。
文秋芳、衡仁权，2011，《新编语言学导论》。北京：高等教育出版社。
文旭，2009，以认知为基础的英汉对比研究——关于对比认知语言学的一些构想，《中国外语》(3)：25-30。
文旭，2013，《语言学导论》。北京：北京师范大学出版社。
文旭，2014，《语言的认知基础》。北京：科学出版社。
文旭、肖开容，2019，《认知翻译学》。北京：北京大学出版社。
沃尔夫，2001，《论语言、思维和现实——沃尔夫文集》，高一虹等译。长沙：湖南教育出版社。
吴刚，2006，《生成语法研究》。上海：上海外语教育出版社。
吴刚，2012，《英语语音系统认知建构教程》。上海：上海世界图书出版公司。
吴平，2007，《句式语义的形式分析与计算》。北京：北京语言大学出版社。
吴义诚、杨小龙，2015，生成语法与汉语研究三十年，《当代语言学》(2)：188-203。
伍谦光，1960，评介《现代英语词汇学》，《外语教学与研究》(2)：66-67。
伍谦光，1988，《语义学导论》。长沙：湖南教育出版社。
伍铁平，1981/2005，二分法与直接成分学说。载赵蓉晖（编），《普通语言学》。上海：上海外语教育出版社。440-463。
伍铁平，1999，《模糊语言学》。上海：上海外语教育出版社。
伍雅清，2002，《疑问词的句法和语义》。长沙：湖南教育出版社。
习近平，2016，《在哲学社会科学工作座谈会上的讲话（2016年5月17日）》。北京：人民出版社。
席留生，2014，《"把"字句的认知语法研究》。北京：高等教育出版社。
向大军，2018，《加的夫语法视角下的英语 Let 结构句法语义多维研究》。成都：西南交通大学出版社。
契科巴瓦，1954，《语言学概论（第一编上册）》，周嘉桂译。北京：高等教育出版社。
契科巴瓦，1955，《语言学概论（第一编下册）》，高名凯译。北京：高等教育出版社。
谢徒琴柯，1950，《马尔与唯物论的语言学之发展》，秦佚译。北京：大众书店。
辛志英、黄国文，2010，系统功能类型学：理论、目标与方法，《外语学刊》(5)：50-55。

辛志英、黄国文，2013，系统功能语言学与生态话语分析，《外语教学》(3)：7-10。

邢向东，2020，论语言研究中的问题导向，《陕西师范大学学报（哲学社会科学版）》(2)：86-94。

熊兵，2007，《美国结构主义语言学与现代汉语语法研究》。武汉：华中师范大学出版社。

熊建国，2008，《英汉名词短语最简方案研究》。上海：上海交通大学出版社。

熊学亮，1999，《认知语用学概论》。上海：上海外语教育出版社。

熊学亮，2003，《语言学新解》。上海：复旦大学出版社。

熊学亮，2007，《语言使用中的推理》。上海：上海外语教育出版社。

熊学亮，2008，《简明语用学教程》。上海：复旦大学出版社。

熊学亮，2010，《语言学导论》。上海：复旦大学出版社。

熊学亮，2012，《句法语用研究》。上海：复旦大学出版社。

熊学亮、曲卫国（主编），2007，《语用学采撷》。北京：高等教育出版社。

徐珺，2002，《儒林外史》英汉语语篇对比研究——系统功能语言学的尝试，《外语与外语教学》(12)：1-5。

徐烈炯，1979，两种新的音位学理论，《语言学动态》(4)：1-8。

徐烈炯，1983，语言对比与对比语言学，《外语界》(4)：20-22。

徐烈炯，1988，《生成语法理论》。上海：上海外语教育出版社。

徐烈炯，1990，《语义学》。北京：语文出版社。

徐烈炯，1993，《当代国外语言学：学科综述》。郑州：河南人民出版社。

徐烈炯，1995，《语义学（修订版）》。北京：语文出版社。

徐烈炯，2008，《中国语言学在十字路口》。上海：上海教育出版社。

徐烈炯，2019，《生成语法理论：标准理论到最简方案》。上海：上海教育出版社。

徐盛桓，1982，主位和述位，《外语教学与研究》(1)：1-9。

徐盛桓，1985，再论主位和述位，《外语教学与研究》(4)：19-25。

徐盛桓，1992，礼貌原则新拟，《外语学刊》(2)：1-7。

徐盛桓，1995，选择·重构·阐发·应用——我对新格赖斯理论的研究，《现代外语》(2)：11-17。

徐盛桓，2010a，心智哲学与语言研究，《外国语文》(5)：30-35。

徐盛桓，2010b，心智哲学与认知语言学创新，《北京科技大学学报（社会科学版）》(1)：84-88。

徐盛桓，2011，语言研究的心智哲学视角——"心智哲学与语言研究"之五，《河南大学学报（社会科学版）》（4）：1-12。

徐盛桓，2019，隐喻解读的非线性转换——分形论视域下隐喻研究之三，《浙江外国语学院学报》（5）：1-9。

徐盛桓，2020a，隐喻喻体的建构——分形论视域下隐喻研究之一，《外语教学》（1）：6-11。

徐盛桓，2020b，隐喻本体和喻体的相似——分形论视域下隐喻研究之二，《当代修辞学》（2）：11-23。

徐盛桓，2021，交叉学科研究视域下理论概念的移用与发展——语言学科理论创新探究之一，《天津外国语大学学报》（1）：1-13。

许高渝、张建理等（编著），2006，《20世纪汉外语言对比研究》。北京：高等教育出版社。

许国璋，1958，结构主义语言学述评，《西方语文》（2）：209-223。

许国璋（译），1979，论言有所为。载中国社会科学院语言研究所情报研究室（编），《语言学译丛》（第一辑）。北京：中国社会科学出版社。1-14。

许国璋，1991，《许国璋论语言》。北京：外语教学与研究出版社。

许国璋，1997，《论语言和语言学》。北京：商务印书馆。

许天福、虞小梅、孙万彪，1985，《现代英语语音学》。西安：陕西人民出版社。

许希明，2019，《英汉语音对比研究》。北京：外语教学与研究出版社。

许曦明、杨成虎，2011，《语音学与音系学导论》。上海：上海交通大学出版社。

许余龙（编著），1992，《对比语言学概论》。上海：上海外语教育出版社。

许余龙（编著），2001，《对比语言学》。上海：上海外语教育出版社。

许余龙（编著），2010，《对比语言学（第2版）》。上海：上海外语教育出版社。

许余龙，2021，《对比求真——许余龙学术论文自选集》。北京：高等教育出版社。

雅柯布森，2001，《雅柯布森文集》，钱军、王力译注。长沙：湖南教育出版社。

雅可布逊、曹今予，1962，类型学研究及其对历史比较语言学的贡献，《语言学资料》（10）：7-10。

严辰松、高航（编），2005，《语用学》。上海：上海外语教育出版社。

严世清，2019，汉语失语症的系统功能语言学描述与阐述：一个案例报告，《当代外语研究》（3）：70-79。

颜宁，2009，《非线性音系学》。北京：人民出版社。

杨炳钧，2003，《英语非限定小句之系统功能语言学研究》。北京：外语教学与研究出版社。

杨大然，2011，《现代汉语非宾格句式的语义和句法研究》。郑州：河南大学出版社。

杨信彰，1992，英文小说中语言的功能意义，《外国语》（5）：31-34。

杨信彰，1996，从主位看英汉翻译中的意义等值问题，《解放军外语学院学报》（1）：44-48。

杨信彰，2003，语篇中的评价性手段，《外语与外语教学》（1）：11-14。

杨信彰（主编），2005，《语言学概论》。北京：高等教育出版社。

杨信彰，2007，系统功能语言学与教育语篇分析，《四川外语学院学报》（6）：17-20。

杨信彰，2009，多模态语篇分析与系统功能语言学，《外语教学》（4）：11-14。

杨自俭，2004，老实做人·认真做事·严谨做学问——汉英对比与翻译国际研讨会暨中国英汉语比较研究会第五次全国学术研讨会开幕词。载杨自俭（编），《英汉语比较与翻译（5）》。上海：上海外语教育出版社。1-15。

杨自俭、李瑞华（编），1990，《英汉对比研究论文集（1977—1989）》。上海：上海外语教育出版社。

姚善友，1958，《现代英语句型的混合与交替现象》。北京：时代出版社。

姚善友，1959，《英语虚拟语气》。北京：商务印书馆。

姚小平，1995，《洪堡特——人文研究和语言研究》。北京：外语教学与研究出版社。

姚小平，2001，《17—19世纪的德国语言学与中国语言学》。北京：外语教学与研究出版社。

姚小平，2011，《西方语言学史》。北京：外语教学与研究出版社。

姚小平，2018，《西方语言学史——从苏格拉底到乔姆斯基》。北京：外语教学与研究出版社。

叶姆斯列夫，2006，《叶姆斯列夫语符学文集》，程琪龙译。长沙：湖南教育出版社。

叶斯柏森，2005，《叶斯柏森语言学选集》，任绍曾译。长沙：湖南教育出版社。

于晖，2018，《功能语篇体裁分析理论与实践》。北京：外语教学与研究出版社。

于秀金、金立鑫，2019，认知类型学：跨语言差异与共性的认知阐释，《外语教学》（4）：13-19。

语言学名词审定委员会，2011，《语言学名词》。北京：商务印书馆。

郁洁，1955，《俄语语音学概论》。北京：时代出版社。

喻云根，1994，《英汉对比语言学》。北京：北京工业大学出版社。

曾蕾，2006，《投射语言研究》。广州：中山大学出版社。

张道真，1958，《实用英语语法（上）》。北京：时代出版社。

张道真，1959，《实用英语语法（下）》。北京：时代出版社。

张道真，1963，《实用英语语法》。北京：商务印书馆。

张道真，2002，《张道真英语语法》。北京：商务印书馆。

张德禄，1987a，信息中心及其范围，《山东外语教学》（4）：18-24。

张德禄，1987b，语域理论简介，《现代外语》（4）：23-29。

张德禄，1989，主位理论与英语语序，《山东外语教学》（1）：20-28。

张德禄，1990，语域变异理论与外语教学，《山东外语教学》（1）：45-49。

张德禄，1992，语篇连贯与语篇的信息结构——论语篇连贯的条件，《外语研究》（3）：9-13。

张德禄，1994，论语篇连贯的条件——谈接应机制在语篇连贯中的作用，《现代外语》（1）：19-24。

张德禄，1998，《功能文体学》。济南：山东教育出版社。

张德禄，2009，多模态话语分析综合理论框架探索，《中国外语》（1）：24-30。

张德禄，2018a，系统功能语言学60年发展趋势探索，《外语教学与研究》（1）：37-48。

张德禄，2018b，系统功能理论视阈下的多模态话语分析综合框架，《现代外语》（6）：731-743。

张德禄、刘洪民，1994，主位结构与语篇连贯，《外语研究》（3）：27-33。

张德禄、刘汝山，2003，《语篇连贯与衔接理论的发展及应用》。上海：上海外语教育出版社。

张德禄、刘汝山，2018，《语篇连贯与衔接理论的发展及应用（第二版）》。上海：上海外语教育出版社。

张德禄、苗兴伟、李学宁，2005，《功能语言学与外语教学》。北京：外语教学与研究出版社。

张冠林、孙静渊，2001，《实用英语语音语调》。北京：外语教学与研究出版社。

张辉，2003，《熟语及其理解的认知语义学研究》。北京：军事谊文出版社。

张辉，2016，《熟语表征与加工的神经认知研究》。上海：上海外语教育出版社。

张辉，2021，批评认知语言学视域下多语话语体系建构的探索，《中国外语》（1）：22-23。

张辉、江龙，2008，试论认知语言学与批评话语分析的融合，《外语学刊》（5）：12-19。

张辉、卢卫中，2010，《认知转喻》。上海：上海外语教育出版社。

张辉、杨艳琴，2019，批评认知语言学：理论基础与研究现状，《外语教学》（3）：1-11。

张辉、张艳敏，2020，批评认知语言学：理论源流、认知基础与研究方法，《现代外语》（5）：628-640。

张今、陈云清，1981，《英汉比较语法纲要》。北京：商务印书馆。

张克定，1991，《英语语言学导论》。郑州：河南人民出版社。

张克定，2016，《空间关系构式的认知研究》。北京：高等教育出版社。

张乔，1998，《模糊语义学》。北京：中国社会科学出版社。

张韧弦，2008，《形式语用学导论》。上海：复旦大学出版社。

张绍杰，2004，《语言符号任意性研究——索绪尔语言哲学思想探索》。上海：上海外语教育出版社。

张维友，1999，《英语词汇学》。北京：外语教学与研究出版社。

张维友，2004，《英语词汇学教程》。武汉：华中师范大学出版社。

张维友，2010，《英汉语词汇对比研究》。上海：上海外语教育出版社。

张亚非，1992，关联理论述评，《外语教学与研究》（3）：9-16。

张彦昌、戴淑艳、李兵，1993，《音位学导论》。长春：吉林大学出版社。

张允文，1963，霍姆斯基《句法结构》中的转换分析法理论，《语言学资料》（1）：9-13。

张韵斐（主编），1986，《现代英语词汇学概论》。北京：北京师范大学出版社。

章彩云，2008，《语用词汇语义学论稿》。郑州：河南人民出版社。

章宜华，2019，认知词典学刍论，《外国语文》（2）：1-10。

章振邦、张月祥，2017，《新编英语语法教程（第6版）》。上海：上海外语教育出版社。

赵宏，2013，《英汉词汇理据对比研究》。上海：上海外语教育出版社。

赵蓉晖（编），2005，《索绪尔研究在中国》。北京：商务印书馆。

赵世开，1979，浅谈英语和汉语的对比研究，《外国语教学》（3）：8-14。

赵世开，1985，英汉对比中微观和宏观的研究，《外国语文教学》（Z1）：34-41。

赵世开，1989，《美国语言学简史》。上海：上海外语教育出版社。

赵世开，1990，《国外语言学概述——流派和代表人物》。北京：北京语言学院出版社。

赵秀凤，2011，概念隐喻研究的新发展——多模态隐喻研究——兼评 Forceville & Urios-Aparisi《多模态隐喻》，《外语研究》（1）：1-10。

赵艳芳，2001，《认知语言学概论》。上海：上海外语教育出版社。

赵永刚，2012，认知音系学：认知科学与音系理论的交互研究，《外语教学》(1)：38-41。
赵志毅，1981，《英汉语法比较》。西安：陕西人民出版社。
赵忠德，2006，《音系学》。上海：上海外语教育出版社。
赵忠德、马秋武，2011，《西方音系学理论与流派》。北京：商务印书馆。
郑永年，2018，《中国的知识重建》。北京：东方出版社。
中国社会科学院语言研究所词典编辑室（编），2016，《现代汉语词典（第7版）》。北京：商务印书馆。
钟守满，2008，《英汉言语行为动词语义认知结构研究》。合肥：中国科学技术大学出版社。
周考成，1984，《英语语音学引论》。上海：上海外语教育出版社。
朱磊、杨春雷、许余龙，2019，《对比语言学十讲》。上海：上海外语教育出版社。
朱永生，1986a，浅谈英语情态，《英语教学研究》(1)：50-57。
朱永生，1986b，谈谈英语信息系统，《现代外语》(4)：17-22。
朱永生，1990，主位与信息分布，《外语教学与研究》(4)：23-27。
朱永生，1994，英语中的语法比喻现象，《外国语》(1)：8-13。
朱永生，1995a，衔接理论的发展与完善，《外国语》(3)：36-41。
朱永生，1995b，主位推进模式与语篇分析，《外语教学与研究》(3)：6-12。
朱永生，2001，功能语言学对文体分析的贡献，《外语与外语教学》(5)：1-4。
朱永生，2006，积极话语分析：对批评话语分析的反拨与补充，《英语研究》(4)：36-42。
朱永生，2007，多模态话语分析的理论基础与研究方法，《外语学刊》(5)：82-86。
朱永生，2017，中国儿童早期母语子系统发育的个案研究，《西安外国语大学学报》(1)：55-60。
朱永生、严世清，2001，《系统功能语言学多维思考》。上海：上海外语教育出版社。
朱永生、严世清，2011，《系统功能语言学再思考》。上海：复旦大学出版社。
朱永生、严世清、苗兴伟，2004，《功能语言学导论》。上海：上海外语教育出版社。
朱永生、郑立信、苗兴伟，2001，《英汉语篇衔接手段对比研究》，上海：上海外语教育出版社。
兹维金采夫，1981，《普通语言学纲要》，伍铁平、马福聚、汤庭国等译。北京：商务印书馆。
邹世诚，1983，《实用英语语音》。南宁：广西人民出版社。

应用语言学方向

Adamson, B. 2004. *China's English: A History of English in Chinese Education*. Hong Kong: Hong Kong University Press.

Brumfit, C. 1997. How applied linguistics is the same as any other science. *International Journal of Applied Linguistics 7*(1): 86-94.

Corder, S. P. 1973. *Introducing Applied Linguistics*. Harmondsworth: Penguin.

Davies, A. & C. Elder. 2004. *The Handbook of Applied Linguistics*. Oxford: Blackwell Publishing Ltd.

de Bot, K. 2015. *A History of Applied Linguistics: From 1980 to the Present*. London: Routledge.

Grabe, W. 2010. Applied linguistics: A twenty-first-century discipline. In R. B. Kaplan. (ed.). *The Oxford Handbook of Applied Linguistics*. Oxford: Oxford University Press. 34-44.

Hall, C. J., P. Smith & R. Wicaksono. 2011. *Mapping Applied Linguistics: A Guide for Students and Practitioners*. London: Routledge.

Kaplan, R. B. & H. G. Widdowson. 1992. Applied linguistics. In W. Bright (ed.). *International Encyclopedia of Linguistics* (Vol.1). New York: Oxford University Press. 76-80.

Kumaravadivelu, B. 1994. The postmethod condition: (E)merging strategies for Second/Foreign Language Teaching. *TESOL Quarterly 28*(1): 27-48.

Kumaravadivelu, B. 2001. Toward a postmethod pedagogy. *TESOL Quarterly 35*(4): 537-560.

Kumaravadivelu, B. 2003. *Beyond Methods: Macrostrategies for Language Teaching*. London: Yale University Press.

Kumaravadivelu, B. 2006. Understanding language teaching: From method to postmethod. *Language Teaching Research 91*(4): 700-701.

Li, W. 2011. *The Routledge Applied Linguistics Reader*. London: Routledge.

Spolsky, B. 1978. *Educational Linguistics: An Introduction*. Rowley: Newbury House.

毕争, 2019, 课堂生态视角下大学英语教师教材使用个案研究。博士学位论文。北京: 北京外国语大学。

陈浩, 2020, 基于 POA 的学术英语写作名词化教学研究: 理论与实践。博士学位论文。北京: 北京外国语大学。

戴炜栋、胡壮麟、王初明、李宇明、文秋芳、黄国文、王文斌，2020，新文科背景下的语言学跨学科发展，《外语界》（4）：2-9。

董希骁，2019，"产出导向法"在大学罗马尼亚语教学中的应用，《外语与外语教学》（1）：1-8。

范琳、张德禄，2004，外语教育语言学理论建构的设想，《外语与外语教学》（4）：16-21。

高一虹、李莉春、吕王君，1999，中、西应用语言学研究方法发展趋势，《外语教学与研究》（2）：8-16。

桂诗春，1978a，要积极开展外语教学研究，《光明日报》（11）。

桂诗春，1978b，关于开展外语教学研究工作的几点意见，《外语教学与研究》（1）：81，77。

桂诗春，1979，开展应用语言学研究 努力提高外语教学质量，《外国语》（1）：54-58。

桂诗春，1980，我国应用语言学的现状和展望，《现代外语》（4）：1-11。

桂诗春，1984，我国应用语言学研究的广阔前景，《外国语》（4）：1-6。

桂诗春，1985，《心理语言学》。上海：上海外语教育出版社。

桂诗春，1986，《标准化考试——理论、原则与方法》。广州：广东高等教育出版社。

桂诗春，1987，什么是应用语言学，《外语教学与研究》（4）：14-19。

桂诗春，1988，《应用语言学》。长沙：湖南教育出版社。

桂诗春，1991，《实验心理语言学纲要》。长沙：湖南教育出版社。

桂诗春，1992，《中国学生英语学习心理》。长沙：湖南教育出版社。

桂诗春，1998，发展我国应用语言学的几点想法，《语言文字应用》（1）：12-13。

桂诗春，2000a，20世纪应用语言学评述，《外语教学与研究》（1）：2-7。

桂诗春，2000b，《新编心理语言学》。上海：上海外语教育出版社。

桂诗春，2009，《基于语料库的英语语言学语体分析》。北京：外语教学与研究出版社。

桂诗春，2010，应用语言学思想：缘起、变化和发展，《外语教学与研究》（3）：163-169。

桂诗春，2011，《什么是心理语言学》。上海：上海外语教育出版社。

桂诗春，2013，《多视角下的英语词汇教学》。上海：上海外语教育出版社。

桂诗春，2015a，我国英语教育的再思考——理论篇，《现代外语》38（4）：545-554。

桂诗春，2015b，我国英语教育的再思考——实践篇，《现代外语》38（5）：687-704。

桂诗春、宁春岩，1997，《语言学方法论》。北京：外语教学与研究出版社。

桂诗春、杨惠中，2003，《中国学习者英语语料库》。上海：上海外语教育出版社。

桂诗春、杨惠中、杨达复，2005，《基于CLEC语料库的中国学习者英语分析》。上海：上海外语教育出版社。

何安平、李华，2012，从交际教学理念到人文主义外语教育观的升华——解读李筱菊教授的外语教育思想发展，《中国外语》9（2）：23-28。

何莲珍，2018，从引介到创新：中国应用语言学研究四十年，《外语教学与研究》（6）：823-829。

何莲珍、张洁，2008，多层面Rasch模型下的大学英语四、六级口语考试（CET-SET）信度研究，《现代外语》（4）：388-398。

何莲珍、张慧玉，2017，"中国英语能力等级量表"的语言经济学分析，《外语教学与研究》（5）：743-753。

何莲珍、陈大建、闵尚超，2018，英语听力测试中测试方法对任务难度的影响研究，《现代外语》（3）：43-54。

胡文仲，1982，文化差异与外语教学，《外语教学与研究》（4）：45-51。

胡文仲，1985a，不同文化之间的交际与外语教学，《外语教学与研究》（4）：43-48。

胡文仲，1985b，文化差异种种，《教学研究》（3）：1-6。

胡文仲，1988，《跨文化交际与英语学习》。上海：上海译文出版社。

胡文仲，1990，《跨文化交际学选读》。长沙：湖南教育出版社。

胡文仲，1994，《文化与交际》。北京：外语教学与研究出版社。

胡文仲，1999，《跨文化交际学概论》。北京：外语教学与研究出版社。

胡文仲，2001，我国外语教育规划的得与失，《外语教学与研究》（4）：245-251。

胡文仲，2002，《超越文化的屏障》。北京：外语教学与研究出版社。

胡文仲，2011，关于我国外语教育规划的思考，《外语教学与研究》（1）：130-136。

胡文仲，2013，跨文化交际能力在外语教学中如何定位，《外语界》（6）：2-8。

胡文仲，2015，《跨文化交际教学与研究》。北京：外语教学与研究出版社。

胡文仲、高一虹，1997，《外语教学与文化》。长沙：湖南教育出版社。

李筱菊，1987，《交际英语教程》。上海：上海外语教育出版社。

李筱菊，2010，华南外语教育传统研究访谈录。广东外语外贸大学。

梁君英、刘海涛，2016，语言学的交叉学科研究：语言普遍性、人类认知、大数据，《浙江大学学报（人文社会科学版）》（1）：108-118。

刘建达，2015a，我国英语能力等级量表研制的基本思路，《中国考试》（1），7-11。

刘建达，2015b，基于标准的外语评价探索，《外语教学与研究》（3）：417-425。

刘建达，2017，中国英语能力等级量表与英语学习，《中国外语》（6）：4-11。

刘建达，2018，中国英语能力等级量表与英语测评，《中国考试》（11）：1-6。

刘建达，2019a，中国英语能力等级量表与英语教学，《外语界》（3）：7-14。

刘建达，2019b，中国英语能力等级量表，《中国外语》（3）：1-11。

刘建达，2021，《中国英语能力等级量表》效度验证，《现代外语》（1）：86-100。

刘建达、韩宝成，2018，面向运用的中国英语能力等级量表建设的理论基础，《现代外语》（1）：78-90。

刘润清，1999，《外语教学中的科研方法》。北京：外语教学与研究出版社。

陆谷孙（编），1989，《英汉大词典》（上册）。上海：上海译文出版社。

陆谷孙（编），1991，《英汉大词典》（下册）。上海：上海译文出版社。

梅德明，2012，教育语言学的学科内涵及研究领域，《当代外语研究》（11）：32-37。

钱亦斐，2017，国内外教育语言学发展现状及研究趋势综述（1972—2015），《外语教学理论与实践》（1）：41-48。

秦晓晴，2003，《外语教学研究中的定量数据分析》。武汉：华中科技大学出版社。

邱琳，2019，"产出导向法"促成活动设计的研究。博士学位论文。北京：北京外国语大学。

上海外国语学院，1978，加强外语教育的几点意见，《人民教育》（11）：28-30。

孙曙光，2019，基于产出导向法的师生合作评价研究：以写作活动为例。博士学位论文。北京：北京外国语大学。

孙有中，2018，《大学思辨英语教程》。北京：外语教学与研究出版社。

《外语教学与研究》编辑部，1978，提高外语教育水平，为实现四个现代化而奋斗——记全国外语教育座谈会，《外语教学与研究》：1-5。

汪波，2019，"产出导向法"在大学朝鲜语专业低年级语法教学中的应用，《外语与外语教学》（1）：9-16。

王初明，2018a，我国应用语言学研究在解决问题中前行，《外语教学与研究》（6）：813-816。

王初明，2018b，如何提高读后续写中的互动强度，《外语界》（5）：40-45。

王初明，2020，语言学跨学科研究的意义和作用，《外语界》（4）：4-5。

王定华，2019，《民族复兴的强音——新中国外语教育70年》。北京：外语教学与研究出版社。

王文斌、李民，2017，我国外语教育研究的理论框架：构建与解析，《外语教学》（1）：1-5。

王文斌、李民，2018，外语教育属于什么学科？——外语教育学构建的必要性及相关问题探析，《外语教学》（1）：44-50。

文秋芳，2015，构建"产出导向法"理论体系，《外语教学与研究》（4）：547-558。

文秋芳，2017a，"产出导向法"的中国特色，《现代外语》（3）：348-358。

文秋芳，2017b，"产出导向法"教学材料使用与评价理论框架，《中国外语教育》（2）：17-23。

文秋芳，2017c，我国应用语言学研究国际化面临的困境与对策，《外语与外语教学》（1）：9-17。

文秋芳，2018a，"辩证研究范式"的理论与应用，《外语界》（2）：2-10。

文秋芳，2018b，产出导向法与对外汉语教学，《世界汉语教学》（3）：390-403。

文秋芳，2018c，新时代高校外语课程中关键能力的培养：思考与建议，《外语教育研究前沿》（1）：3-17。

文秋芳，2020，加速我国应用语言学国际化进程：思考与建议，《现代外语》（5）：585-592。

文秋芳、林琳，2016，2001—2015年应用语言学研究方法的使用趋势，《现代外语》（6）：842-852。

吴一安、王文峰，2007，优秀外语教师的专业素质。载吴一安等（编），《中国高校英语教师教育与发展研究》。北京：外语教学与研究出版社。125-155。

吴一安等，2008，《中国高校英语教师教育与发展研究》。北京：外语教学与研究出版社。

吴宗杰，2005，《教师知识与课程话语》。北京：外语教学与研究出版社。

许道恩，1983，关于调整、改革我国外语教育的几点意见，《外国语》（3）：58-60。

许国璋，1959a，论外语教学中的"突击"，《西方语文》（1）：7-10。

许国璋，1959b，基础阶段英语教学的特点，《外语教学与研究》（6）：319-329。

许国璋，1986a，一个可行的模式"三级英语教学"，《课程·教材·教法》（9）：3-4。

许国璋，1986b，语言的定义、功能、起源，《外语教学与研究》（2）：15-22。

许国璋，1986c，论语法，《外语教学与研究》（1）：1-10。

许国璋，1992，《许国璋英语》。北京：外语教学与研究出版社。

许国璋，1999，《许国璋论语言》。北京：外语教学与研究出版社。

许国璋，2001，《论语言和语言学》。北京：商务印书馆。

许宏晨，2013，《第二语言研究中的统计案例分析》。北京：外语教学与研究出版社。

杨惠中，2015，有效测试、有效教学、有效使用，《外国语》（1）: 2-26。

杨惠中，2019，创建中国特色大学英语测试系统的风雨历程，《外语界》（4）: 8-14。

杨鲁新、王素娥、常海潮、盛静，2013，《应用语言学研究中的质性研究与分析》。北京：外语教学与研究出版社。

俞理明、严明，2013，教育语言学思想：兴起、发展及在我国的前景，《外语与外语教学》，（5）: 1-4。

詹霞，2019，基于"产出导向法"的德语教材改编：促成活动过程化设计，《外语与外语教学》（1）: 33-42。

张文娟，2017，"产出导向法"理论在大学英语教学实践中的行动研究。博士学位论文。北京：北京外国语大学。

张文霞、郭茜、吴莎、张浩，2017，我国英语教学现状与改革建议——基于外语能力测评现状及需求调查，《中国外语》，（6）: 18-26。

中华人民共和国国务院，2014，国务院关于深化考试招生制度改革的实施意见。北京。

中华人民共和国教育部，1956，《高级中学英语教学大纲（草案）》。北京：人民教育出版社。

中华人民共和国教育部，1979，《教育部关于印发〈加强外语教育的几点意见〉》。北京。

中华人民共和国教育部，2001，《全日制义务教育普通高级中学"英语课程标准"（实验稿）》。北京：北京师范大学出版社。

中华人民共和国教育部，2003，《普通高中英语课程标准（实验）》。北京：人民教育出版社。

中华人民共和国教育部，2012，《义务教育英语课程标准（2011年版）》。北京：北京师范大学出版社。

中华人民共和国教育部，2018，《普通高中英语课程标准（2017年版）》。北京：人民教育出版社。

中华人民共和国教育部、国家语言文字工作委员会，2018，《中国英语能力等级量表（国家语言文字规范 GF0018-2018）》。北京：高等教育出版社。

中华人民共和国教育部、国务院外事办公室、国务院文教办公室、国家计划委员会、高等教育部，1964，《外语教育七年规划纲要》（1964—1970）。北京。

周丹丹，2012，《应用语言学中的微变化研究方法》。北京：外语教学与研究出版社。

周燕，2019，论外语教育的学科定位与教师的身份认同，《外语教育研究前沿》（4）：11-15。

周扬，1978，重视外语教育——在全国外语教育座谈会上的讲话（摘要），《人民教育》（10）：15-20。

朱勇、白雪，2019，"产出导向法"在对外汉语教学中的应用：产出目标达成性考察，《世界汉语教学》（1）：95-103。

外国文学研究方向

陈建华，2016a，《中国外国文学研究的学术历程（第4卷）》。重庆：重庆出版社。

陈建华，2016b，《中国外国文学研究的学术历程（第5卷）》。重庆：重庆出版社。

陈建华，2016c，《中国外国文学研究的学术历程（第6卷）》。重庆：重庆出版社。

陈建华，2016d，《中国外国文学研究的学术历程（第7卷）》。重庆：重庆出版社。

陈建华，2016e，《中国外国文学研究的学术历程（第8卷）》。重庆：重庆出版社。

陈众议，2007，《西班牙文学：黄金世纪研究》。南京：译林出版社。

陈众议，2009，外国文学翻译与研究60年，《中国翻译》（6）：13-19。

陈众议（编），2011，《当代中国外国文学研究（1949—2009）》。北京：中国社会科学出版社。

程正民，2011，客观展现一个完整的陀思妥耶夫斯基——谈陈燊主编的《陀思妥耶夫斯基全集》，《俄罗斯文艺》（3）：135-139。

范存忠，2015，《中国文化在英国》。南京：译林出版社。

何仲生、范煜辉，2005，新时期语境下的罗大冈，《绍兴文理学院学报（哲学社会科学）》（6）：65-69。

蓝棣之，2009，我所接触到的袁可嘉先生，《中国诗歌研究动态》（7）：238-241。

刘介民，2001，从民间文学到比较文学——季羡林学术成就的一个侧面，《东方丛刊》（3）：63-72。

刘锦芳，2018，浅论钱钟书的比较文学观，《大众文艺》（5）：29-30。

刘丽，2014，译著等身的罗念生翻译历练与成就，《兰台世界》（21）：56-57。

刘文飞，2014，"把历史的内容还给历史"——吴元迈先生的学术研究，《燕赵学术》（2）：194-202。

柳鸣九，2007，一部有生命的书——李健吾著《福楼拜评传》序。载李健吾（著），《福楼拜评传》。桂林：广西师范大学出版社。1-4。

柳鸣九，2016，《回顾自省录：柳鸣九自述》。郑州：河南文艺出版社。
芮逸敏，2009，袁可嘉研究综述，《中国诗歌研究动态》（2）：208-219。
宋炳辉，2012，陈众议的学术视野与文化关怀，《当代作家评论》（1）：66-72。
王宁，2016a，再论杨周翰的比较文学和世界文学研究，《中国比较文学》（2）：66-77。
王宁，2016b，中国当代比较文学的先驱——回忆王佐良先生二三事，《外国文学》（6）：13-16。
王宁，2019a，柳鸣九的法国文学批评，《外国语言与文化》（2）：1-11。
王宁，2019b，王佐良的英国文学和比较文学批评，《外国文学》（3）：3-13。
王忠祥，2015，隽永和谐而与时俱进的特色多声部复调乐曲——赏析吴元迈《俄苏文学及文论研究》，《外国文学研究》（3）：157-170。
杨丽芳，2012，季羡林的外国文学翻译思想与成就，《兰台世界》（7）：77-78。
袁可嘉，1990，卞之琳与外国文学，《外国文学评论》（4）：111-113。
乐黛云，2007，学贯中西的博雅名家——纪念杨周翰教授90冥诞，《北京大学学报（哲学社会科学版）》（1）：97-103。
张和龙，2014，学术史视角下的"现代主义"再审视——读盛宁先生的《现代主义·现代派·现代话语》，《外文研究》（1）：55-60。
张隆溪，1981，钱锺书谈比较文学与"文学比较"，《读书》（10）：132-138。
张隆溪，2010，中西交汇与钱锺书的治学方法——纪念钱锺书先生百年诞辰，《书城》（3）：5-15。
中国社会科学院青年人文社会科学研究中心（编），2007，《学问有道——学部委员访谈录》（下）。北京：方志出版社。

翻译学方向

Baker, M. & G. Saldanha. 2019. *Routledge Encyclopedia of Translation Studies* (3rd ed.). London/New York: Routledge.

Holmes, J. 1972. The name and nature of translation studies. In J. Holmes (ed.) *Translated! Papers on Literature and Translation Studies*. Amsterdan: Rodopi.

Lefevere, A. 1992. *Translation/History/Culture: A Sourcebook*. London/New York: Routledge.

Munday, J. 2012/2016. *Introducing Translation Studies: Theories and Applications* (3rd and 4th ed.). London/New York: Routledge.

Nida, E. 1964. *Toward a Science of Translating*. Leiden: E. J. Brill.

陈东成，2016，《大易翻译学》。北京：中国社会科学出版社。

董乐山，1980，翻译与知识，《翻译通讯》（5）：1-3。

董秋斯，1951，论翻译理论的建设，《翻译通报》（4）。

古庄，1983/1991，《许国璋论语言》。北京：外语教学与研究出版社。

胡庚申，2013，《生态翻译学：建构与诠释》。北京：商务印书馆。

黄友义，2018，服务改革开放 40 年，翻译实践与翻译教育迎来转型发展的新时代，《中国翻译》39（3）：5-8。

黄忠廉，2002，《变译理论》。北京：中国对外翻译出版公司。

季羡林，2007，《季羡林谈翻译》。北京：当代中国出版社。

柯平，1993，《英汉与汉英翻译教程》。北京：北京大学出版社。

李占喜，2017，《语用翻译学》。广州：暨南大学出版社。

刘华文，2015，《翻译诗学》。北京：外语教学与研究出版社。

刘靖之，1981，《翻译论集》。香港：生活・读书・新知三联书店。

刘宓庆，1995，《翻译美学导论》。台北：书林出版有限公司。

刘宓庆，2012，《翻译美学导论》（第 2 版）。北京：中国对外翻译出版公司。

刘绍龙，2007，《翻译心理学》。武汉：武汉大学出版社。

罗新璋，1984，我国自成体系的翻译理论。载罗新璋（编），《翻译论集》。北京：商务印书馆。1-19.

罗选民，2017，《翻译与中国现代性》。北京：清华大学出版社。

吕俊，2006，《翻译学：一个建构主义视角》。上海：上海外语教育出版社。

吕瑞昌、喻云根、张复星、李嘉祜、张燮泉（编），1983，《汉英翻译教程》。西安：陕西人民出版社。

茅盾，1954，为发展文学翻译事业和提高翻译质量而奋斗，《译文》（10）。

潘文国，2019，文章翻译学的名与实，《上海翻译》（1）：1-5，24。

谭载喜，2005，《翻译学》。武汉：湖北教育出版社。

谭载喜，2017，《翻译学：作为独立学科的求索与发展》。上海：复旦大学出版社。

王东风，2014，以逗代步 找回丢失的节奏：从 The Isles of Greece 重译看英诗格律可译性理据，《外语教学与研究》46（6）：927-938。

王克非，1994，论翻译文化史研究，《外语教学与研究》（4）：57-61。

王克非，1997，《翻译文化史论》。上海：上海外语教育出版社。

王克非，2012，《语料库翻译学探索》。上海：上海交通大学出版社。

王克非，2019，新中国翻译学科发展历程，《外语教学与研究》51（6）：819-824。

王宗炎，1980，求知录，《翻译通讯》（6）：1-7。

王佐良，1987，新时期的翻译观——一次专题翻译讨论会上的发言，《中国翻译》（5）：2-4。

王佐良，1989，《翻译：思考与试笔》。北京：外语教学与研究出版社。

文旭、肖开容，2019，《认知翻译学》。北京：北京大学出版社。

习近平，2016，在哲学社会科学工作座谈会上的讲话，《人民日报》，2016-5-19。

谢天振，1999，《译介学》。上海：上海外语教育出版社。

许国璋，1983a，关于索绪尔的两本书，《国外语言学》（1）：1-18。

许国璋，1983b，学术论著的翻译：一种文体的探索——以罗素《西方哲学史》论欧洲文艺复兴诸则译文为例，《外国语》（1）：6。

许国璋，1988，对某些已有定译的术语的重新思考，《中国翻译》（1）：4-6。

许建忠，2010，《翻译地理学》。哈尔滨：黑龙江人民出版社。

许建忠，2014，《翻译经济学》。北京：国防工业出版社。

许钧，2006，《翻译论》。武汉：湖北教育出版社。

许钧，2009，新中国翻译研究六十年，http://www.china.com.cn/culture/zhuanti/zgyxd6/2009-11/09/content_18853197.htm（2020年4月23日读取）。

许钧，2018a，改革开放以来中国翻译研究的发展之路，《中国翻译》39（6）：5-8。

许钧，2018b，《改革开放以来中国翻译研究概论（1978—2018）》。武汉：湖北教育出版社。

许钧、穆雷，2009，《中国翻译研究（1949—2009）》。上海：上海外语教育出版社。

查明建、田雨，2003，论译者主体性——从译者文化地位的边缘化谈起，《中国翻译》24（1）：21-26。

张柏然、辛红娟，2016，《译学研究叩问录：对当下译论研究的新观察与新思考》。南京：南京大学出版社。

张培基，1980，《英汉翻译教程》。上海：上海外语教育出版社。

中国对外翻译出版公司（编），1983，《外国翻译理论评介文集》。北京：中国对外翻译出版公司。

中国翻译协会，2019，《2019中国语言服务行业发展报告》。北京：中国翻译协会。

仲伟合、赵田园，2020，中国翻译学科与翻译专业发展研究（1949—2019），《中国翻译》41（1）：79-86。

周领顺，2014a，《译者行为批评：理论框架》。北京：商务印书馆。

周领顺，2014b，《译者行为批评：路径探索》。北京：商务印书馆。

比较文学与跨文化研究方向

巴斯奈特，2015，《比较文学批评导论》。北京：北京大学出版社。

伯恩海默，2015，《多元文化时代的比较文学》。北京：北京大学出版社。

曹顺庆，2018，建构比较文学的中国话语，《当代文坛》（6）：4-11。

陈建华，1998，《20世纪中俄文学关系》。上海：学林出版社。

陈建华，2016，《中国外国文学研究的学术历程》。重庆：重庆出版社。

陈铨，1936，《中德文学研究》。上海：商务印书馆。

范存忠，1991，《中国文化在启蒙时期的英国》。上海：上海外语教育出版社。

戈宝权，1992，《中外文学因缘——戈宝权比较文学论文集》。北京：北京出版社。

葛桂录，2018，《中英文学交流系年》。济南：山东教育出版社。

胡文仲，1999，《跨文化交际学概论》。北京：外语教学与研究出版社。

季羡林，1982，《序》。载张隆溪（选编），《比较文学译文集》。北京：北京大学出版社。1-3。

季羡林，1986，文化交流与比较文学——《中国比较文学年鉴》前言，《国外文学》（3）：1-3。

季羡林，1991，《比较文学与民间文学》。北京：北京大学出版社。

乐黛云，2011，《跟踪比较文学学科的复兴之路》。上海：复旦大学出版社。

孟华，2001，《比较文学形象学》。北京：北京大学出版社。

钱锺书，1979，《管锥编》。北京：中华书局。

钱锺书，2002a，《七缀集》。北京：生活·读书·新知三联书店。

钱锺书，2002b，《宋诗选注》。北京：生活·读书·新知三联书店。

王宁，2014，《比较文学、世界文学与翻译研究》。上海：复旦大学出版社。

王佐良，1985，《论契合——比较文学研究集》。北京：外语教学与研究出版社。

谢天振，1999，《译介学》。上海：上海外语教育出版社。

谢天振，2003，《翻译研究新视野》。青岛：青岛出版社。

谢天振，2007，《译介学导论》。北京：北京大学出版社。

徐志啸，2016，《20世纪中国比较文学简史》。上海：复旦大学出版社。

严绍璗，1987，《中日古代文学关系史稿》。长沙：湖南文艺出版社。

严绍璗，2007，《日藏汉籍善本书录》。北京：中华书局。

杨周翰，1983，《攻玉集》。北京：北京大学出版社。

杨周翰，1990，《镜子和七巧板》。北京：中国社会科学出版社。

张隆溪，1982，《比较文学译文集》。北京：北京大学出版社。

张隆溪，2004，《走出文化的封闭圈》。北京：生活·读书·新知三联书店。
宗白华，1981，《美学散步》。上海：上海人民出版社。

国别与区域研究方向

Xie, T. 2009. *US-China Relations: China Policy on Capitol Hill*. London: Routledge.
陈乐民、周弘，2003，《欧洲文明的进程》。北京：生活·读书·新知三联书店。
郭连友，2007，《吉田松阴与近代中国》。北京：中国社会科学出版社。
郭树勇等（编），2019，《新编区域国别研究导论》。北京：高等教育出版社。
国务院学位委员会第六届学科评议组（编），2013，《学位授予和人才培养一级学科简介》。北京：高等教育出版社。
教育部高等学校教学指导委员会（编），2018，《普通高等学校本科专业类教学质量国家标准（上）》。北京：高等教育出版社。
李晨阳，2019，关于新时代中国特色国别与区域研究范式的思考，《世界经济与政治》（10）：143-155。
李安山，1999，《殖民主义统治与农村社会反抗——对殖民时期加纳东部省的研究》。长沙：湖南教育出版社。
李永全，1999，《俄国政党史——权力金字塔的形成》。北京：中央编译出版社。
连玉如，2003，《新世界政治与德国外交政策——"新德国问题"探索》。北京：北京大学出版社。
林民旺，2018，《"一带一路"与南亚地缘政治》。北京：世界知识出版社。
陆南泉等，2002，《苏联兴亡史论》。北京：人民出版社。
马坚，2019，《马坚著译文集》（全9册）。北京：商务印书馆。
纳忠，2005，《阿拉伯通史》。北京：商务印书馆。
任晓，2019，再论区域国别研究，《世界经济与政治》（1）：59-77。
孙晓萌，2014，《语言与权力：殖民时期豪萨语在北尼日利亚的运用》。北京：社会科学文献出版社。
孙有中，2002，《美国精神的象征：杜威社会思想研究》。上海：上海人民出版社。
王定华，2016，《美国基础教育：观察与研究》。北京：人民教育出版社。
王明进，2018，《危机影响下的欧盟对外政策》。北京：中国社会科学出版社。
武寅，1997，《近代日本政治体制研究》。北京：中国社会科学出版社。
徐世澄，2004，《墨西哥政治经济改革及模式转换》。北京：世界知识出版社。
杨兆钧，1990，《土耳其现代史》。昆明：云南大学出版社。
姚楠，1995，《东南亚历史词典》。上海：上海辞书出版社。

张澜，2003，国内杜威研究的一大突破——读《美国精神的象征——杜威社会思想研究》，《史学理论研究》（1）：140-145。

张梦颖，午荷，2017，中国非洲研究和我的探索之路——访问北京大学教授、非洲研究中心主任李安山，《中国社会科学报》，2017-11-09。

张涛，2019，《来自异国的圣人：孔子在早期美国》。北京：商务印书馆。

朱威烈，2010，《中东反恐怖主义研究》。北京：时事出版社。

致　谢

理论语言学方向

"理论语言学知识体系创新研究"子课题是在众多专家学者的指导和参与下完成的：北京外国语大学何伟教授负责子课题的组织和实施，以及报告的撰写、统稿和修订；华南农业大学黄国文教授对子课题的整体工作安排进行了把关，对报告的撰写进行了指导，并对行文提出了宝贵的修改意见；北京外国语大学王文斌教授对子课题的组织、实施和报告的撰写给予了相应的指导。

"理论语言学知识体系创新研究"子课题结题报告的初稿撰写具体分工如下：1.1.1 节和 3.1.1 节由北京外国语大学何伟教授和博士生沈维撰写。2.1.1 节创新成果及贡献这一部分的文字材料主要由相关专家学者本人提供，个别由专家学者提供参阅材料，由课题组成员协助总结而成。按照文中相关成果的顺序，涉及的专家学者包括：天津师范大学宁春岩教授、复旦大学徐烈炯教授、广东外语外贸大学石定栩教授、浙江大学程工教授、北京大学胡壮麟教授、华南农业大学黄国文教授、同济大学张德禄教授、深圳大学彭宣维教授、北京外国语大学何伟教授、上海外国语大学束定芳教授、南京师范大学张辉教授、西南大学文旭教授、四川外国语大学王寅教授、广东外语外贸大学何自然教授、北京外国语大学顾曰国教授、广东外语外贸大学冉永平教授、河南大学徐盛桓教授、上海外国语大学许余龙教授、华东师范大学潘文国教授、北京外国语大学王文斌教授、中国社会科学院沈家煊教授、广东外语外贸大学钱冠连教授。需要特别说明的是，胡壮麟、潘文国、黄国文、王文斌、程工、张辉、冉永平七位教授为创新成果及贡献提名提出了宝贵的建议。沈家煊、潘文国、黄国文、王文斌、程工、束定芳、彭宣维、张辉、冉永平、陈新仁（南京大学）十位教授，在理论语言学知识体系研究子课题组 2020 年 8 月召开的理论语言学知识体系创新路径咨询会议上，提出了许多真知灼见和宝贵的建议，对3.1.1节写作思路的厘清、框架的构建及内容的补充大有裨益。衷心感谢以上提到的各位专家学者和老师，没有他们的支持和帮助，报告的撰写不可能顺利完成。报告初稿完成后，三位匿名评审专家进行了审稿和把关，提出了许多中肯的修改意见，谨致谢忱！此外，北京外国语大学科研处和外语教学与研究出版社编辑部老师也为报告的进一步完善做了不少工作，向他们表示衷心的感谢。

由于时间紧迫、水平有限，文献回顾和创新路径讨论中必然存在挂一漏万或者表述不够准确的地方，有些统计数字或因数据库的限制也可能不是特别精准。敬请同行专家学者和广大读者批评指正。

应用语言学方向

经过三年的努力，"应用语言学知识体系创新研究"子课题在众多专家、学者的指导和参与下终于完成了。北京外国语大学张莲教授负责子课题的筹划、组织和实施，以及子课题报告的撰写、统稿和修订。作为子课题的指导专家，华南农业大学黄国文教授对子课题进行了整体把关和引领。子课题专家咨询组在研究开展的各环节，包括开题、相关标准或原则的制定、成果筛选以及报告撰写都提出了关键性指导意见和建议。专家咨询组组长是北京外国语大学文秋芳教授，成员包括广东外语外贸大学王初明教授，北京外国语大学吴一安教授、周燕教授，华中科技大学徐锦芬教授、广东外语外贸大学刘建达教授和北京师范大学程晓堂教授。

"应用语言学知识体系创新研究"子课题结题报告初稿撰写具体分工如下：1.1.2节和3.1.2节由北京外国语大学张莲教授、博士生杜小双撰写。2.1.2.2节"理论与实践创新案例分析"的案例部分文字主要由相关专家学者本人提供，个别由课题组特邀其他专家学者执笔撰写，或由课题组成员综合各种材料初拟，然后请相关专家审阅定稿而成。按照文中成果案例的顺序，涉及的专家学者包括：广东外语外贸大学桂诗春教授、北京外国语大学许国璋教授、广东外语外贸大学李筱菊教授、北京外国语大学文秋芳教授、广东外语外贸大学王初明教授、北京外国语大学孙有中教授、北京外国语大学吴一安教授、北京师范大学王蔷教授、人民教育出版社刘道义编审、北京外国语大学胡文仲教授、上海交通大学杨惠中教授、广东外语外贸大学刘建达教授、复旦大学陆谷孙教授。特别致谢广东外语外贸大学桂诗春语言高等研究院李金辉教授，北京外国语大学王克非教授，广东外语外贸大学李筱菊外语教师发展中心胡潇译博士、张欣教授，复旦大学高永伟教授执笔或审读相关案例部分。

为了进一步厘清思路，确认基本观察和观点，课题组于2020年9月召开中国应用语言学知识体系创新研究高端论坛（线上）。胡壮麟、黄国文、刘建达、束定芳、王初明、王文斌、文秋芳、吴一安、徐锦芬、杨惠中、杨连瑞、周燕等12位教授出席论坛（以姓氏拼音为序），就应用语言学知识体系创新路径提出了诸多宝贵意见和建议，对3.1.2节问题的研判、观点的确认以及内容的丰富提供了关键性帮助。

衷心感谢上述各位专家学者和老师，没有他们指导、扶助和支持，课题不可能顺利完成。此处并未提及所有相关专家学者的名字，但他们的著述、成果给了课题组全体成员很多启发。结题报告初稿完成后，三位匿名评审专家进行了审读，提出了许多中肯的修改意见。课题组在此谨表谢忱。此外，北京外国语大学科研处和外语教学与研究出版社高等英语教育出版分社也为进一步完善结题报告提供了重要帮助，向他们表示衷心的感谢。

由于时间紧迫、水平有限，中国应用语言学70年回顾与反思和创新路径研判与探讨仍有疏漏和不足或不准确的地方，部分趋势梳理可能因数据库的限制不够精准。所有疏漏、不当之处概由课题组负责。恭请同行专家学者和广大读者批评指正。

外国文学研究方向

　　"外国文学知识体系创新研究"子课题产出于 21 世纪我国外国文学新发展的大背景，服务于国家关于世界文明互鉴、中国文化走出去、构建人类命运共同体的战略需求。它反映了我国外国文学研究近年来的创新发展，追溯了我国外国文学研究的不同发展阶段，并对当前外国文学研究中存在的问题提出了应对之策。这个子课题是一个集体项目，汇聚了这一领域众多专家学者的努力。

　　这一子课题报告的撰写从一开始就得到了众多专家学者的指导。2020 年 1 月 4 日，课题组在北京大兴举办专家咨询会，到会的外国文学研究专家（按姓氏拼音排序）包括北京外国语大学的车琳教授、社科院外文所的陈众议研究员、北京大学的刘意青教授、浙江大学的聂珍钊教授、社科院外文所的盛宁研究员、北京外国语大学的王炳钧教授、南京大学的王守仁教授、杭州师范大学的殷企平教授、上海外国语大学的虞建华教授、北京外国语大学的张建华教授、北京外国语大学的张中载教授。他们对子课题报告的思路、框架及内容提出了宝贵意见和建议，并且确定了报告第二部分创新人才和成果名单。其中不同语种的专家为课题组提供了创新人才的材料，为我们报告的顺利撰写提供了便利。在报告初稿完成之后，两位匿名评审专家进行了审稿和把关，对于我们想法的形成与落实，以及报告的最后定稿提出了中肯的修改建议。在此一并向各位专家和学者致以我们衷心的感谢。此外，北京外国语大学校领导高度重视这一项目的进行，北京外国语大学科研处对于课题的组织和实施给予持续的关注和指导，外语教学与研究出版社高等英语教育出版分社也为报告最后的完善付出了努力，没有他们的支持和帮助，报告的撰写不可能如此顺利完成。上海交通大学博士生段超在资料收集、初稿形成的过程中给予了帮助，也在此致谢。

　　弘扬学术是一项艰辛而崇高的事业，我们渴望这一报告得到外国文学研究学界的认可和肯定。其中的不足之处皆由子课题组两名成员负责，敬请同行专家学者予以批评和指正。

翻译学方向

"翻译学知识体系创新研究"子课题课题组是在外国语言文学学科知识体系研究课题组和统一指导和协调下开展具体工作的。北京外国语大学校领导始终关心项目实施的进展，不仅明确课题重大意义，强调国家战略定位，突出社会推广和学术引领意义，而且给予政策、资金、工作环境等方面的全方位支持，确保项目顺利实施。同时，北京外国语大学科研处、综改办、财务处等相关职能部门领导和工作人员全力配合，提供各种资料和信息服务，有力确保了项目推进。特此表示衷心感谢。

在总结、提炼中国翻译研究创新思想成果的过程中，翻译研究课题组广泛征求了国内外翻译研究领域知名专家的意见。从中国翻译研究发展历程的梳理，到创新成果的界定、标准和遴选程序，再到中国翻译研究未来的发展战略，专家们坚持公平公正原则，发扬学术批判精神，贡献独特思想智慧，最终总结出中国翻译研究创新探索的代表学者及其成果，展现了中国翻译研究知识体系的最新成就，有利于中国翻译研究的健康可持续发展。课题组谨对他们的积极参与和无私奉献表示最真挚的敬意。以下是参与咨询的相关专家（以姓氏拼音为序）：胡庚申、胡开宝、黄忠廉、金莉、罗选民、秦洪武、任文、申丹、王斌华、王东风、王克非、王文斌、文秋芳、许钧、许明武、查明建、张威、郑冰寒、周领顺。

比较文学与跨文化研究方向

感谢比较文学与跨文化研究知识体系创新专家咨询组葛桂录、葛文峰、郭英剑、宋炳辉、王炎、王银泉、吴格非、闫国栋、张冰、周阅在提名和学者成果阐释上的指导与支持！

国别与区域研究方向

在回顾和梳理外国语言文学学科下国别与区域研究知识体系创新研究的成果、探索其知识体系构建的创新路径过程中，我们有幸得到了一众

致　谢

长期从事国别与区域研究、深谙学科发展规律的专家和学者指点迷津，正是他们贡献的真知灼见，让本部分内容的逻辑更为清晰、内容更为充实、观点更为准确。在此，我们谨向以下学者致以最衷心的感谢：李晨阳、罗林、罗英杰、牛可、任晓、孙晓萌、翟崑、赵可金（排名不分先后）。

外国语言文学学科知识体系创新研究项目的实施是一个庞大的系统工程，得到全国外语界专家学者方方面面的支持。在项目推进过程中，北京外国语大学科研处提供了有力保障，学校"双一流"建设办公室提供了出版经费支持，外语教学与研究出版社高等英语教育出版分社进行了细致审校。课题组秘书处李莉老师发挥了关键协调作用。苏磊同志在最后阶段也做出了贡献。在此一并表示衷心感谢。